Fernando López-Mirones

Lupus deus, el dios lobo
Regreso al tótem

LIBROS
EN EL
BOLSILLO

© Fernando López-Mirones, 2024
© Editorial Almuzara, S.L., 2024
Edición en Libros en el Bolsillo, enero de 2025
        www.almuzaralibros.com
        info@almuzaralibros.com
        Síguenos en redes sociales: @AlmuzaraLibros

Edición: Pilar Pimentel
Libros en el bolsillo: Óscar Córdoba
Impreso por LIBERDÚPLEX

I.S.B.N: 978-84-10354-24-1
Depósito Legal: CO-106-2025

Código IBIC: JHMC
Código THEMA: JHMC
Código BISAC: SPO004000

Editorial Almuzara
Parque Logístico de Córdoba. Ctra. Palma del Río, km 4
C/8, Nave L2, nº 3. 14005 - Córdoba

Impreso en España - *Printed in Spain*

Dedico este libro al alma inmortal de mi último amigo, Fernando Sánchez Dragó.

Un aullido.

ÍNDICE

PRÓLOGO DEDICATORIA
LUPUS DEUS

De los gruesos sillares de granito gris de aquel lugar manaba una energía mística inspiradora. Era la antigua casa de santa Teresa de Jesús, en la ciudad amurallada de Ávila, en el Reino de España, un 26 de marzo del año 2023, frío, pero soleado. Atravesaba el patio central ajardinado lleno de abetos, rodeado de grandes ventanas antiguas de madera, para dirigirme a desayunar al comedor de las monjas antes de las conferencias del día, cuando vi a Fernando asomado a una de ellas. Nos saludamos sonriendo y me dijo: «Buenos días, ahora bajo». Entonces, una intuición irresistible me impulsó a hacerle una foto que incluyo en este libro.

Estábamos en el último de sus ya legendarios Encuentros Eleusinos, en concreto el número XXXVII, titulado «El Arca de Noé. Zoología sagrada». Este libro está basado en una búsqueda de años detrás de los significados mágicos de los animales en las diferentes culturas que me voy encontrando cuando viajo a rodar mis películas documentales. Conviviendo con los pueblos originarios de cada selva, desierto, bosque, río, estepa o mar, aprendí a escuchar los consejos de los ancianos sabios y de los cazadores indígenas, hasta darme cuenta de que las leyendas locales coincidían con la zoología muchas más veces de lo esperado. Tomando notas e investigando, me percaté de que hay una sabiduría ancestral acerca del comportamiento de los animales totémicos más allá de la ciencia convencional. Mi objetivo era encontrar criaturas salvajes para filmarlas; pero, siguiendo los consejos de los que viven allí, lo conseguía más eficientemente que con la simple etología. Pronto empecé a sentir lo que me narraban, hay algo místico que muchos animales detectan. Parecen saber si vas con el corazón limpio, da la sensación de que se dan cuenta de tus ondas cerebrales, hay algo que perciben, algo que emiten, se acercan a tu tranquilidad.

Este libro se lo dedico al alma inmortal de mi último amigo, Fernando Sánchez Dragó, al que no pude salvar con el anterior. Tuvimos un flechazo de Prometeo que yo no merecía, me concedió honores que todavía no entiendo. No sé por qué se fijó en mí los últimos días de su vida, cuando él era una leyenda, y yo, solo un escritor maldito.

«Yo también quería ser zoólogo», me dijo. Este era el libro que íbamos a escribir juntos cuando se lo llevó san Gabriel, porque él merecía cruzar el Gran Río con el mayor arcángel como psicopompo. Un hombre de energía inagotable que escuchaba como un niño, hablaba como un sabio y miraba como un gato. Cuando el mundo me volvió la espalda, él me regaló un pulso de luz antes de irse; me dejó un testigo inmaterial, un ejemplo lúcido de cómo morir escribiendo y escribir muriendo.

Aquel domingo 26 de marzo de 2023 en Ávila que

jamás olvidaré, cuando terminé mi conferencia titulada «Simbiología, retorno al Tótem», Fernando Sánchez Dragó, sentado a mi lado en la mesa presidencial, tomó el micrófono y dijo: «Yo, ante todo, tocayo, tengo que manifestarte mi entusiasmo. Tú encarnas mejor que nadie, y han pasado muchas personas por los Encuentros Eleusinos, pero tú encarnas mejor que nadie el espíritu de los Encuentros Eleusinos tal y como yo los concebí. De tal manera que yo te ofrezco la posibilidad de crear en el ámbito de estos Encuentros Eleusinos una especie de cátedra López-Mirones, de tal manera que tú, siempre que tus ocupaciones te lo permitan, acudas a los encuentros para hablar de lo que te dé la gana, coincidiendo o no coincidiendo con el tema planteado en los Encuentros. Queda creada la cátedra».

Murió quince días más tarde, el 10 de abril. No volvimos a vernos.

El Gran Gato y un lobo sin manada aullaremos juntos algún día si Dios me permite estar a su lado. Perdí a mi padre de niño, no conocí a mis abuelos, mi hermano mayor fue asesinado, no tenía referentes masculinos hasta que llegó él con su sonrisa y me dijo: «Escribe, Fernando, escribe»; y eso hago.

Al siguiente Encuentro Eleusino no fui invitado.

Un aullido

1
LOS OJOS DEL LOBO

Hay una enfermedad, que los médicos llaman
manía lupina, que es tal que al que la padece, le
parece que se ha convertido en lobo, y aúlla como
lobo, y se junta con otros afectados del mismo
mal, y andan en manadas por los campos y los
montes, ladrando como perros y aullando como
lobos; despedazan los árboles, matan a quienes se
encuentran, y comen carne cruda de los muertos.

Los trabajos de Persiles y Sigismunda.
Miguel de Cervantes

El aire de Lamar Valley es dulce porque el río del mismo
nombre pasa despacio sobre las piedras, acariciándolas
apenas, permitiendo que ese aroma húmedo que noto
impregne al viento. Ellos están aquí, pero no saben que
venimos a buscarlos. La gran manada mató ayer junto al
límite del bosque de pinos contorta; por eso, hoy deberían
seguir cerca, ahítos de carne fresca, contentos y juntos.
Con esos árboles construían sus tipis los míticos indios
tukudika, llamados por los soshones «los devoradores de
carneros».

Los bisontes ni siquiera nos miran, sus testas fabulo-
sas no temen a nada. Son la esencia misma de la nobleza,

les importa muy poco nuestra presencia. Los primeros europeos que vieron a estos titanes los llamaron cíbolos, y eran españoles como nosotros. En concreto fue Alvar Núñez Cabeza de Vaca, natural de Jerez de la Frontera, el primer explorador blanco que recorrió a pie el territorio de los actuales Estados Unidos de América y quien describió a los bisontes allá por 1535.

Un lobo negro, muy grande, es el líder de la gran manada de Druid Peak; campea junto a una decena de sus hijos crecidos y dos hembras dominantes. Otra loba más completa esta familia cazadora.

Caminamos atravesando los pastos rubios tachonados de artemisas del valle abierto en cuyo centro brilla el río. A los lados, líneas de abetos lejanos oscurecen las laderas suaves hasta llegar a las mesetas altas que flanquean el conjunto.

Hemos venido a Yellowstone a filmar a los lobos para la película documental El espíritu de Totonka, nombre del dios bisonte en idioma lakota, que quiere decir «el que es dueño de nosotros».

En el barro, huellas muy grandes entre los trozos de la madera fosilizada de bosques arcaicos, junto a heces con trozos de los huesos destrozados de las víctimas de anteriores cacerías.

De pronto, un coro terrible hiela la sangre; no solo la nuestra, también la de cualquier mamífero de un tamaño comprendido entre el ratón y el alce. El aire ya no es tan dulce, ahora atraganta, pica; incluso las hojas dejan de chasquear cuando veintidós lobos aúllan a la vez. El primer impulso es quedarse quieto, inmóvil, tratando de desaparecer de la escena por fusión. Pero pronto algo te recuerda que estás ahí, con ellos, junto a ellos, tal vez más cerca de lo que desearías. Un escalofrío ancestral recorre mi espinazo: ¿quién es hoy el cazador y quién la presa?

El sol baja haciendo que cada pequeña mata de artemisa proyecte más sombra de la que merece su porte. Es en ese momento, mientras todo se vuelve gris, mientras es difícil reconocer el paisaje desdibujado, cuando los perros negros de Lamar se sienten a gusto; es la hora del lobo.

—¡Corre..., está corriendo!, ¡está corriendo... hacia aquí! —me dice el cámara.

Con las fauces entreabiertas, las orejas erectas y la lengua balanceándose de un lado al otro como un trozo de carne muerta, un enorme lobo gris galopa con la mirada fija en mí.

Al momento, una docena de manchones negros suben y bajan entre las artemisas. No hay duda: más de veinte individuos siguen al primero.

Sin mover un músculo, vemos cómo la jauría se acerca. Por un momento, nos sentimos como el alce viejo, como el bisonte herido, igual que el wapití que sabe lo que le espera.

Cuando estábamos a punto de abandonar el equipo de cámara para salir corriendo hacia el todoterreno que habíamos dejado a más de un kilómetro de distancia, el lobo grande frena en seco y se queda mirándonos, intenso, con las orejas muy rectas; gira su cabeza de un lado a otro tratando de ubicarnos mejor. Los de atrás imitan cada movimiento de la vieja hembra, que es madre de varios de ellos. Ella huele el aire y mira hacia su derecha.

A unos doscientos metros, cincuenta y cinco kilos de loba negra destacan incluso en la penumbra del ocaso. La líder es toda sombra salvo sus ojos, dos agujeros rasgados y amarillos, dos trozos de furia rodeados de las cicatrices de mil lances victoriosos.

Tiene cinco años, los biólogos de Yellowstone la llaman 21; su madre fue la célebre loba Número 10, que llegó junto con otros ejemplares en camión desde Canadá en 1985 para ser reintroducidos en este Parque Nacional. De la vieja 10 se cuentan muchas historias. Al parecer fundó dos manadas y trajo al mundo a más de veinte cachorros durante esos años.

Aprendió a matar a los enormes bisontes mientras enseñó a sus hijos a elegir a los heridos y viejos, a seguirlos durante días a través de los páramos helados para acabar mojando sus caras en la sangre tibia del coloso recién abatido.

21 aprendió con ella a apreciar el sabor amargo del enorme hígado humeante, y la lengua jugosa que sale de una pieza cuando se sabe cómo tirar de ella con los colmillos sin rasgarla.

Número 10 era una loba negra azabache, pura sombra, cuando la liberaron en el Valle de Lamar. Seis años más tarde de aquello, los rangers y los biólogos de la estación biológica de Mammoth no daban crédito a sus ojos cuando vieron a una vieja loba cana acercarse a ellos caminando entre los géiseres humeantes en una mañana helada de enero. A corta distancia de los primeros edificios, pero aún con sus patas sobre tierra salvaje, la loba comenzó a aullar. Así estuvo todo el día, y toda la noche siguiente…, bueno, toda no. De amanecida, los rangers vieron su corpachón blanco, muerto, tendido sobre la nieve. Al acercarse, comprobaron atónitos que aquella loba de actitud extraña era Número 10, la loba negra, que había cambiado completamente de color.

Para entonces, la vieja pionera había llenado Yellowstone de fornidos lobos de color noche, todos fuertes, todos grandes, todos hijos suyos.

21 es uno de ellos; y, cuando su macho alfa la mira así, sabe que está esperando su decisión acerca de nosotros. Pero su madre la enseñó a evitar a los monos erguidos que los miran por tubos de cristal; inofensivos casi siempre, pero que no se comen y traen problemas. De modo que 21 se levantó, giró en redondo y trotó en dirección contraria a nosotros encarando al viento. De inmediato, el macho repitió la maniobra seguido del resto la manada.

Mientras se alejaban, 21 paró un momento y nos miró volteando solo su cabeza. Por un instante, volvimos a sentir ese escalofrío, esa sensación eléctrica que tienen cuantos miran de frente a sus ojos de diablo, lo último que ven sus presas antes de que su horizonte se tiña de rojo. En Sierra Morena, en España, esa mirada de un lobo a tus ojos se llama «gabirro», y dice la leyenda que es capaz de paralizar a sus presas.

Aquella experiencia que nos ocurrió en el año 2000, cuando yo era un joven zoólogo de 36 años, ilusionado, dirigiendo el equipo de cámara de tres personas para rodar un documental sobre lobos en el Parque Nacional de Yellowstone, entre Montana y Wyoming, me enseñó la diferencia entre dos perspectivas opuestas de lo que a primera vista pudiera parecer el mismo concepto: el lobo de Dios —Lupus Dei— y el Dios Lobo —Lupus Deus—. El lobo en este ensayo no es sino un símbolo conductor, una representación de la Naturaleza en general, de eso que llaman «Planeta» los modernos ideólogos de la doctrina denominada woke que están mezclando ciencia y religión.

La abismal diferencia entre considerar que los lobos son criaturas de Dios a las que hay que cuidar y que el lobo es, en sí mismo, un dios, marca la diferencia entre las religiones tradicionales (en concreto, la religión católica) y la Nueva

Religión que estoy convencido de que se trata de imponer a las generaciones más jóvenes desde hace unos veinte años. Para inculcar esta confesión laica de nuevo cuño en las personas de todo el mundo, es necesario primero formatear sus mentes, vaciarlas de siglos de pensamiento y filosofía, y, en paralelo, ir creando un corpus placebo que rellene a posteriori la necesidad humana de trascendencia que forma parte de nuestra naturaleza. Literalmente, últimos estudios científicos como los de Steve Cole, epigenetista de la Universidad de California en Los Ángeles, demuestran que, cuando cambiamos nuestras creencias, cambiamos también la composición neuroquímica de nuestra sangre, que activa asimismo un cambio en nuestras células. Lo cuenta muy bien el biólogo celular Dr. Bruce Harold Lipton en su obra La biología de la creencia:

> La función de la mente es crear coherencia entre nuestras creencias y la realidad que experimentamos.

¿Es posible que la mirada de aquel lobo me cambiara por dentro mucho más de lo que entonces yo creía? Literalmente, sí.

Por aquel entonces yo no podía imaginar lo que a la humanidad se le vendría encima en los siguientes veinticinco años. Mi visión de biólogo inocente enamorado de los animales, de la conservación y de la naturaleza, obsesionado por filmarlos para escribir y montar películas documentales que impresionaran a la gente, iba a ser utilizada, como la de otros miles, para crear ese conjunto de creencias destinadas a la alienación de la necesidad humana de trascendencia religiosa. En este ensayo quisiera explicar la diferencia entre ver, desde el embeleso, a aquella manada de lobos de Yellowstone como admirables criaturas y creer que son dioses en sí mismos, animales tótem, como por desgracia ahora piensan millones de personas de las nuevas generaciones influidas por el pensamiento llamado woke.

Este término (que nació en su inglés original con el significado de «despierto», en el sentido de «concienciado») ha degenerado en lo que varios autores asimilan a un paquete de tendencias progresistas con unas características muy bien definidas que han calado profundamente en las generaciones más jóvenes de las ciudades de Estados Unidos y Europa sobre todo. Una ideología prêt-à-porter fácil de suscribir a través de los medios de comunicación, que confiere a sus adeptos una considerable superioridad moral frente a los problemas del mundo sin necesidad de hacer ningún esfuerzo especial; no es necesario estudiar a los filósofos clásicos griegos, romanos, cristianos ni orientales, no hace falta reflexionar sobre biología, la esencia del ser humano, el alma o la trascendencia, ni bucear en decenas de libros en busca de una vasta cultura previa…, simplemente, para ser un perfecto woke, lo único necesario es estar convencido de que tu generación es la primera en la historia de la humanidad que lucha por los derechos humanos, la justicia, la igualdad y la conservación del planeta.

El mayor problema de la contracultura woke es que el supremacismo ideológico que implica lleva a sus adeptos a aceptar con gusto la llamada «cultura de la cancelación», que es una forma moderna de censura. Es decir, consienten y ven como legítimo que se anule y elimine a aquellas personas consideradas fuera de lo políticamente correcto hasta el punto de provocar su muerte social, económica y moral, que puede conducirlos, como ya ha ocurrido en miles de casos, hasta la depresión y el suicidio. El cancelado, a pesar de haber tenido un pasado profesional y personal brillante, puede ser conducido al ostracismo absoluto por una sola frase que llegue a las redes sociales. El pánico a que esto les ocurra lleva a prácticamente todos los que participan en el mundo del arte, de la enseñanza, de lo académico, del cine, del periodismo, de la ciencia, de la literatura, de la divulgación e incluso de la religión católica a acatar por medio de la autocensura un férreo estado de constante repetición pública de los postulados woke, tanto si los creen como si no. En un capítulo posterior explicaremos mejor este fenómeno tan importante para imponer al Lupus Deus en la sociedad.

Esta ideología-placebo encaja perfectamente con la religión-placebo que ya definimos anteriormente, porque se complementan. Se basan asimismo en descartar la sabiduría de los mayores. Padres, abuelos y generaciones anteriores representan lo obsoleto, son culpables de todo lo malo que le ocurre al medio ambiente. Por tanto, no hay que escucharlos.

Pero, como todo placebo, no funciona si no crees en él. Igual que la comida basura (parece que satisface al ingerirla, pero se vuelve a sentir hambre enseguida), porque no alimenta el alma de verdad. La subida de endorfinas que proporciona esa supremacía ética es momentánea, similar a la hiperglucemia de comer azúcares, que acaba produciendo una bajada de los mismos que te induce a volver a ingerirlos. Sin embargo, está ligada a una práctica muy satisfactoria: un onanismo intelectual de acceso rápido que confiere esa superioridad moral que mencioné antes, te hace sentirte superior a tus mayores sin necesidad de leer un solo libro, solo con dejarte llevar por las redes sociales, los videojuegos, la radio y la televisión. ¡Por fin puedes mandar callar a tus profesores, a tus padres y a tus abuelos, acusándolos de haber dejado un planeta hecho un desastre porque tu nuevo Dios Lobo interior así lo dicta!

El escritor y político español Juan Carlos Girauta lo define muy bien en su ensayo Sentimentales, ofendidos, mediocres y agresivos, cuando dice que los wokes simulan emociones, imitan al grupo y sobreactúan, se muestran indignados sin estarlo, buscan «causitas» basadas en prejuicios, sentimentalismo y antagonismo.

En efecto, hay palabras clave que nos ayudan a detectarlos: a la mínima controversia, sea de lo que sea, mencionan planeta, medio ambiente, sostenibilidad, descarbonización, o citan ese constructo de ficción llamado cambio climático como causa de todo. Por supuesto, como ellos llevan vivos menos tiempo que los demás, no tienen la culpa de nada; son, de hecho, las víctimas de esas generaciones anteriores que se dejaron la piel para que ellos ahora los critiquen con sus smartphones de última generación. Puesto que ya son buenas personas de serie por haber nacido hace poco, no necesitan en absoluto todas esas incómodas imposiciones que las religiones tradicionales diseñaron para cultivar el alma, educar el comportamiento y gestionar los pecados cometidos. Tampoco precisan catarsis alguna ni pedir perdón por nada: simplemente, ellos no han sido. Por tanto, todo lo que deben expresar es indignación y enfado permanentes hacia esos viejunos fascistas antiguos que trataban a sus lobos como alimañas. ¿Vamos viendo la importancia del tótem en todo esto?

Porque un animal tótem es, ante todo, un animal guapo. A nadie se le ocurriría venerar a las cucarachas ni poner a las babosas como símbolos de las energías limpias. Y no perdamos nunca de vista que lo primero ha sido comprarse a un lobo de bolsillo —me refiero a su pariente llamado perro—, ponerle un jersey y meterlo en un piso pequeño para que desee tanto salir que nos mire con lo que queremos ver como lealtad o amor. Veo a muchos perros que lo que parecen estar diciendo en realidad es: «¡Mátame, por favor!», atrapados en una ciudad, con todos sus instintos capados y viviendo en el lugar de hijos inexistentes, de niños humanos a los que les hubiera encantado todo ese contexto en el que estos animales habitan.

Las generaciones que podríamos denominar woke adoptan unas premisas que les vienen dadas, sencillas, y con una carga considerable de supremacismo que los acerca peligrosamente a la cultura de la cancelación, es decir, no solo regresan al tótem paleolítico adorando a los animales y adquiriendo un pseudolobo doméstico, sino que también son partidarios de censurar todo pensamiento que no encaje en sus dogmas, todos fabricados expresamente para ellos. Pruebe usted a insultar a su madre y probablemente le darán la razón, pero no se le ocurra meterse con su perrijo, eso es anatema woke. Hoy en día hablar mal de las mascotas es extremadamente grave, pocos se atreven a verbalizar algo así en público. Los individuos a los que los perros y gatos no les gustan producen asco o miedo a los adeptos woke y viven aterrados ocultando esos sentimientos por miedo a ser juzgados como malas personas. Pero si insultas a Dios, a cualquier iglesia o a la humanidad en general, serás aplaudido como alguien solidario. Mi convencimiento es que todo esto no es casual, que ha sido inducido, creado deliberada y cuidadosamente desde hace siglos con unos intereses concretos.

Esbozado este concepto, volvamos a Yellowstone.

Seguíamos con prismáticos el comportamiento de la manada que el biólogo experto en lobos Doug Smith nos había explicado que estaba a punto de cazar, la Druid Peak Pack, como nos dijo que la llamaban los investigadores. Cuando los vimos levantar las orejas mirando hacia una dirección concreta, dirigimos nuestro potente teleobjetivo, de unos 1000 mm de potencia, hacia aquel punto, para descubrir a un macho de bisonte descomunal que estaba cojeando. Los tres miembros del equipo de rodaje nos pusimos muy contentos porque una manada hambrienta cerca de un bisonte cojo es casi una garantía de filmar por fin una cacería de lobos, justo lo que estábamos buscando desde hacía diez días. No sentíamos pena por aquel coloso que corría peligro, solo nos importaba nuestro documental, ansiábamos grabar la esencia salvaje de una cacería larga y sangrienta.

El cámara, Ángel Araújo, tenía enfocada a 21 en un plano muy corto que yo veía con total precisión en mi monitor Sony portátil. Por eso cuando, encabezando a su manada hacia el bisonte cojo en actitud de caza, se paró de pronto y volvió sus ojos hacia nosotros, nos taladró el alma. Ángel y yo le vimos la faz como si estuviera a un metro de distancia. Aquella mirada decía: «¿Para qué voy a cazar a un bisonte enorme y peligroso, teniendo aquí detrás a tres humanos blanditos que apenas corren?». Gruñó, todos pararon y empezaron a correr hacia nosotros, estaban a apenas doscientos metros de distancia.

Cuando la manada de la loba negra 21 cambió de presa, nos dimos cuenta de que éramos el bisonte, sentimos lo mismo que él. El espíritu de Totonka, como llaman los indios lakotas al búfalo americano, se apoderó de nosotros.

Ya no era emocionante, ya no era gracioso, ya no deseábamos el éxito de la loba negra y sus perros de la muerte. Toda idealización romántica del lobo mítico desapareció; cuando la próxima comida de la jauría eres tú, se te pasa el animalismo de un plumazo.

Fueron apenas treinta segundos, el tiempo que la loba negra tardó en frenar de nuevo a su partida de caza que venía a por nosotros, y tomar una nueva decisión; éramos poca carne tal vez, u olió el metal de nuestra cámara y nuestro trípode, ese tufo que ya conocía, peligroso hedor mortal que tras rugir apesta a pólvora.

De regreso en el avión y hasta el día de hoy, los ojos de aquellos lobos me han enseñado que todo lo que sentimos sobre la naturaleza son en realidad proyecciones de nuestra psique que nada tienen que ver con el animal biológico; y lo que es peor, que esos sentimientos responden a modas que pueden ser manipuladas, que son susceptibles de ser inducidas desde el exterior, desde las redes y los medios de comunicación. Tendemos a humanizar a los animales, desde los más salvajes hasta las mascotas que nos acompañan, queriendo ver en ellos comportamientos nuestros, emociones y hasta reflexiones que la mayoría de las veces no son reales. Este sentimiento visual fue la base de las primeras creencias sobre los animales tótems hace más de veinte mil años, y en pleno siglo XXI está regresando. Mirar a los ojos de otro mamífero desata hormonas placenteras, endorfinas y sentimientos de empatía, sobre todo si es un cachorro.

La historia del género Homo es la de nuestra relación sentimental con el resto de los seres con los que compartimos este planeta llamado Tierra. Una simbiosis compleja que está siendo manejada deliberadamente en beneficio de unos pocos, como pretendo demostrar. Pasar del lobo de Dios al Dios Lobo va a tener una repercusión en nuestras vidas que no sospechamos, un cambio de paradigma cuidadosamente diseñado para desestructurar la búsqueda de la trascendencia que necesitamos, haciéndonos regresar al concepto paleolítico del «tótem», a un estadio seminal del pensamiento místico.

Elegí al lobo porque es probablemente el animal simbólico más implantado en la mente humana de todos los tiempos, pero los tótems son muchos. En el centro y sur del continente americano su equivalente es el rey del inframundo, el jaguar; en Asia, la tortuga, el tigre y la serpiente; en África, el chacal, el león, el elefante y el leopardo. Si alguien está pensando que este va a ser un libro sobre cuestiones que en realidad poco lo afectan en su vida diaria, denme la oportunidad de demostrarles lo contrario. El regreso al tótem es, para mí, la mayor amenaza que se cierne sobre la humanidad porque está siendo usado como justificación moral para un cambio de sociedad de descomunales consecuencias.

El carnassier, el carnicero, una figura mítica devoradora con significado escatológico, mitad protectora y mitad funeraria, ha sido representada en abrigos y cuevas desde hace más de doce mil años. A menudo se ha asociado al lobo, aunque también al león, a algún otro felino o incluso al jabalí. La figura del «lobo» con distintos nombres, siempre en singular como corresponde a todo ente deificado (nadie dice «la hormiga» o «el gorrión») está presente en todas las manifestaciones artístico-religiosas del mundo, salvo en los pocos lugares donde ha sido sustituida por felinos, como en el caso del jaguar o el puma en el centro y sur de América, el león y el leopardo en algunas partes de África o el tiburón y el cocodrilo en Oceanía. No olvidemos que la versión africana del lobo es el chacal, el licaón o la hiena, todo ellos sagrados mucho antes de los antiguos egipcios. Inpu, más conocido como Anubis, el dios canino egipcio con cabeza de chacal —cinocéfalo— y cuerpo humano, es el encargado de acompañar a las almas en el tránsito de la muerte —sin duda, el viaje que siempre ha preocupado más a los seres humanos—, y uno de los pocos animales capaces de pensar en su propio final trascendente. En esta idea del lobo que estamos desarrollando es fundamental esta asociación con el final de la vida terrenal, con los enterramientos, los aullidos y la noche. Es intuitivo relacionarlos. Cualquiera que haya escuchado el aullido de un lobo, de un chacal o de un coyote sabe de lo que hablo, pone los pelos de punta y te hace reflexionar con cierto pánico acerca de quién eres, igual que nos ocurrió en Wyoming.

En todas las culturas se habla de estos guardianes del inframundo, que a menudo se situaba en el suelo, abajo, o en cuevas; idea esta que el cristianismo y otras creencias anteriores cambiaron por el cielo, arriba, junto a las estrellas —en algún lugar tenemos que imaginarnos a nuestros ancestros, lo necesitamos—. Si nos damos cuenta, este regreso al tótem de la Nueva Religión vuelve al concepto de «tierra», al subsuelo, con las raíces de los árboles sagrados, los hongos, los gusanos y las bacterias, como se ve claramente en una secuencia fluorescente de la película woke Avatar, sin duda una de las referencias sagradas de la Nueva Religión. El cielo no interesa.

A propósito de Anubis, el dios chacal egipcio, actualmente en el Museo Vaticano hay una escultura inquietante que los woke dog-adictos deberían volver a venerar; pero, como hemos dicho que leen poco o nada, seguramente no la conocerán nunca. Se trata del llamado Hermanubis, una estatua cinocéfala —con cabeza de perro y cuerpo humano— que representa al hijo híbrido de dos dioses: el griego Hermes y el egipcio Anubis. Este dios sincrético que parece un licántropo de película de adolescentes, luce cuerpo humano con toga y lleva en la mano una cruz ansada y un caduceo. La cruz ansada (crux ansata) o anj, también llamada La Llave de la Vida, es un símbolo muy antiguo que vemos a menudo en las manos de dioses egipcios pero que es muy anterior. Es una cruz con la parte superior en forma de asa. Los cristianos coptos del Valle del Nilo en el siglo II d. C. adoptaron el anj como una variante de la cruz de Cristo.

El caduceo es un pequeño bastón de olivo similar a la vara que lucen hoy en día los alcaldes, rodeado de dos serpientes que suben hacia unas alas. Es un símbolo muy utilizado, asociado a la profesión de enfermería y al comercio, similar a la vara de Esculapio de los médicos. También se suele utilizar como emblema de las ciencias económicas.

Pues bien, ¿qué hace la inquietante escultura de una divinidad con aspecto de hombre togado con cabeza de perro y estos dos símbolos sincréticos en el Museo Vaticano, santa sede de la Iglesia católica?

Mi intención es demostrarles a ustedes que la tendencia humana a vincular a los lobos y los perros, que son animales biológicos, a una simbología de trascendencia es algo muy antiguo, primordial, ancestral, que figura en nuestro subconsciente desde hace miles de años, y que por eso aflora en los tiempos modernos de forma fácil; es algo que ya «hemos visto» culturalmente, que forma parte de lo que estamos dispuestos a aceptar con gran facilidad. Quiero probar que, cuando usted mira a su perro, siente una conexión ancestral de su inconsciente, que está viendo tanto a los lobos salvajes de Yellowstone como a Anubis, e incluso al mismísimo san Cristóbal, como enseguida veremos. Es decir, la utilización woke actual de la divinización del lobo-perro no es algo nuevo, sino que entronca con nuestra epigenética tradicional, y por eso funciona.

Vaya por delante algo que la mayoría de la gente no sabe: los lobos y los perros son de la misma especie, son Canis lupus. Durante mucho tiempo se los consideró como especies distintas, llamando a uno Canis lupus y al otro Canis familiaris, pero en la actualidad solo se diferencian a nivel subespecie. Por tanto, un frágil chihuahua, un mastín leonés y un lobo gris de Alaska de sesenta kilogramos son la misma especie, por muy diferentes que nos parezcan a simple vista.

¿Qué tiene el lobo —Canis lupus lupus— para haberse convertido en el mejor amigo del hombre bajo la denominación de perro —Canis lupus familiaris— y, a la vez, haberse hibridado con nosotros espiritual y hasta físicamente —licantropía—, representando a lo largo de la historia del arte y de las religiones cuantos conceptos místicos y totémicos seamos capaces de imaginar? Ninguna otra criatura habla de nosotros mismos tanto como él, hasta el punto de que siempre se lo llamó en singular: el lobo. Este poder inconmensurable de lo que zoológicamente es un humilde cánido no demasiado grande es un misterio que vamos a tratar de resolver. Pero no se trata de una perspectiva histórica, no, es mucho más, y llega hasta la modernidad más absoluta; hoy en día hay millones de seres humanos que afirman que aman más a su perro que a las personas, que prefieren tener perros que hijos, que la muerte de un perro les conmueve más que la de muchos seres humanos. Detrás de esta ideología llamada «animalismo», y junto a todos sus tentáculos, se esconde lo que voy a demostrar que es una Nueva Religión, con tal poder en las mentes de millones de personas que puede cambiar el paradigma mundial sirviendo como marco filosófico a la esclavización de la llamada «raza humana».

Este es un poder que solo posee el lobo, lo que representa en nuestras personalidades desde hace milenios puede convertirse en lo más oscuro del ser humano, hasta tal punto de ser utilizado como un arma universal contra Dios.

Lo que vi en Yellowstone en el año 2000 he tardado todos estos años en darle una explicación; no es solo un animal biológico, es una proyección de los más turbios anhelos de la especie humana, de lo que la idea del lobo es capaz de inducir en la gente, desde el amor más profundo hasta el terror paralizante de saber que tras esos ojos hay mucho más que zoología, hay zoolatría, un regreso a las creencias más antiguas de la estirpe humana. Cuando el Homo sapiens, o puede que algún homínino anterior, se asoció con los lobos para crear al perro, no sabía probablemente que eso iba a ser utilizado miles de años después para esclavizar a la población mundial.

Durante los veinticinco años siguientes a aquel rodaje, como zoólogo he tenido muchos encuentros con lobos, pero los más peligrosos han sido siempre con ese espíritu salvaje que se ha formado en el interior de las culturas humanas, nunca con el animal mortal. Lo que la palabra lobo causa en las personas, incluso en las que jamás han estado cerca de ninguno salvaje, solo se explica porque se ha convertido en un fenómeno psicosocial capaz de alterar la naturaleza humana hasta tal punto que nos convierte en simios desorientados que desconocen su papel en este mundo, y en el otro.

Tengo por seguro que todo empezó con el lobo, y que en el siglo XXI —cuando la misma palabra perro ya casi no se puede pronunciar porque a los mascoteros les suena mal (y no digamos perra), y prefieren decir «peludo», «perrete» o «perrilla»—, la sociedad humana está perdiendo el norte, está dejando de quererse a sí misma, está proyectando su desasosiego en una criatura fascinante que no lo merece; hasta el punto de que en las redes sociales puede cualquiera insultar gravemente a personas, instituciones e ideologías cuanto estime oportuno, pero, si se le ocurre decir algo malo sobre los perros o los gatos, está usted muerto socialmente.

¿Qué no es tan grave? Veremos que sí. Cuando a los perros se les ponen nombres de santos y dignidades sagradas (Pepe, Lola, Vicente, Max, Leo…) y a los niños nombres de perro (Luna, Coral, Nala, Kira, Roco…), algo muy negativo está ocurriendo; no es ni más ni menos que el hecho de que estamos no solo humanizando a animales que ni siquiera se reconocen a sí mismos en un espejo, sino que los estamos convirtiendo en los nuevos dioses. La relación espiritual profunda entre el animal y el hombre es uno de los mayores misterios que todas las culturas, filosofías y creencias han tratado de desentrañar durante milenios, resolviéndola de muchas maneras en un contexto de supervivencia; pero, cuando hay legiones de humanos que perjudican su salud y su naturaleza deliberadamente por creencias místicas, hasta tal punto de dejar de comer carne por su veneración hacia los demás seres vivos, es porque hemos dejado crecer a la bestia pensando que era inofensiva. Pero, tras conceptos como «conservación», «ecologismo», «medio ambiente», «sostenibilidad» y «cambio climático», se esconde un plan muy bien trazado de deconstrucción del ser humano tal y como lo conocemos.

Pero vayamos por partes. Esta es una historia que empezó hace muchos años.

2

PACTO
DE LOBOS

La emoción más hermosa y más profunda que
podemos experimentar es la sensación de lo místico.
Es el legado de toda ciencia verdadera.

Albert Einstein

En el año 2013 se publicó en la revista Science un artículo
de los biólogos O. Thalman, B. Shapiro y otros colaboradores que muestra los resultados de un estudio que analizó el
ADN mitocondrial de cánidos prehistóricos encontrados
en varios yacimientos para compararlo con el de lobos y
perros modernos.

Llamamos cánidos a los mamíferos que pertenecen
a la familia Canidae, en la que se incluyen lobos, zorros,
chacales, coyotes, dingos, licaones, cuones y otros menos
conocidos. Para que nos hagamos una idea de la magnitud
de esta familia zoológica, veamos que se divide a su vez
en tres subfamilias, de las cuales solo una sobrevive: los
Caninae o caninos. Dentro de ella está el género Canis, con
nueve especies, una de las cuales es la que nos interesa: el
Canis lupus. En la nomenclatura científica de las especies
animales, la primera palabra, siempre en mayúscula, nos

dice el género (Canis); la segunda, la especie (lupus). Es decir, todos los Canis lupus son lobos, pero, claro, dentro de esa especie hay multitud de subespecies. Para distinguirlas le sumamos un segundo apellido. Ya con este añadido podemos distinguir entre las más o menos dieciocho subespecies de lo que llamamos «lobos». Todas son lobos, pero dos de ellas nos interesan especialmente: el Canis lupus lupus y el Canis lupus familiaris. Ya podemos imaginar cuáles son: el primero es el «lobo lobo»; y el segundo, el «mejor amigo del hombre»… y de la mujer, como añadiría un woke.

Por tanto, queda confirmado que eso que llamamos «perritos», «perretes», «peluditos», «perrillas» o «perrijos» son puros lobos con todas las de la ley, la misma especie. Cuidado, porque esto es muy importante para nuestra hipótesis en el desarrollo de este libro. Tiene usted en casa un lobo doméstico, un lobo de bolsillo, un lobo con nombre…, pero un lobo. A partir de aquí vamos a usar las palabras «lobo» y «perro» para entendernos, pero tendremos claro que son lo mismo a nivel especie.

Pero ¿qué es una especie? Pues ni más ni menos que dos animales que se pueden cruzar y tener descendencia fértil, así de sencillo. No se consideran de la misma especie, aunque estén emparentados, los que pueden engendrar criaturas híbridas que no son fértiles en una segunda generación, como los híbridos de caballos (Equus ferus caballus) y asnos (Equus africanus asinus), que dan lugar a los mulos, que son estériles. En este caso solo funciona la hibridación si el caballo es yegua y el asno es macho.

Tengamos en cuenta que el concepto especie no es más un convencionalismo que los zoólogos hemos inventado para poder dividir a los seres vivos del mundo de alguna forma, creado para entendernos, pero que está constantemente en discusión; aparecen especies nuevas, o se fusionan dos distintas que, de pronto, se consideran la misma.

Este fenómeno llamado «hibridación» complica aún más la definición de «especie», porque no tenemos la menor idea de la cantidad de mezclas que se han podido dar de forma espontánea en la naturaleza, hasta el punto de que hay hipótesis que aseguran que es la hibridación el principal motor de las adaptaciones y la biodiversidad al crear nuevas especies mejor adaptadas a partir de progenitores biológicamente obsoletos para nuevos hábitats.

Pero, partiendo del Hermanubis, aquella estatua con cabeza de perro y cuerpo humano que está en el Museo Vaticano, ya imaginará usted que nos dirigimos a terrenos oscuros si consideramos posibles hibridaciones en el género Homo que nos conducirían a una parte de la biología ciertamente apasionante llamada criptozoología, que estudia la existencia real de criaturas consideradas mitos, leyendas y tradiciones, a las que se llama críptidos. Cuando un ser que era considerado producto de la imaginación humana pasa de la leyenda a la zoología, entra con plenos derechos en la ciencia y sale de la creencia, porque los límites entre ambas no están tan claros como nos gustaría. Veamos.

Hibridaciones animales demostradas por la biología, además de los mulos, son por ejemplo las que se dan entre leones y tigres, dos especies que conviven de forma natural en India. Lo curioso de este caso de mezcla de dos especies es que produce dos híbridos distintos en función de si el macho es el león o es el tigre. Si se cruza un león macho con una tigresa, la descendencia es un ligre, una criatura descomunal porque expresa un gen de gigantismo debido a que no pueden parar nunca de crecer; se conocen ejemplares de ligre que superan los cuatro metros de longitud y los cuatrocientos kilogramos de peso. El motivo biológico es que los leones macho no poseen el gen inhibidor del crecimiento, que en su especie lo transmiten solo las hembras (Sousa y López-Mirones, 2023).

Cuando el macho es el tigre y se cruza con una leona, el híbrido resultante se llama tigrón, careciendo de ese problema de crecimiento incontrolado. Pero aquí surge una nueva controversia en la definición de «especie», porque resulta que los ligres y los tigrones hembra sí pueden reproducirse con leones y tigres macho, dando lugar a un fenómeno llamado «retrocruzamiento».

Hoy sabemos que los Homo sapiens portamos al menos un 4 % de nuestro material genético procedente de otra especie humana llamada Homo neanderthalensis, lo cual significa que antes de cuarenta mil años atrás, cuando se cree que desaparecieron los neandertales, hubo amoríos entre ellos y los sapiens de los cuales procedemos. En la filogenia humana, es decir, en el estudio de nuestros ancestros biológicos originales, el concepto de especie es particularmente permeable; se encuentra en permanente revisión científica y hasta filosófica.

Muchos paleobiólogos creen que las primeras hibridaciones se produjeron en un período muy anterior a la extinción de nuestros parientes entre pequeños clanes cazadores-recolectores de presapiens y preneandertales. La escasez de neandertales bien conservados de distintos períodos históricos abre una enorme ventana temporal para la posible hibridación de entre 350 y 800 000 años (Sousa y López-Mirones, 2023).

El doctor Alejandro Sousa Escandón y yo escribimos un artículo científico, aún sin publicar, sobre el apasionante mundo de las hibridaciones, incluidas aquellas en las que estamos involucrados los humanos, pero eso estará, si Dios quiere, en mi próximo libro, porque merece atención detallada.

Con esto de las especies y las mezclas ya claro, o no tanto, ya puede usted estar imaginándose a su querida caniche Lola teniendo un apasionado romance con un descomunal lobo de Alaska de ochenta kilos y pariendo después una camada de cánidos inimaginables a los que podríamos llamar lobiches; así exactamente se crearon las distintas razas perrunas para cubrir diferentes necesidades humanas como la caza, la protección, la detección, la lucha, la carga o la compañía. De otras criaturas híbridas entre lobos y hombres vamos a hablar en siguientes capítulos, porque ese es el camino que nos llevará hasta el Lupus Deus y el Lupus Dei.

Hay descritos un centenar de híbridos conocidos. En 2015, en Croacia, biólogos de la Universidad de Zagreb hallaron descendencia proveniente de varios cruces entre perros y zorras.

Pues bien, las conclusiones de ese estudio de Thalman y Shapiro, que mencionamos al inicio del capítulo sobre los orígenes del perro, fueron sorprendentes, porque afirmaban que la domesticación de los lobos se produjo mucho tiempo antes de lo que se creía. En concreto este hecho que nos cambió para siempre ocurrió, según esta investigación, hace entre 18 800 y 32 100 años, y todo apunta a que fue en la actual Europa. Los orígenes del perro doméstico constituyen para la zoología un gran y controvertido misterio, el cual está siendo desvelado poco a poco gracias a la mejora asombrosa de las técnicas de secuenciación y análisis genéticos. Se busca con avidez averiguar si nuestros actuales perros provienen de los lobos o de otros cánidos como los chacales, o tal vez de ambos; también es importante saber cuándo ocurrió y, desde luego, dónde tuvo lugar. No olvidemos que nos cambió la vida para siempre, que fue el primer animal que domesticamos —o que nos domesticó, porque parece que las cosas no fueron como solemos imaginarlas—. En los últimos dos mil años no hemos vuelto a domesticar ningún animal importante.

Los datos genéticos anteriores sugerían que ese proceso de domesticación o acercamiento entre las dos especies habría empezado en el este de Asia hace unos 15 000 años; sin embargo, los fósiles de perros más antiguos datan de más de 30 000 años y se han encontrado en Europa y Siberia.

El estudio mencionado analizó en concreto los genomas de dieciocho cánidos prehistóricos de Eurasia y América para compararlos con una amplia panoplia de perros y lobos actuales. El resultado fue concluyente: todos los perros estaban más estrechamente relacionados con cánidos europeos, tanto antiguos como modernos. Las dataciones que ofrece el estudio demuestran también que el gran pacto entre hombres y lobos se produjo mucho antes de que descubriéramos la ganadería y la agricultura, es decir, cuando éramos aún cazadores recolectores. Ello no es baladí, pues gran parte de nuestro subconsciente, el que todavía determina un 95 % de nuestras decisiones de cada día (Szegedy-Maszak, 2005), proviene de esa etapa de nuestro desarrollo como especie. Esto nos conduce a la paradójica realidad de que las personas modernas que adoran a sus perros y, sin embargo, están contra la caza, no saben que le deben a esta actividad humana la existencia de sus mejores amigos. Lobos y hombres nos encontramos tratando de capturar a las mismas presas en los mismos lugares, cada uno con sus armas, pero ambos con mucho en común, porque las dos especies somos sociables, inteligentes y familiares, con miradas que transmiten información. Lo que yo sentí en Yellowstone tuvo que pasar muchas veces hace más de treinta mil años, hasta tal punto que esos dos carnassiers decidieron trabajar juntos.

Sin embargo, parece que no fuimos nosotros los que tomamos la iniciativa, es más que probable que los lobos se domesticaran a sí mismos. No solo fue el primer animal que podríamos llamar «domesticado», sino que además es el único gran carnívoro con el que lo hemos logrado.

Casi todos los zoólogos defienden que fueron los lobos los que se acercaron a los asentamientos humanos por voluntad propia en busca de los restos de las grandes cacerías del Homo sapiens. No olvidemos que cada lobo es individual, diferente a otros, igual que nosotros; hay lobos curiosos, espabilados, lerdos, cobardes y creativos, exactamente como las personas. Siempre que hablamos de una especie inteligente, hemos de tener esto en cuenta: pontificar sobre los lobos en general es tan erróneo como hacerlo sobre humanos.

De modo que podemos imaginar a un lobo con hambre pero valiente que decide arriesgarse y se acerca a aquellos simios que tantos desperdicios dejan; y a un Homo con vocación de naturalista que lo observa, mira a sus ojos y empieza a ver algo detrás. Con el tiempo se produjo lo que podríamos llamar «coevolución», es decir, los ejemplares de lobo que eran capaces de aprovechar los recursos humanos tuvieron más éxito tanto en la supervivencia como en la reproducción; además, los que se mostraron menos agresivos con las personas se fueron acercando cada vez más hasta prácticamente viajar juntos. Dado que el roce hace el cariño, el primate y el cánido se fueron tomando afecto e incluso veneración; quizá nosotros impresionados por su aullido, mientras ellos admirarían el fuego, los cánticos y las armas de caza humanas. Un paso más fue cuando decidieron colaborar en la caza, esa simbiosis nos hizo letales. Los lobos poseen un sentido del olfato catorce veces superior al humano, un oído extraordinario, una velocidad de hasta sesenta kilómetros a la hora —y, por tanto, mucho más alta que la nuestra—. Pero hay algo en lo que somos mejores.

Para localizar a las manadas de grandes herbívoros, perseguirlas y acorralarlas, los cánidos no tenían rival, eran capaces de agotar a una presa enormemente fuerte y rápida hasta que esta se rindiera parándose para vender cara su vida; sin embargo, a la hora de matar a piezas descomunales como un mamut, los lobos, para acercar sus bocas y morder, tenían que arriesgarse demasiado. Es su punto débil porque pone sus ojos, sus cabezas y sus cuerpos demasiado cerca, en peligro ante la reacción de la fuerza bruta de un titán que lucha por su vida. Los humanos, en cambio, aunque, por ser más lentos, llegaran más tarde al escenario donde la presa se encontraba rodeada de lobos, eran muy eficientes a la hora de matar a distancia con arcos, flechas, venablos y jabalinas sin asumir tanto riesgo.

No tardarían mucho las manadas de lobos en aprender que, si llevan a los hombres hasta los rebaños, ellos se encargan de matar siempre más de lo que pueden devorar y transportar, dejándoles a ellos su pago por los servicios. La compatibilidad biológica entre los Canis y los Homo siempre fue muy alta. Capaces de hacerse señales, de transmitirse información con lenguaje gestual, miradas, posturas y sonidos, estaban destinados a entenderse. Podían coordinarse en silencio, algo óptimo para la caza.

Con el paso del tiempo, cada nueva generación de lobos y hombres se iba compenetrando más y más hasta que, finalmente, hemos llegado al sofá de un pisito en el centro de la ciudad, donde hemos traicionado a nuestro amigo convirtiéndolo en una criatura patética que come pienso de tofu.

Recorrer las grandes praderas juntos forjó la alianza probablemente más fuerte entre dos mamíferos en el reino animal, tanto que fueron capaces de extinguir gran número de especies, nadie podía competir con las manadas mixtas de simios y perros. Pero no fue solo una coalición para la caza, pues tras miles de años se crearon fuertes lazos afectivos basados en la mirada, esos que usted aún puede ver en su mascota cuando siente que lo entiende, que le habla, que sabe lo que piensa. La mirada del lobo encandiló a un primate social complejo con una fuerte especialización del sistema límbico involucrado en los que llamamos «respuesta emocional». Cuando lobos y humanos se miran mutuamente, se libera oxitocina en ambos, en el perro y en el «amo». Esto lo explica todo; la misma hormona que segrega una madre cuando mira a su hijo, exactamente la misma. Además, tu perro no te cuestiona, no te juzga, no te discute… Bueno, en realidad sí que lo hace, pero tú no te enteras. Ya saben que el que calla parece que piensa.

Pero los servicios que aquellos lobos prehistóricos ofrecieron a los clanes humanos no terminaban ahí, no eran solo compañeros eficaces para rastrear. También podían encontrar objetos ocultos, enterrados o escondidos gracias a su olfato; o transportar enseres a lomos, tirar de carros y trineos o, lo que es casi más importante, vigilar y proteger a sus humanos de otros depredadores menos empáticos como los osos de las cavernas, las hienas gigantes o los tigres de dientes de sable. Fue una época dura para nuestra estirpe, y nunca pierda usted de vista que fue entonces cuando se forjó nuestra especie y que ahora somos herederos directos de los que resolvieron todos aquellos problemas. Muchas de nuestras inadaptaciones a las ciudades, a la vida moderna y a la psicobiología del sexo provienen de entonces. Igual que el perrete lleva un lobo carnicero dentro, nosotros tenemos un cazador de mamuts debajo del traje de chaqueta intentando salir con cualquier excusa.

Es destacable que los lobos no ladran como los perros; es decir, ese sonido estentóreo que conocemos tan bien porque mortifica a los vecinos subiéndoles la tensión arterial, al que llamamos «ladrido», ha nacido con el fin de constituir la primera alarma de la que disfrutamos los humanos. Por eso nos pone tan nerviosos, ha sido producto de la coevolución con nuestros nuevos colegas lupinos.

Esta apasionante historia de cómo lobos y humanos nos transformamos los unos a los otros sufre un nuevo giro de guion con las investigaciones de la bioantropóloga Pat Lee Shipman publicadas en el año 2012 en la revista American Scientist, según las cuales los perros de los Homo sapiens fueron los culpables del acoso y destrucción de los Homo neanderthalensis que no pudieron competir contra la eficacia letal de la caza combinada de primates y cánidos. Esto significaría, literalmente, que sin los loboperros no existiríamos como especie —o que, al menos, seríamos muy diferentes—, porque los pelirrojos y pálidos neandertales, más fuertes, con un encéfalo mayor, prodigiosa memoria botánica y médica, igualitarios y adaptados a los climas fríos de Eurasia, podrían habernos exterminado a nosotros, los cromañones chiquititos, negros africanos y creativos; quizá no estaríamos aquí, escribiendo yo y leyendo usted este libro tan raro.

Shipman publicó también en 2017 un libro cuyo título lo dice todo: The Invaders: How Humans and Their Dogs Drove Neanderthals to Extinction («Los invasores: cómo los humanos y sus perros condujeron a los neandertales a la extinción»).

De modo que, por un lado, nos hibridamos con ellos y, por otro, los exterminamos gracias a nuestro pacto con los lobos. Por tanto, éramos los lobos-hombre —o los hombres-lobo, como quieran—, hasta el punto de cambiar la faz de la Tierra gracias a esa alianza milenaria capaz incluso de extinguir a los mamuts, alces, megaloceros, rinocerontes, hienas y dientes de sable, así como a mucha otra megafauna de continentes enteros.

¿En qué parte del mundo pudo ocurrir el inicio de esta amistad que cambió la historia? Para averiguarlo no siempre hay que contar exclusivamente con los registros de yacimientos paleontológicos, también puede conducirnos a ello un misterio lingüístico sorprendente: el origen etimológico desconocido de la palabra perro.

El investigador español Georgeos Díaz-Montexano ha publicado estudios sobre ello. Partamos de la base de que la expresión perro no tiene ninguna otra parecida en ningún idioma de los que podríamos esperarla. Se sabe que apareció a mediados del siglo XII, muy tarde, lo cual la descarta como un étimo (vocablo que procede de otro) latino. Ninguna de las lenguas que rodeaban al castellano denomina a este animal con ninguna palabra que suene similar; no se parece a chien en francés, txakur en vasco, can en gallego, gos en catalán, dog en inglés… Tampoco con el griego, ni el árabe, ni con las lenguas germánicas.

Esto es muy extraño, sobre todo tratándose de un animal tan importante, todas estas lenguas se han influido unas a otras o bien tienen un origen común y están llenas de los llamados «cognados», palabras prestadas entre sí. Se formuló la hipótesis de su origen onomatopéyico: que los pastores ibéricos decidieran llamar a sus perros imitando sus gruñidos con un grito tipo ¡perr, perr! Pero, de haber sido así, algún otro pueblo lo habría hecho también; parece una idea muy cogida por los pelos, como tantas hipótesis que a menudo se leen en los libros de texto.

Díaz-Montexano realizó un análisis comparativo en todas las bases de datos de las familias de lenguas de Eurasia, África y América hasta encontrar una pista en el término protoaltaico PVRV, que significaba lobo —perro en la región de Altai, en Asia Central—. Es un término antiquísimo procedente del Paleolítico que no podemos saber con seguridad cómo se pronunciaría, pero que, si nos apoyamos en fonemas similares, podría ser paru/parru/perru, incluso directamente perro. Georgeos formula la hipótesis de que este término sería un auténtico fósil viviente lingüístico, una rareza extraordinariamente valiosa que tiene el español, uno de los más antiguos términos vivos creados por el ser humano, surgido justo en el Paleolítico, cuando se fraguó el gran pacto de hombres y lobos, que sabemos que fue en Europa, pero no exactamente dónde…, o quizá ya sí, donde se conserva su nombre más arcaico: «perro».

¿Es de extrañar que ahora volvamos al Lupus Deus, al Dios Lobo? Aquellos cazadores recolectores eran animistas, narradores de historias, una raza humana de guionistas que, tras convertirse en hombres-perro, se erigieron como una fuerza letal imparable. Incansables devoradores de proteínas que se extendieron por el planeta detrás de las grandes manadas.

Otro de los mitos falsos del animalismo indigenista es la asociación entre extinciones masivas de animales salvajes y civilización; su narrativa ecologista emocional requiere vincular esa «destrucción del planeta» que pregonan con las malas acciones de los humanos modernos, el petróleo, los vehículos, las grandes ciudades, el progreso económico y social o el exceso de población maltusiano, con el fin de demonizarlos. Creen firmemente que las tribus prehistóricas —«etnias», dicen—, incluso las que todavía quedan, viven en armonía con la naturaleza. Nada más erróneo, pues los datos, una vez más, desmontan este relato de ficción sentimental. Hace diez mil años ya nos habíamos comido literalmente a todos los mamuts; cualquier animal tan grande como para que no fuera capaz de escapar con la suficiente rapidez fue exterminado por nosotros. En dos mil años acabamos, además, con todos los mastodontes, perezosos gigantes, tigres de dientes de sable, hienas gigantes, roedores gigantes, camellos antiguos, caballos arcaicos... Antes de la Edad del Hierro, el Homo sapiens, junto al Canis lupus, había extinguido a más de cien géneros de animales mamíferos grandes, la mitad de todos. Esos maoríes, por ejemplo, que ahora hacen hakas, portan tatuajes, son adorados por el universo woke y aparecen en todas las películas de ficción, series y videojuegos como culturas ligadas a la naturaleza, hace setecientos años ya habían extinguido a más del sesenta por ciento de las aves de sus islas. En América —cuyas culturas amerindias también son vistas por el wokismo como Pocahontas abrazando a la Abuela Árbol—, el viaje de norte a sur de los hombres-perro comenzó aproximadamente en el año 14 000 a. C.; en el 10 000 a. C. ya habíamos llegado al extremo sur, a Tierra del Fuego, habiéndonos comido a 35 de los 48 géneros de megafauna en el norte del continente, y a 50 de los 60 géneros en el sur. Aquellos caballos antiguos que asamos no volvieron a trotar por las praderas hasta que Cristóbal Colón llevó a sus descendientes en 1493.

Por todo el planeta, de isla en isla, ocurrió lo mismo; la desaparición fue el aciago destino de especies como el ave elefante o los lémures gigantes de Madagascar. En el Pacífico, isla de Pascua, islas Cook, islas Hawái, islas Salomón, Fiyi, Nueva Caledonia…, perdieron para siempre gran parte de su fauna única. Esa es la «armonía» que tenían con la naturaleza los pueblos indígenas originarios de la que están convencidos los ecologistas actuales. Falacia que estos pueblos obviamente aprovechan para obtener fondos de ONG buenistas que creen que todo lo mataron, sobre todo, los conquistadores españoles (la Leyenda Negra es parte también del universo woke, como veremos).

A lo largo de este libro vamos a ir desmontando una a una todas las bases ideobiológicas de la Nueva Religión. Los ideólogos de todo esto quieren conseguir el estatus de religión para todas estas ficciones con el fin de que jamás sean discutidas desde razonamientos y datos, como estamos haciendo. Cuando unas ideas se convierten en asunto de fe de supuesto origen sobrehumano (Madre Tierra), pasan a otro nivel en el cual no pueden ser cuestionadas nunca. Estamos a punto de pasar ese límite, por eso la urgencia de explicarlo; todas las generaciones occidentales urbanitas de menos de treinta años ya portan en sus mentes el chip Woke Inside preinstalado, así que desactivarlo va a requerir un gran esfuerzo educacional.

Ni cánidos ni primates hubiéramos conseguido tal éxito evolutivo de no ser por nuestro Pacto de Lobos.

3

EL SECRETO
DE TARZÁN

Garras, uñas, colmillos adelante.
Es la hora del salto y de la presa.
Escuchad la llamada y cazad bien,
observando las leyes de la Selva.

El libro de la selva. Rudyard Kipling

Soy consciente de que al empezar a leer este libro es posible que usted pensara que se trataba de un esfuerzo forzado del autor por arrimar el ascua a su sardina involucrando al lobo en todo cuanto se le pone delante por la simple razón de que le gusta ese animal; espero estarlo convenciendo de que el lobo no solo determina su vida en este instante, sino que además esta incardinado profundamente en su identidad como humano tanto ahora como en su futuro próximo. Sí, un animal salvaje que seguramente no ha visto ni verá jamás, que le parece una anécdota en su universo de ciudadano inmerso en las redes sociales, el trabajo, la familia y las crisis mundiales sucesivas…, ¿es importante para el futuro de sus hijos? Afirmativo. Nuestro lobo interior está siendo utilizado para crear esa Nueva Religión pagana basada en la ira contra el ser humano, a favor de la veneración de los animales en general, y de los perros en particular, que se llama «activismo climático», «conservación», «transición ecológica» y «reto demográfico». Quieren utilizar a los lobos para extinguir de nuevo a otra especie humana, o al menos para controlarla, y este instrumento no funcionaría tan bien si nuestra común historia natural y mental con los lobos no tuviera la larga trayectoria que le estoy contando. El nuevo relato, la narrativa creada, la retórica que están implantando en las nuevas generaciones encaja perfectamente con nuestros sesgos psicobiológicos ancestrales porque ha sido creada para eso. Digamos que nuestros receptores mentales bioculturales reconocen y aceptan los nuevos dogmas en lugar de rechazarlos porque creen que son los de siempre, mas no lo son. No funcionaría tan bien con ningún otro tótem. No hay otro que tengamos metido en casa. Tenía que ser el Lobo-Perro por todas estas razones que hemos visto y por las que veremos en los siguientes capítulos.

Pero, ¿y si les dijera que pueden mirarse al espejo y ver por ustedes mismos en su propia cara una consecuencia física que le deben a los lobos?

Ya he dicho que el lobo se domesticó a sí mismo acercándose por voluntad propia a los asentamientos humanos hace unos 32100 años y que su alianza con nosotros se forjó gracias a la creación de lazos afectivos a través de la mirada.

¿La mirada? ¿Como la de Yellowstone? Se sabe que el ser humano es de los pocos primates que tienen la esclerótica del ojo blanca muy patente, dentro de la cual destaca la pupila bien visible al estar rodeada de una extensa superficie alba. La esclerótica es el llamado «blanco de los ojos», que muy pocos animales tienen o dejan ver. La mayoría la tienen oscura, parda o poco visible por estar el globo ocular ocupado por una pupila grande. Incluso apenas un 15 % de nuestros parientes más cercanos filogenéticamente, que son los chimpancés y los bonobos, tienen escleróticas blancas. Los ojos oscuros de la mayoría de los chimpancés y los gorilas no permiten distinguir bien la dirección de su mirada. Una esclerótica muy blanca también transmite salud, belleza y verdad, mientras que, cuando está roja, amarillenta o turbia, nos produce inquietud. Los buenos actores saben que, cuando miramos dejando una franja blanca amplia debajo de nuestras pupilas, damos miedo; o que la mirada aviesa de desconfianza consiste en colocar las pupilas a un lado de los ojos sin volver la cabeza. El juego de mensajes transmitidos gracias a la esclerótica blanca donde baila la pupila es muy grande; hasta tal punto que, solo observando sus ojos, es posible detectar cuando una persona miente aunque su boca diga lo contrario.

Pude comprobar personalmente la mirada negra sin esclerótica de un chimpancé macho adulto muy de cerca, a pocos centímetros, en el Parque Nacional de Kibale, en Uganda, en el año 2017. Descendió de una ceiba, se dirigió hacia mí por el suelo a cuatro patas, con el pelo erizado, y puedo asegurar que hiela la sangre. Llevábamos horas esperando a que una tropa de chimpancés bajaran de unas enormes ceibas donde aguantaban la fuerte lluvia, cuando algo ocurrió.

Nunca había sentido una turbación ancestral como aquella desde el episodio de Yellowstone. Alguna información larvada en mis genes se despertó con aquel sonido sobrenatural, un estruendo inexplicable, como si las hojas de los árboles temblaran a propósito para asustarnos. No cesaba de llover en esa selva del centro de África. Estábamos mojados por fuera, pero también por dentro debido al sudor bajo nuestras capas de agua. El averno verde nos estaba poseyendo con lentitud geológica. Encima de nosotros, a treinta metros de altura sobre las ceibas, diez cuerpos negros de tamaño considerable permanecían en sus nidos. Contra el cielo gris, sus músculos magros de cuero brillante nos inspiraban un secreto inconfesable. Solo deseábamos una cosa: que bajaran de buen humor.

Cada tres o cuatro minutos, ese estruendo del dosel nos anunciaba un nuevo bombardeo de heces. Kilos de restos digeridos de frutas y carne de monos muertos se unían a la lluvia aromatizando nuestro miedo con un hedor a muerte. Los chimpancés acostumbran a lanzar excrementos cuando se ponen nerviosos; odian el agua, y también que los esperen abajo otros primates, por eso la lluvia los pone de pésimo talante. Un chimpancé salvaje enfadado es una bestia formidable, sus brazos son capaces de levantar cien kilogramos cada uno y sus dientes pueden arrancarte la cara. Dista mucho de ser el animal amable que la gente de ciudad cree; es más, en mi opinión, es una de las criaturas más peligrosas de la naturaleza, una especie de Hulk, que une esa fuerza ciclópea con una inteligencia casi humana.

Era uno de esos momentos de la vida en los que uno se pregunta: «¿Cómo he llegado hasta aquí?». Lo cierto es que esperábamos a que la lluvia cesara para filmarlos. Ellos la odian, por eso se tapan sus caras feroces con las manos, gruñen, miran al cielo y arrojan heces. Tenían hambre, un hambre atroz. En cuclillas sobre una rama sin poder comer, los pensamientos de un primate enorme se nos antojaban inquietantes, sobre todo a sabiendas de que les gusta ingerir carne fresca de otros simios, y los únicos lo suficientemente inconscientes para estar cerca éramos nosotros.

Cada dos o tres cataratas de material fecal, el jefe del clan reiniciaba el coro del miedo, mezclado con sus gritos.

Cualquier persona ha escuchado los alaridos de los chimpancés en la televisión o el cine, pero créanme: estando debajo de ellos en la soledad húmeda de la jungla, a uno se le vienen encima eones de supervivencia, el sentimiento atávico de huir, la certeza animal de que estás en peligro inminente.

Mis treinta y cinco mil genes me estaban alertando, el espinazo nos dolía de mirar hacia arriba. El ranger nativo que nos acompañaba acariciaba su Kalashnikov con cierto temblor mientras miraba a la espesura, al otro lado. De vez en cuando musitaba por su radio de mano algo que no podíamos entender, pero que provocaba un lenguaje corporal inconfundible y unas miradas repentinas hacia lugares concretos de la selva: estaba preocupado. Durante las tres horas que tardamos en llegar a este punto de Kibale, conseguimos que nos contara que la noche anterior se habían visto muy cerca de allí varios elefantes de selva, uno de ellos un macho solitario con mala reputación.

Los elefantes de selva distan mucho de ser criaturas pacíficas, no les gusta nada encontrarse con humanos a una distancia demasiado corta. En las amplias sabanas de África, sus parientes de llanura disponen de espacio para ver las amenazas de lejos y, o bien poner hierba de por medio, o bien avisar con sus orejas al intruso para que no siga avanzando. Pero aquí, inmersos en el océano de lianas y troncos, un encuentro fortuito acaba casi siempre con una embestida. Recordé entonces el relato de nuestro amigo Luis, un gran cazador, que en Camerún fue atravesado dos veces por los colmillos de un elefante contra un árbol. El último testarazo del coloso lo lanzó a varios metros, cayendo inconsciente tras el talud de un río, entre la hojarasca, fuera del alcance de la vista de la furia paquidérmica que buscaba aún ensartarlo una vez más.

Con una cerveza en Madrid me mostró las cicatrices, que entraban por el pecho y salían por la espalda. Nuestro guía, sin duda, sabía de casos similares, por eso lo que menos le preocupaba eran los chimpancés de allí arriba.

El coro que hiela la sangre me hizo volverme, entonces la cara de mis compañeros de equipo mudó. Todos los chimpancés miraban hacia el tronco, entonces lo vi. Una criatura negra bajaba con rapidez hacia nosotros, con una agilidad impropia de su corpulencia. Cinco metros antes de llegar al suelo, volvió el rostro hacia mí, era una advertencia. Él era el jefe del clan, bajaba primero antes de dar la orden a su grupo. Arriba, las hembras, muchas con crías abrazadas, no perdían de vista a su líder, el megaalfa, aquel que no bromea. Bajó tan deprisa que apenas pudimos movernos, se dirigió directo hacia nosotros con el pelo erizado, en actitud dominante, mostrando sus antebrazos de levantador de pesas, los cuales terminaban en dos guantes de cuero negro que daban puñetazos al barro de la senda. Sabíamos que en esa circunstancia no había que hacer el menor movimiento, que mirarlo de forma directa a los ojos sin blanco no era una buena idea, pues en el lenguaje primate eso es desafiar. Cuando vi su pelo zaíno y brillante pasar a diez centímetros de mis botas, sentí que en este lugar no éramos sino carne fácil.

Un leve gruñido provocó la bajada de todo el grupo tras el alfa; incluidas hembras temerosas con bebés deliciosos que nos observaban con curiosidad infantil. «Bicho blanco raro con ojos azules», parecían pensar. El paso del Clan de la Lluvia nos pareció eterno, aunque debió de durar apenas unos segundos; los suficientes para entender que acabábamos de vivir una experiencia sacada de la noche de los tiempos, y que nadie, absolutamente nadie, es la misma persona después de que los ojos del diablo negro le hayan escrutado el alma.

El blanco de nuestros ojos es muy importante en la comunicación no verbal, porque permite a otros saber hacia dónde estamos mirando, así como manifestar toda una serie de estados de ánimo y mensajes visuales sobre nuestras emociones.

Pues bien, adivinen qué otro animal tiene una mirada similar a la nuestra: sí, los lobos. Todo el que tenga perro sabe perfectamente que lo está mirando a menudo a sus ojos, y que obtiene de los movimientos de estos información que a veces ni siquiera nosotros somos conscientes de estar transmitiendo. También lo hacen los deportistas o los jugadores de póker, ambos capaces de detectar leves gestos que delatan intenciones ocultas.

Los biólogos Michael Tomasello y el español Josep Call Balaguer —a quien tuve el gusto de mostrar el celo de las avutardas en Valdetorres del Jarama, en Madrid—, ambos del Instituto de Antropología Evolutiva Max Planck de Leipzig (Alemania), formularon en 2006 la Teoría del Ojo Cooperativo, que sostiene que, en las llamadas «interacciones atencionales conjuntas entre grupos de personas», la coordinación se establece estando pendientes de hacia dónde se dirigen las miradas de los demás, captando señales sutiles.

Los campeones absolutos en interpretación de miradas son los bebés humanos, sobre todo cuando se trata de adivinar lo que piensan sus progenitores a pesar de que estos intenten ocultarlo. Aprenden enseguida, en dos meses, a señalar con la mirada, así como a detectar el cansancio, la rendición o la determinación en los ojos de sus padres, evaluando constante y eficientemente cuándo pueden seguir reclamando alguna cosa y cuándo no lo van a conseguir. Es la base de las habilidades motoras futuras y del desarrollo del lenguaje verbal.

La comunicación a través de los ojos se desarrolló en los humanos también para comunicarse entre sí, y, a menudo, no somos conscientes del enorme poder que tiene en nuestra vida diaria. Los profesionales mejor pagados del mundo son precisamente los que son capaces de mentir con sus ojos de forma deliberada: los actores, los vendedores y los políticos. Nuestros ojos delatan constantemente no solo las emociones que queremos transmitir, sino las que queremos ocultar, por eso las gafas de sol, que eliminan esa comunicación, confieren un aspecto lejano y fiero. Los perros actuales, tras tantos miles de años mirándonos a los ojos, han aprendido epigenéticamente a adivinar nuestras intenciones; cuando les hablamos, no es que entiendan nuestras palabras, es que probablemente ya sabían mucho antes lo que queríamos expresar, por habernos leído la mirada.

La psicóloga y neurocientífica Svetlana Lutchmaya, de la Universidad de Cambridge, hizo un experimento muy interesante sobre la mirada de los bebés humanos. Analizó con qué frecuencia los niños de doce meses miraban a su madre a la cara filmando a 41 niños y 29 niñas. La conclusión fue que las hembras humanas miraban a los ojos de sus madres más que los varoncitos. Después analizó los niveles de testosterona presentes en el útero de las madres de esos bebés durante los tres primeros meses de gestación, pues todas ellas se habían sometido a pruebas de amniocentesis cuyas muestras estaban guardadas.

La testosterona es una hormona sexual masculina de reptiles, aves y mamíferos (y otros vertebrados) producida sobre todo por los testículos de los machos, aunque también por los ovarios de las hembras. Como era de esperar, el nivel de testosterona fetal era mayor en los niños, pero encontró también una correlación curiosa: cuanto mayor era el nivel de testosterona en el útero, menos miraba el bebé de un año a los ojos de su madre. El mentor de Lutchmaya era el famoso psicólogo Simon Baron-Cohen (primo del también célebre actor cómico Sacha Baron Cohen), el cual, al ver estos resultados, le pidió a Jennifer Connellan, otra de sus discípulas, un nuevo experimento que consistió en colocar a ciento dos bebés de solo un día de edad frente a dos estímulos visuales: un objeto móvil mecánico y su propia cara. Volvió a ocurrir: las niñas miraban más la cara; y los niños, el artefacto.

Estos y otros estudios han demostrado que la preferencia femenina por las caras, las expresiones, la exteriorización de sentimientos y las relaciones sociales no son culturales, sino innatas. Está ahí desde el primer día de vida. Baron-Cohen en 1990 acabó por formular la hipótesis de que, dado que a los niños se les da peor empatizar que a las niñas, tal vez el autismo, que consiste en eso y es mucho más frecuente en hombres, sea una suerte de hipermasculinidad, una forma extrema de cerebro masculino debida a un exceso de testosterona prenatal. Digamos que lo que fue una buena adaptación para la especialización de los sexos humanos de cara a la supervivencia, en ocasiones, se pasa de frenada. Y todo ello se averiguó estudiando el mirar a los ojos de unos y otras.

Para que se haga usted idea de hasta qué punto el período prenatal puede provocar consecuencias de por vida en nuestro interior que se manifestarán en el exterior, voy a pedirle que se mire la mano. La mayor parte de los hombres tenemos el dedo anular, el contiguo al chiquitín meñique, más largo que el índice (el de señalar). Sin embargo, las mujeres tienen ambos del mismo tamaño. El psicobiólogo John Manning, un enormemente creativo estudioso de la biología humana, llegó a la conclusión de que esa diferencia se debía también al nivel de testosterona del útero materno en la etapa prenatal; cuanta más testosterona, más largo será el anular.

Resulta que el crecimiento de los genitales y el de los dedos están regulados por los mismos genes. Pero lo que les va a hacer poner más atención a partir de ahora al dedo donde se ponen el anillo de compromiso es que los varones con los dedos anulares especialmente largos tienen un mayor riesgo de padecer autismo, dislexia, tartamudez, enfermedades del corazón e infertilidad. Cuando Manning formuló estos descubrimientos, como podemos imaginar, no le faltaron las críticas, a las cuales respondió con astucia. En un programa de televisión afirmó frente a un grupo de atletas que iban a participar en una carrera de velocidad que ganaría el que tuviera el dedo anular más largo. Todos se rieron, pero así ocurrió. Solo él sabía que los músculos de los hombres también están relacionados con la testosterona. Cuanto más dedo, más testosterona, más músculos. No resisto la tentación de contar, antes de seguir, que el dedo que utilizamos para insultar con la famosa peineta tiene un nombre que debería ser revisado —avisaré a Manning—, pues se llama «dedo cordial».

La forma menos severa de autismo se llama «síndrome de Asperger», que, de hecho, no solo no supone ningún retraso cognitivo, sino que muchos lo asocian con cierta genialidad. Hans Asperger, su descubridor, escribió: «Al parecer, se requiere un chorrito de autismo para el éxito en la ciencia o en el arte».

Famosos con este síndrome son Mozart, Albert Einstein, Elon Musk, Anthony Hopkins, Andy Warhol, Carl Sagan, Keanu Reeves, Isaac Newton, etc. Las personas con esta peculiaridad suelen empatizar mal, les cuesta ver las emociones en otros, ni siquiera entienden las suyas, pero tratan de adivinarlas sistematizando mucho todo. No se me enfaden, tengo varios conocidos ingenieros que son así, pueden llegar a ser muy irritantes. Mas, cuando se enteren aquí de que eso es porque son supermachotes con mucha testosterona y un dedo anular larguísimo, se les pasará.

Entonces, recapitulando, miran a los ojos más y son emocionales las mujeres, miran menos los hombres, y mucho menos los varones asperger. Compartimos esto con los lobos... y con las lobas. Pero hay algo más; me gusta llamarlo el código mamífero.

Los mamíferos somos, según los manuales de zoología, una clase de animales vertebrados amniotas tetrápodos homeotermos que poseemos glándulas mamarias. Esto, que parece una sarta de insultos, significa simplemente que tenemos una columna ósea que nos recorre el cuerpo, nacemos de una bolsa, tenemos cuatro patas y sangre caliente, y poseemos dos surtidores de leche a demanda. A los científicos nos gusta inventar palabros basados en el griego y el latín para que estudiar la carrera de Biología sea más complicado, pero los conceptos no son para tanto. La próxima vez que alguien lo llame a usted «pedazo de amniota», no se ofenda. Somos pocas especies en este mundo de Dios las que podemos presumir de ser unos mammalia, y además tenemos mucho en común las unas con las otras. Tanto es así que tiene usted más similitudes fisiológicas con un suricato de las que nunca sospechó, por eso al verlo le resulta, literalmente, monísimo.

Uno de los más curiosos códigos comunes es el efecto bebé. Cualquier persona que vea a un mamífero en un documental o una fotografía por primera vez en su vida, sabrá reconocer de inmediato si es una cría o un adulto. ¿Cómo es esto posible? Pues porque existe un código mamífero que nos lo dice, una serie de parámetros anatómicos que reconocemos genéticamente sin haberlos aprendido nunca, y que incluso un niño entiende nada más nacer. Es un patrón común a todas las crías, cachorros y bebés de nuestra clase, y es muy sencillo: ojos redondos, cabeza grande junto a boca pequeña y gemiditos. Esa es una combinación que a los mamíferos nos resulta irresistible, dispara nuestra oxitocina a niveles altísimos, generando un afán de abrazar y acoger a la criatura que nos los muestra, sea de la especie que sea. Cuando vemos cualquier cosa cabezuda con ojos enormes y boquita, no podemos evitar sentir ternura, instinto de protección. Cierto es que, si hay hambre, a la mayoría de los mamíferos se les pasa enseguida, pero no ocurre si se trata de una hembra, y mucho menos si se encuentra en edad fértil, y menos aún si ha perdido a sus cachorros o no ha podido tenerlos.

El efecto bebé funciona igual desde una mujer hacia un lobezno que desde una loba hacia un recién nacido sapiens.

Durante años de utilizar documentales para dar clases y conferencias sobre animales a personas de todas las edades y nacionalidades, he podido comprobar que cada vez que aparece en la pantalla la imagen de un cachorro de lo que sea, aunque se trate del mamífero más poco agraciado del planeta tierra, todas las hembras humanas de la audiencia emiten indefectiblemente un sonoro «¡AYYYYYYYYYYYY, qué mono!» en cualquier idioma, no falla. Los fabricantes de juguetes hace mucho que averiguaron esto, por eso diseñan muñecos de peluche de acuerdo al código mamífero vigente, o muñecas como las famosas Bratz de ojos gigantescos. También los directores de animación, cuentos gráficos y cómics —especialmente los creadores de contenidos japoneses— saben que los personajes de enorme cabeza triunfan, todos los niños se enamoran de ellos: desde Heidi hasta los Manga, pasando por Stich y tantos otros. También los vendedores de mascotas, que saben bien que los cachorros son irresistibles, aunque sea un tipo mil leches que de adulto parecerá una hiena parda. Podríamos decir con orgullo mamífero que nosotros, de pequeños, somos todos guapos.

La naturaleza no ha creado algo así por capricho, ni para que los zoólogos quedemos estupendamente escribiendo libros. El código mamífero tiene un fin claro, lanza un mensaje visual que dice: «¡No me mates!». Es sencillo, todos los mamíferos actuales de cualquier especie somos descendientes de cientos de generaciones de caraniños adorables que sobrevivieron, por eso esta característica ha ido en aumento. Los cachorros, crías y bebés feos de cabeza pequeña, boca enorme y ojos poco atractivos han sido matados en mayor medida, incluso por su propia especie, pero también por las otras. Ser encantador es rentable biológicamente para un cachorro mamífero, igual que lo es parecerse físicamente más al padre más que a la madre cuando se es bebé; porque la madre es segura, pero el padre no, al menos no siempre.

El hecho de que este código mamífero funcione de forma transversal entre especies distintas ya resulta algo más inquietante. Ya vimos la teoría que sostiene que los lobos se acercaron a los humanos para cazar juntos o para aprovechar los restos de nuestras pitanzas, lo cual forjó nuestro pacto de siglos; pero hay algo más.

En mis viajes al Amazonas, siempre que visité alguna aldea indígena vi que en todas las malocas, o casas comunales que se suelen usar en estas selvas, hay indefectiblemente cachorros de monitos, coatíes e incluso tapires, con los que niños y abuelos suelen jugar, durmiendo juntos incluso. Se trata de cachorros inofensivos que fueron capturados cuando sus padres fueron abatidos por los cazadores, quienes los recogieron vivos y se los regalaron a sus hijos como mascotas… hasta que crecen, se ponen ariscos y acaban en la olla.

Esto mismo debió de ocurrir miles de veces en el Paleolítico, los cazadores matarían lobos encontrando a sus cachorros. Pero, como describió el zoólogo austriaco Konrad Lorenz, cuando esos lobeznos eran llevados a la aldea antes de que abrieran los ojos, se produciría un fenómeno «impronta», que consiste en que el primer mamífero que ven los lobeznos cuando abren sus ojos es para ellos su progenitor para siempre. En realidad, Lorentz lo descubrió en aves, donde la impronta es mucho más absurda, pues, cuando el pollito sale del huevo, se enamora perdidamente, vinculándose para siempre con cualquier objeto que vea, sea una pelota de goma o un botijo. Konrad Lorentz, junto con los también zoólogos Niko Timbergen y Karl Von Frisch, recibió en 1989 el Premio Nobel de Fisiología o Medicina, ese al que los periodistas suelen llamar errónea-mente Premio Nobel «de Medicina» porque les rompe la mañana mirar qué significa fisiología, cuando, de los 123 entregados hasta ahora, 134 han ido a parar a las manos de biólogos y solo 45 (el 25 %) han sido para médicos (no sume, algunos premios son compartidos por varios, y hay científicos que son médicos y biólogos a la vez). El doctor Konrad Lorenz tenía un pequeño hándicap en aquellos tiempos, porque pertenecía al Partido Nacionalsocialista Obrero Alemán, que quizá les suene más por su nombre habitual de Partido Nazi.

Pero si hemos dicho que el código mamífero se activa en todas direcciones entre las especies de mamíferos, está claro que ha tenido que ocurrir el fenómeno inverso, es decir, que una loba encontrara casualmente a un bebé humano con todo su código a tope de influencia, y así ha sido muchas veces.

Están en multitud de mitos antiguos y modernos estos llamados «niños ferales» que fueron criados por animales salvajes. Los más antiguos son, sin duda, los gemelos Rómulo y Remo, fundadores míticos de la ciudad de Roma, que fueron amamantados por la loba llamada Luperca en una gruta del monte Palatino.

Mucho más tarde, dos obras de ficción contienen los referentes más conocidos de este fenómeno. Uno es Mowgli, descrito por Rudyard Kipling en su obra El libro de las tierras vírgenes en 1894 —por cierto, el libro favorito de mi amigo Fernando Sánchez-Dragó, que en paz descanse, que llamó a su hijo pequeño Akela, en honor al jefe de los lobos que aceptan a Mowgli en la manada de Seeonee—. El otro es Tarzán, creación de Edgar Rice Burroughs en 1912, en cuya novela homónima cuenta la historia del bebé John Clayton, heredero de la casa Greystoke, el cual se queda solo en la selva tras el accidente de la avioneta de sus padres y es criado por un grupo de chimpancés. Los niños ferales han existido siempre por la costumbre ancestral infanticida de abandonar a los bebés no deseados, enfermos o deformes al borde del bosque, porque matarlos directamente era muy difícil para las madres. De los millones de criaturas que han muerto de frío, hambre o devoradas, alguna tuvo suerte y consiguió hacer funcionar su código mamífero con la hembra de otra especie, que lo recogió, lo amamantó y lo sacó adelante. Existe constancia de episodios reales desde el siglo v antes de Cristo. El Niño Lobo de Hesse, en 1344, es el primero documentado; siglos más tarde, en 1700, se encontró a una niña esquimal que no tenía más de diez años. Bien descrito está también el caso de Víctor de Aveyron, hallado al sur de Francia, en Languedoc, en 1799 por el médico de veintiséis años Jean Marc Gaspard Itard, quien se lo llevó a su casa. El niño tenía unos doce años, llevaba muchos meses merodeando las granjas para robar animales que se comía crudos, iba desnudo, gruñía, bebía del río y actuaba como un lobo. Estuvo en casa del médico cinco años, aprendió a leer y escribir frases simples, pero nunca habló y su conducta social jamás mejoró. Terminó en un manicomio de París.

Estos niños ferales mostraban poca sensibilidad al frío y al calor, así como una visión nocturna y un sentido del olfato muy desarrollados; imitaban sonidos de animales y preferían la compañía de estos a la de los humanos; olfateaban la comida, dormían del anochecer al alba, lo aprendían todo por imitación y parecían ser sexualmente indiferenciados; eran los perfectos precursores de los wokes.

En 1976, el científico Richard Dawkins, de la Universidad de Oxford, acuñó el término memes, del griego mimeti, para referirse a las conductas que los humanos adquirimos desde niños por imitación, por eso cuando la referencia es un lobo, un oso o un leopardo, los niños salvajes aprenden lo que ven. Ahora se entienden los memes como las unidades de información cultural opuestas a los genes, las unidades de información biológica. Para Dawkins son vías de información que conforman nuestra mente y cultura, incluido el lenguaje. Hubo muchos más niños ferales descritos, como Ramu en los años 50 del siglo xx, Shamdeo en 1900, Kamala y Amala en 1920, todos ellos en la India, justo donde Kipling situó El libro de la selva.

El biólogo sueco Carl von Linneo, precursor de la taxonomía, que es el estudio de las diferencias entre las especies, géneros y familias que clasifican todo lo vivo, en su obra Systema Naturae, de 1758, llegó a describirlos como una nueva clase de hombres, los Homo sapiens ferus, basándose en nueve casos documentados de niños perdidos que habían sido criados por animales y que habían logrado sobrevivir en la naturaleza. Todos los intentos de reeducarlos fracasaron. Los investigadores ilustrados estaban muy interesados en definir muy bien qué hay de innato y qué de aprendido en el ser humano. Incluso el filósofo y antropólogo alemán Emmanuel Kant y el naturalista enciclopedista Jean-Jacques Rousseau se interesaron por el estudio de los casos conocidos; sin duda, estaba brotando una nueva ciencia llamada «psiquiatría».

Pues bien, una vez más, como nos ocurrió con el blanco de los ojos, una característica visual marcada en la noche de los tiempos dentro de nuestros genes nos determina sentimientos que se convierten en decisiones sin que, en realidad, las hayamos pensado.

Cuando la mayoría de la gente pronuncia la palabra «animales», en realidad está visualizando casi exclusivamente a mamíferos con cara bonita, o quizá algún ave de colorido plumaje, pero poco más; como mucho, imagina vertebrados, donde también estarían los reptiles, los anfibios y los peces, entre otros. Enseguida se nos vienen a la cabeza impresionantes leones, delfines inteligentes, chimpancés cercanos, elefantes maravillosos, ballenas, osos, focas… ¡todos con mirada!

Los animales sin mirada tierna no existen en nuestra lista de amores zoológicos. No excitan las emociones de los veganos, nadie hace peluches de larvas. Pero en realidad los mamíferos, entre los cuales nos encontramos, somos solo una cantidad infinitesimal de los animales. El número total de especies animales descritas es de un millón y medio, aproximadamente. Los mamíferos solo somos unas seis mil especies. El 97 % de los animales son invertebrados bastante poco agraciados, con demasiados ojos, patas, espinas y cara de monstruos diminutos; solo entre los protozoos unicelulares, se han descrito ya treinta y seis mil especies. Se estima que el número total de especies de insectos aún no descubiertos será de entre 10 y 20 millones.

Es decir, con frecuencia juzgamos y opinamos sobre un colectivo al que desconocemos en su mayor parte, en el cual la inmensísima mayoría son invertebrados tirando a repulsivos a los que casi todas las personas llamarían «bichos». Criaturas pringosas con vidas de terror para nosotros, cuyos universos nada tienen que ver con el nuestro. Cada vez que oigo a uno de esos woke amantes de los animales pontificar sobre ellos, me pregunto si de verdad están dispuestos a luchar por los derechos de los sipuncúlidos, los peripatos o los áscaris cuando se les llena el verbo con la expresión «ANIMALES».

Pero todavía peor es que, en famosos programas de televisión donde se conciertan citas a ciegas entre personas en busca de pareja, se oye a menudo la pregunta «¿Te gustan los animales?», siempre con respuestas tipo «Claro, tengo un perro y un gato»; entonces me dan ganas de invitarlos a uno de mis viajes para que abracen a alguna rata topo o se lleven a casa a una nigua, para que vean lo que son «animales» adorables.

Bromas aparte, esto no es baladí, este amor falso por los animales está moviendo al mundo por el sentimentalismo que supone. Quieren arruinar a los ganaderos, quieren quitarle a usted su vehículo y que no tenga más que un cubículo diminuto en una ciudad para que no moleste a los sipuncúlidos que no saben lo que son. Se lo están enseñando a los críos en los colegios, es una ideobiología destructiva que se basa en el dogma de que los animales son las mascotas, sobre todo uno, nuestro amigo el «lobo bonsái» que ladra. Una sensación emocional inducida, que empieza en Bob Esponja cuando son bebés, acaba por arruinar países enteros de África donde se prohíbe la caza de conservación, o por derrocar a todo un rey por una fotografía tras cazar legalmente a un elefante.

Esta Nueva Religión es la fuerza ideológica más destructiva que existe porque se basa en todo lo que estoy explicando, en un sistema de creencias anclado biológicamente en nuestros genes desde que nos hicimos amigos de los lobos hasta que le ponemos un chubasquero al caniche Lola, pasando por Hermanubis y toda la historia del arte repleta de animales, híbridos y quimeras. Son hechos bioculturales que se convierten en decisiones políticas modernas, pero que proceden de nuestro origen como cazadores recolectores. Ya se ocupan las universidades de que creamos que todo esto es cultural, moderno y nuevo, pero no lo es. Manejan estructuras narrativas ancestrales ancladas fuertemente en nuestra estirpe biológica de primates visuales abrazadores de cabezones.

Estar convencidos de que tomamos decisiones correctas, creyendo que son meditadas y científicas, porque se ajustan a nuestras emociones primarias generadas hace miles de años, es una muy mala idea. Padecemos una soberbia cultural inmensa que nos hace creer que somos soberanos informados, que cuando votamos a alguien porque lo vimos acariciando a sus perros o echamos a otro porque nos mostraron una foto cazando hacemos lo correcto; no nos damos cuenta de que todo eso ha sido inducido a través de ingeniería neurolingüística y aleccionamiento audiovisual desde nuestra infancia.

Hoy en día, dentro del pensamiento woke, el final del cuento clásico de Caperucita Roja, escrito por Charles Perrault en 1697, sería considerado feliz solo si el lobo se comiera al final al cazador, además de a la abuela y a la niña; porque, en la percepción en boga, el animal es una especie protegida, la abuela ya ha vivido bastante, la niña es humana y el cazador merece una muerte horrible por la actividad que realiza.

Esta historia nos ofrece un ejemplo muy interesante de lo que estamos contando, porque se trata de un cuento popular muy antiguo que circulaba por Europa mucho antes de que Perrault o los hermanos Grimm lo plasmaran por escrito; esas tradiciones orales se van adaptando a los tiempos a través de las distintas versiones que se han podido encontrar gracias a ser un cuento muy conocido; y, dado que lo protagonizan personas y lobos, además de tener un trasfondo profundamente moralizante, nos va a ayudar mucho.

La versión para adultos que iba de aldea en aldea en la Francia del siglo XIV se llamaba El cuento de la abuela, y era bastante truculenta porque, según esta, cuando el lobo feroz llega a casa de la anciana antes que Caperucita Roja, la mata, la descuartiza y la cocina, de tal suerte que la inocente nieta, encontrando a la señora un poco rara porque en realidad era el lobo disfrazado, acaba por comerse su carne y beberse su sangre creyendo que es vino. No olvidemos que estamos analizando un cuento cargado de simbolismo. El detalle, más propio de Hannibal Lecter, es que en un momento dado del almuerzo caníbal, Caperucita nota en su boca algo duro que son los dientes de la abuela, que al descuidado chef se le han colado en la receta sin querer, a lo cual este responde que no se preocupe, porque son las alubias, que se le han quedado algo duras. En esta versión la nieta consigue felizmente escapar y salvarse.

Cuando Perrault recogió esta historia con el fin de escribirla para niños, es difícil imaginar qué estaba pensando al introducir en ella algunos giros narrativos que no parecen precisamente infantiles, salvo que, como parece que era su intención, lo que tratara era de asustar para prevenir que las niñas inocentes se fueran con cualquier persona desconocida. En su Le Petit Chaperon Rouge, el autor, bastante inclinado hacia la masonería, suprimió el episodio de canibalismo senil, a la vez que nos presenta a una Caperucita menos niña y más adolescente, porque carga el relato de dobles sentidos sexuales introduciendo la variante de que el lobo se mete en la cama, en lugar de engañarla en la mesa, y le pide que se meta ella, lo cual hace, y además desnuda, según cuenta el autor, que cambia por completo el final. Y siento el espóiler, pero la Roja acaba devorada también.

Los hermanos Grimm, ciento sesenta años después, ya en 1857, introducen al personaje del cazador, ausente hasta entonces, que acabará salvando a la niña y a la abuela, a la que saca del estómago del lobo feroz. Escribieron dos versiones diferentes, siendo la última de ellas la que es más conocida desde entonces. En ella Caperucita vuelve a ser una niña pequeña.

Pues bien, toda suerte de interpretaciones se han dado a estos cambios en el viejo cuento europeo, que como se puede comprobar, y aunque ahora nos pudiera parecer lo contrario, tiene un arraigo muy fuerte en el inconsciente colectivo de nuestra cultura. Pero resulta que he dejado para el final la versión escrita más antigua porque incluye los elementos originales que debemos preguntarnos por qué fueron alterados.

Se trata de un poema en latín titulado De puella a lupellis servata, «La niña salvada por los lobos»… ¡Un momento! ¿La niña salvada por los lobos en lugar de la niña devorada por el lobo?, ¿quién escribió tal cosa? Pues un tal Egberto de Lieja, a la sazón diácono católico, en 1023. La famosa capa con capucha colorada resultó ser un regalo que a la niña le había hecho su padrino el día de su bautismo, y que, por tanto, resultó milagrosa, porque no solo los lobos (obsérvese el plural, ya no es «el lobo») no se comieron a la pequeña cristiana, sino que ella los salvó. Resulta, pues, que en la versión original escrita por un religioso setecientos años antes no hay ninguna connotación sexual como añadió el masón, ni tampoco nada de antropofagia, y mucho menos el personaje del cazador o leñador que «salva» a la niña, porque aquí la joven se vale por sí misma y se salva sola. Tampoco los lobos son malos «malosos». Siete siglos antes, la versión cristiana se nos antoja mucho más feminista, empoderante, animalista y positiva que las de los ilustrados posteriores que parecen obsesionados por el sexo, la antropofagia, las mujeres indefensas y el lobo como animal malo.

Vamos a ver que esto fue siempre así, a pesar de que nos han tergiversado la historia, el arte y la percepción para construir una Edad Media oscura que no fue tal, pero que ha sido manipulada en los libros para dar la imagen de que, al llegar la Ilustración, se acabaron las odiosas supersticiones medievales y el ser humano se abrió a la ciencia y la razón. Fue todo lo contrario; y de esos polvos, estos lodos.

La llamada Edad Media ha sido tergiversada en las universidades desde hace siglos por un solo motivo: fue una era cristiana. Mientras, desde la Ilustración, la Edad Moderna se ha vendido como la época de luces que nunca fue, simplemente porque interesaba dividir la religión de la ciencia como si no fueran compatibles y sentar las bases a partir de las cuales hemos llegado a la Nueva Religión moderna del cientifismo sin Dios. Desde entonces viene esta historia. No dieron puntada sin hilo, tenían claro su gran enemigo, y a ello se aplicaron.

La Edad Media ha sido cancelada en el subconsciente colectivo porque fue la gran era del nacimiento o el auge de lo que la Nueva Religión más odia: el cristianismo, la hispanidad y Europa. Se pudo conseguir esta campaña de descrédito con facilidad porque, justo cuando los historiadores se han inventado que terminó la Edad Media, en 1492 con el descubrimiento de América, el católico Johannes Gutemberg inventó la imprenta, dando lugar a una revolución cultural descomunal de la que pocas veces nos acordamos, muy superior a la que se produjo con el nacimiento de internet.

Antes de la imprenta, todos los documentos, las grandes obras clásicas grecolatinas, los tratados científicos de zoología, biología, medicina, botánica, geografía, filosofía, lingüística, retórica, arte y demás —¡el saber humano al completo!—, se habían escrito a mano uno a uno durante mil años. ¿Por quienes? Por los monjes cristianos, sobre todo.

Contar esto no le interesa al relato oficial, los jóvenes ya no lo saben, y muchos mayores tampoco. Libro a libro, legajo a legajo, traducción a traducción, mil años de trabajo titánico efectuado por miles de religiosos eruditos dejándose la vista bajo la luz tenue de velas tóxicas en claustros, bibliotecas, abadías, monasterios, cartujas, conventos e instituciones cristianas. Y lo hicieron por una vocación indomable, lo hicieron para glorificar a Dios. Si ellos no hubieran recogido, traducido, copiado, reproducido y transmitido todo el conocimiento humano anterior a la imprenta, no habría llegado hasta nosotros la sabiduría de siglos, no hubiera habido nada que imprimir después. Labor titánica tan importante manchada por intereses posteriores que todavía operan. Sin la ayuda de una fe férrea en una religión plena y verdadera, nadie habría sacrificado toda su vida para copiar las obras de Aristóteles, por ejemplo. Al contrario de la imagen de oscurantismo que los ciudadanos del mundo tienen ahora de la Edad Media, fue una época gloriosa de la historia de la humanidad.

La tan denostada Edad Media oficial fueron diez siglos, desde el v hasta el xv, mil años de prosperidad sociocultural sorprendentes en la civilización occidental; pero, dado que esta división en edades no es sino un convencionalismo, yo la prolongaría dos siglos más, hasta el xvii, porque sus efectos continuaron hasta entonces por inercia cultural.

En el medievo nacieron todas las grandes universidades: Oxford, Bolonia y Palencia-Salamanca fueron las primeras. Las universidades nacieron a partir de la evolución de las Escuelas Catedralicias, donde se impartía teología, derecho canónico, derecho romano y otras disciplinas clásicas, pero también científicas como la fisiología, como se llamaba entonces a la biología y la medicina; se llama estado fisiológico al funcionamiento correcto de un organismo, y estado patológico cuando funciona mal.

Además, todas las universidades eran cristianas en su nacimiento, al contrario de lo que se ha difundido. La cultura musulmana de entonces que poblaba una gran parte de la península ibérica no fundó universidades porque enseñar a la gente no les interesaba nada en absoluto, ese concepto era completamente cristiano.

El fraile dominico burgalés Francisco de Vitoria fue el primero en hablar de derechos humanos en el mundo desde la Universidad de Salamanca; se lo considera el padre del derecho internacional. Se construyeron las grandes catedrales. El Cantar de los Cantares, traducido de la Biblia por fray Luis de León y estudiado también por san Juan de la Cruz, sorprende por su gran sensualidad, pues habla del «amor humano» y menciona al «amado y la amada en su lecho», con una libertad que hoy resulta sorprendente a los estudiantes, según me cuenta Daniel Vela Valdecabres, doctor en Filología Hispánica y profesor de Literatura de la Edad Media. En aquellos tiempos los llamados «pecados de la carne» no eran en absoluto perseguidos ni siquiera para los clérigos. Había una libertad de pensamiento mayor que hoy en día en más de medio mundo. El mismísimo Arcipreste de Hita, de Guadalajara (España), que llevaba veinte parroquias, habla en su autobiografía de las diversas formas de enamorar a las mujeres, ¿se imagina eso hoy?

Era un tiempo en el cual se cumplían el honor, la honradez, la lealtad, la defensa de los oprimidos, la lucha por la verdad y el código de los caballeros y de las damas. ¿Acaso no nos quejamos siempre de que eso está desapareciendo? La unidad era más importante que las faltas relacionadas con el sexo, que no los obsesionaban en absoluto.

Existían las llamadas «barraganas» o «trotaconventos», que visitaban los monasterios con asiduidad sin que ello causara el mínimo escándalo mientras las obligaciones se cumplieran bien. Gonzalo de Berceo, en su obra Milagros de Nuestra Señora, narra varios casos, como uno titulado «El embarazo de la abadesa». Estos libros escritos entonces todavía existen y los podemos leer hoy, solo que pocos lo saben. Otro trabajo bien respetado era el de las serranas: señoras fuertes y hermosas que actuaban como guías de montaña para ayudar a peregrinos y viajeros a atravesar los puertos, pero con final feliz si ellas lo decidían y a cambio de viandas. ¿No eran acaso eso mujeres empoderadas? La Celestina, escrita por Fernando de Rojas en 1502, es un reflejo de las serranas que también se encuentran en el famoso Libro de buen amor. Fue famosa la Serrana de La Vera, en Cáceres. Cruzar un puerto de montaña era muy peligroso por los bandidos, los lobos y las desorientaciones, por eso contratar a una serrana era garantía de llegar sin contratiempos al otro lado de la cordillera.

En la Edad Media los insultos, infamias e ignominias que hoy se leen en las redes sociales habitualmente serían intolerables y llevarían al culpable a un duelo singular en defensa del honor de un hombre, de su hija o de su esposa. ¿Tenemos eso ahora? En aquellos tiempos se empezaba cualquier discurso diciendo bien alto: «Damas y caballeros»; ahora nos quieren convencer de que decir «espectadores y espectadoras», feo, cacofónico y con ellas detrás, es lenguaje inclusivo avanzado y moderno. En la Edad Media, un violador, un ladrón o un estafador se lo tenían que pensar muy bien antes de actuar, hoy se ríen de la policía y se burlan de sus víctimas mientras un abogado los saca de la comisaría. ¿En serio era tan malo aquello teniendo en cuenta que han pasado más de tres siglos?

La libertad que había en muchos lugares durante esos mil doscientos años no ha sido correctamente tratada por la historiografía, pero tampoco por el cine, que es hoy casi la única fuente de «historia» que recibe la mayoría de la gente. La primera feminista conocida en el mundo fue una monja mexicana, sor Juana Inés de la Cruz, a finales del siglo XVII, una mujer de armas tomar que no se calló nada.

Los ejemplos podrían llenar libros enteros, puede que me ponga a ello en el futuro. De hecho, incluso el término «Edad Media» se creó como despectivo, pues ellos no llamaban así a su época. Cierta fama de tiempos violentos proviene del principio, cuando los bárbaros germánicos bajaron del norte arrasando con la cultura grecolatina, que se refugió en los monasterios; de no ser por estos últimos, Europa no existiría tal y como la conocemos. Los germanos del norte ni siquiera escribían al principio; curioso que ahora se los considere lo contrario, pero entonces eran unos cenutrios considerables, solo superados por otra cultura sobrevalorada que el cine se ha encargado de blanquear: los escandinavos vikingos, asesinos, saqueadores y violadores crueles adorados por la cultura woke, que los ve como muy paganos, rubios, guapetones e igualitarios (no eran nada de eso), y por ello sus fieles se hacen peinados de Loki, se tatúan Walhallas, martillos de Thor y runas nórdicas con veneración... Pero no saben que todos los vikingos empezaron a ser personas civilizadas cuando se convirtieron en masa al cristianismo, pues en esa parte se acaba la serie de televisión. Nada es casual, los vikingos han sido blanqueados y puestos de moda porque son los antepasados de los británicos y, por ende, de los estadounidenses protestantes blancos, los que hacen el cine y la televisión junto con los judíos. Por tanto, todo lo que tenga que ver con estas dos culturas es beneficiado en el relato popular actual, mientras, como dije, todo lo hispano, católico y medieval es narrado como sucio, oscuro y feo.

Cuando mis hijos eran pequeños, hace veinte años, acudí a una famosa tienda de juguetes infantiles para comprarles regalos y busqué entre los famosos muñequitos de Playmobil una de esas cajas temáticas enormes que contienen guerreros, caballos, carros, fortalezas y barcos con toda suerte de utensilios, porque en realidad a quien le gustaban era a mí. Busqué la caja de conquistadores españoles, pero no la encontré; había cajas temáticas de legiones romanas, de vaqueros e indios, de vikingos, de soldados napoleónicos, de egipcios, de soldados espartanos, de exploradores coloniales británicos, de gánsteres de Chicago, de marines estadounidenses, de tramperos franceses del Yukón, de piratas ingleses, de samuráis... ¡pero ninguna de los tiempos de Hernán Cortés, Pizarro y las gestas españolas de tres siglos fascinantes! Pregunté a la encargada y me dijo: «No existen, es que lo de la conquista no es apropiado para niños». Me fui perplejo y reflexionando si tal vez yo estaba equivocado y Julio César conquistó las Galias dando besos y abrazos, quizá los vikingos eran pacifistas, tal vez Napoleón hacía referéndums para anexionar naciones o los egipcios construyeron pirámides con sindicatos de trabajadores. A lo mejor los piratas ingleses respetaban los derechos de la mujer... Parecía que los únicos malos de la historia de la humanidad habíamos sido los españoles. Que una cosa así se refleje en los juguetes de los niños no puede ser casualidad, desde entonces analicé por años los dibujos animados viéndolos con mis hijos tres décadas y también ocurría lo mismo: desde Mickey Mouse hasta Bob Esponja, tenían capítulos disfrazados de todas esas culturas frivolizándolas positivamente, pero, si salía alguna referencia a los españoles, siempre era para mal. ¿Acaso creen que eso no es programación del inconsciente deliberada desde niños? Después, de mayores, si son españoles o hispanos tendrán complejo de inferioridad; y, si son del resto del mundo, se creerán la Leyenda Negra. Después descubrí que sí había muñecos de Playmobil de conquistadores españoles, pero eran de colección, de encargo o tuneados por personas particulares, nunca se comercializaban en las tiendas convencionales. Los únicos cancelados para los niños del mundo eran los Reyes Católicos y Adolf Hitler.

Dentro de la era medieval hay un período que nos interesa especialmente, lo han llamado Plena Edad Media. Comprende los siglos XI, XII y XIII, y fue una explosión de prosperidad inusual en la historia, con un desarrollo social, cultural y económico tal en Europa que se la considera el nacimiento de Occidente. Comenzó alrededor de un año de cifra carismática: el año 1000. También se la ha llamado la Revolución o Renacimiento del siglo XII —el Renacimiento más conocido se inició dos siglos más tarde—. Algo extraordinario ocurrió entonces, recordemos que seguimos en la «terrible» Edad Media.

Los vikingos y los húngaros, después de dar mucha guerra asolando miles de kilómetros cuadrados del continente euroasiático, ya se habían convertido en masa al cristianismo. Por tanto, se habían puesto a trabajar en lugar de robar, invadir y asesinar. ¡Qué malo es el cristianismo!

Los reinos cristianos de la península ibérica ya habían hecho desaparecer al califato de Córdoba. La paz relativa hacía florecer las rutas comerciales, las ferias y el intercambio de productos artesanales, agrícolas, ganaderos y pesqueros. Crecían las ciudades con el auge del comercio a larga distancia por tierra y por mar. Florecía el arte románico y, después, el gótico. La cultura era protegida por las órdenes religiosas. Por todos es sabido que la estabilidad reactiva la economía en todas sus facetas, por lo que la prosperidad se abría paso. Por toda Europa surgían inmensos monasterios donde se hacían estudios de botánica, zoología, lenguas, traducciones o fisiología, y en los que también se establecían ayudas a los pobres, se creaban talleres y se enseñaban desde gastronomía hasta artes manuales de todo tipo. La gente era feliz; hay que decirlo así porque no hay una sola película que muestre esto, no figura en nuestra mente.

Los reyes recuperaron el derecho romano, se vigilaba la aplicación de las leyes estableciendo los primeros cuerpos de policía fiables. Los cultivos progresaban gracias a las nuevas técnicas de los molinos de agua, los de viento y los arados de ruedas. Talleres, telares, carpintería de ribera y convencional, gremios especializados de la forja, la cría caballar, los tornos elevadores, las ciencias biomédicas experimentaban, asimismo, un gran desarrollo. La navegación, nunca suficientemente bien valorada, disfrutaba de un momento dulce gracias a nuevas técnicas como el timón a la navarresa o a la generalización del uso de brújulas más eficientes, relojes e instrumentos de medida. Las universidades y escuelas —recordemos: todas de la Iglesia— extendían la alfabetización y fomentaban el espíritu crítico, lo cual originó el humanismo cristiano que cambió para siempre los conceptos de familia, nación y estado. Soy consciente de que está usted frunciendo el ceño, pero comprenda que no puedo desprogramar miles de horas de Bob Esponja en unas páginas, lo invito a investigarlo por usted mismo.

Pero lo mejor viene ahora: la principal causa de toda esta prosperidad fue… ¡un cambio climático! Sí, un calentamiento global parecido al que nos dicen ahora que sería una catástrofe. Me temo que nadie les ha preguntado a los habitantes de Portsmouth, al sur de Inglaterra, si les supondría un gran problema tener el clima de Marbella, en España, pero me parece que estarían encantados. Pues eso ocurrió literalmente durante este período cálido llamado «Óptimo Medieval», durante el cual incluso se llegaron a cultivar viñedos en Inglaterra. Desde el siglo x hasta el siglo xiv, durante ni más ni menos que quinientos años, el «cambio climático» hizo a gran parte de la humanidad muy feliz, y esto coincidiendo, para más inri, con la «odiosa» Edad Media cristiana y el auge de los «oscuros» monasterios… ¡Qué interesante!

Ante semejantes cosechas, ganado y pesca abundantes, la población creció y, para celebrarlo, la Iglesia decidió agradecérselo a Dios construyendo espectaculares catedrales, los edificios humanos que son la culminación del arte, la arquitectura y las matemáticas. ¡Maldita Edad Media! Sí, esas mismas que siguen siendo en pleno siglo xxi el orgullo y atractivo turístico mayor de las ciudades del mundo que tienen la suerte de tener una construida en esa época. Una sociedad floreciente llena de energía y optimismo que engendró el arte románico, y después el arte gótico, porque hacía calorcito, se comía bien, los negocios prosperaban y los vikingos se convirtieron, zarpando a descubrir Groenlandia porque el hielo del Ártico había retrocedido, otra cosa que nos venden como si fuera una gran tragedia. Tampoco han preguntado su opinión a los rusos. Inviernos suaves, veranos largos… Desde luego, no fue culpa de las emisiones de CO_2, los motores diésel y las centrales de energía, porque no los había. Entre los años 1000 y 1347, la población de Europa pasó de 35 a 80 millones de personas. Sospecho que es este último dato el que realmente molesta a los eugenistas maltusianos modernos.

Desde el siglo XI hasta el XII nacieron en Europa unos mil quinientos núcleos urbanos con sus correspondientes necesidades que abastecía perfectamente un agro próspero que multiplicó las cosechas a través de la ampliación del área cultivada, de la ocupación de terrenos marginales como pantanos y ciénagas o de la creación de la rotación trienal de cultivos, una estrategia que aumenta el rendimiento considerablemente. Consiste esta última en plantar un año cereales, al siguiente avena y legumbres (que fijan el nitrógeno al suelo), y al tercer año no plantar nada y recurrir al barbecho para que descanse.

A comienzos del siglo XIV el clima en Europa comenzó a enfriarse de nuevo, que es lo que hace el clima desde que el mundo es mundo: cambia siempre. Por eso decir «cambio climático» así, en singular (¿recuerda?, igual que «el lobo»), es de por sí un término incorrecto; no puede ser noticia un cambio climático cuando lo que caracteriza al clima global es que cambia sin cesar; la noticia sería que se quedara estático como si fuera un coche con climatizador o un hogar con termostato. Cambio climático y consenso científico sí que son dos auténticos mitos, leyendas modernas, bastante más difíciles de demostrar que la existencia de los hombres lobo. Ese enfriamiento acabó por llamarse la Pequeña Edad del Hielo, que se alargó hasta el siglo XIX.

Reflexionemos: si quisiéramos manipular las estadísticas de temperaturas históricas para dar la sensación de que desde el inicio del desarrollo industrial se está produciendo un calentamiento global progresivo, ¿dónde pondríamos el principio de la serie? Obviamente, justo antes de la Pequeña Edad del hielo, y nunca antes del Óptimo Medieval, porque entonces nos saldría un enfriamiento. ¡Y eso hace la Iglesia de la Paleontología y su consenso ficticio! Mete una glaciación al principio, y desde ahí todo es calentamiento. ¡Problema resuelto!

Otra realidad en la que es interesante reparar es que, de tanto que nos hablan machaconamente de lo malo que es un calentamiento, no nos damos cuenta de que lo realmente catastrófico para la humanidad y la vida en la tierra sería precisamente lo contrario: un enfriamiento.

El resultado evidente lo vemos hoy en la contracultura woke. Umberto Eco y otros autores ayudaron mucho con obras que después se convirtieron en excelentes películas como El nombre de la rosa, que muestran una Edad Media de oscurantismo, tinieblas y asociación con los símbolos cristianos, siempre ofreciendo una execrable visión de esta época.

Lo mismo que hicieron con un simple cuento como Caperucita Roja lo hacen hoy en cientos de películas, series y videojuegos. Crearon un universo ficticio alrededor de todo símbolo cristiano. Se cuentan por decenas las películas modernas de terror cuya acción transcurre en colegios, conventos, criptas, iglesias y catedrales, cuyos personajes son monjas asesinas, sacerdotes violadores, obispos pecaminosos, siempre con la Santa Cruz y los símbolos cristianos en los planos y sobre el pecho de conquistadores sádicos, o de mafiosos asesinos, o de irlandeses borrachos y violentos. No hay una sola producción audiovisual en la cual esas acciones se asocien visualmente a las otras religiones mayoritarias. No hay películas de terror en ambientes musulmanes, mucho menos judíos, ni hinduistas, ni en el taoísmo, el budismo o el sintoísmo, ¡ni una sola! ¿Creen que esto es casual? Los adolescentes devoran estas películas, son las que más les gustan a ciertas edades, porque les hacen parecer valientes. Las suelen protagonizar actores guapos de su generación y además se las mezclan con sexo y música rock. Mientras en los años 60 y 70, por ejemplo, Drácula o el hombre lobo eran señores mayores, desagradables y feos que acababan muriendo a manos de un héroe, de un tiempo a esta parte los vampiros son Brad Pitt, Tom Cruise o Antonio Banderas, y son buenos. También a los licántropos los interpretan actores idolatrados por los adolescentes, que consumen estas series y películas compulsivamente. En todas ellas abunda la simbología cristiana rodeando a lo oscuro. Esto se queda en el inconsciente de los muchachos desde muy jóvenes, de modo tal que si de pequeños sus padres los educaron en la fe cristiana y los llevaban a misa, en cuanto pueden, escapan, porque inconscientemente están viendo los mismos elementos de las películas de terror, de la Edad Media, de las Cruzadas o de la conquista de América por todas partes.

Nuestras creencias se conforman a partir de relatos, de leyendas, de mitos y de imágenes subliminales. Como primates visuales que somos, asociamos lo que vemos y sacamos conclusiones que son fácilmente manipulables desde el exterior.

Después, cuando nos han privado de la cultura ancestral que se forjó por siglos de acuerdo a nuestra expresión genética, cuando nos han extirpado los símbolos, las emociones y las creencias de nuestros ancestros, los sustituyen por otros creados por ellos para que nos dejen insatisfechos, enfadados y bien sujetos. Tal vez sorprenda lo que puede salir del análisis meditado del cuento de Caperucita Roja.

Pat Shipman va mucho más allá, al afirmar que es posible que los lobos hayan salvado a la humanidad, no solo a individuos por separado sino a toda nuestra especie, al domesticarnos mientras nosotros los domesticábamos a ellos. Sapiens, neandertales, lobos convirtiéndose en perros y ojos de fondo blanco coincidieron en Europa y Oriente Medio hace 45 000 y 35 000 años, cambiando nuestro destino para siempre.

La mutación que generalizó la esclerótica blanca en los Homo sapiens ocurrió hace unos 40 000 años, coincidiendo con aquellos primeros contactos visuales con lobos en las cacerías. Varios investigadores como Shipman están convencidos de que esa comunicación no verbal a través de los ojos evolucionó en humanos y perros hasta convertirse en una forma de comunicación silenciosa muy útil durante las cacerías. Aquellos cromañones de escleróticas blancas capaces de comunicarse con los lobos conseguían un éxito cinegético abrumador por encima de sus competidores neandertales. Lo cierto es que nosotros, los sapiens modernos, prosperamos multiplicando nuestra población por diez, mientras los neandertales, de los cuales no hay evidencia de que cerraran el pacto de los lobos, languidecieron hasta extinguirse en las cuevas españolas de Gibraltar, donde se tienen los últimos registros de ellos hace 30 000 años. Los gigantes pelirrojos europeos que habían resistido glaciaciones durante 250 000 años, antes de que llegaran los enanos sapiens desde África, sucumbieron por la combinación del blanco de los ojos y el gran pacto de los lobos.

Pero, como era de esperar, esos lobos transformados en perros no se iban a quedar en un papel de simples colaboradores de los humanos en tareas mundanas, pronto avanzaron un paso más.

En 2012, el investigador Mietje Germonpré del Royal Belgian Institute of Natural Sciences y sus colegas, tras desarrollar un método estadístico para diferenciar qué calaveras cánidas fósiles pertenecían a lobos o a perros unos años antes, lo aplicaron a nueve cráneos; tres de ellos se identificaron como perros antiguos de Predmostí, en la República Checa, de hace unos 27 000 años. Estaban tratando de averiguar en qué momento exactamente se inició el proceso de domesticación que implica que podamos dejar de hablar de lobos para hacerlo de perros; no es fácil, los cráneos de ambos se perecen mucho. Este y otros estudios parecen indicar que, efectivamente, los lobos fueron domesticados durante el período en el cual tanto los humanos modernos como los neandertales convivían en Europa, pero siempre se hallaron relacionados con nosotros, los cromañones.

Uno de los perros de Predmostí fue encontrado con un gran trozo de hueso encajado en sus fauces, colocado de una forma que parecía muy realista, deliberadamente situado allí tras la muerte del animal; se trata del enterramiento ritual de un perro que fue honrado, nos acercamos al Lupus Deus. También se han encontrado en el mismo yacimiento adornos hechos con colmillos de lobos y de perros para personas, cosa que los pueblos paleolíticos no solían hacer con animales que les servían de alimento —por tanto, los lobos no lo eran—. En general, los humanos hoy en día, en la mayoría de las culturas, no gustamos demasiado de la carne de otros depredadores terrestres; sí, en cambio, de marinos. Preferimos comernos a vegetarianos. Es algo que llevamos profundamente impreso en nuestro cerebro sin darnos cuenta.

Los artistas rupestres del Paleolítico no representaban figuras realistas humanas todavía, tampoco a lobos, lo cual nos indica que los consideraban muy próximos, casi parientes, familia. Por si fuera poco, algo más extraordinario aún ocurrió en Chequia, donde se han hallado cráneos de lobos perforados; el 40 % de los veinte cráneos de perros y lobos encontrados en esos yacimientos estaban tratados con este ritual que se suele hacer con humanos asesinados a los que se quiere honrar, mostrando un vínculo religioso entre los hombres y sus lobos casi en condiciones de igualdad. Este trato trascendente con los loboperros no es común con otros animales, es muy raro en los yacimientos, parece como si trataran al lobo como un congénere.

Creo que la humanidad se encuentra como lord Greystoke, perdida sin encontrar el equilibrio entre su lado salvaje y su parte civilizada. Necesitamos descifrar por fin el secreto de Tarzán.

4

LOS PIGMEOS
DEL BOSQUE IMPENETRABLE

> Como cuando las grullas,
> Volando las tormentas invernales, envían a lo alto
> Sus clamores disonantes, mientras
> sobre la corriente del océano
> Dirigen su curso, y en sus alas llevan la
> Batalla y la muerte a la raza pigmea.
>
> Ilíada. **Homero**

Si hace cuarenta mil años ya tratábamos a los perrolobos como iguales y casi como dioses, ¿es de extrañar que esta atracción casi mística haya llegado hasta su vecina que pasea al caniche o hasta los jóvenes woke que usan cementerios para perros? Recordemos que las creencias son capaces de cambiar nuestra sangre, nuestro cuerpo y la manifestación de nuestros genes. Estamos mucho más cerca de entender los mitos arcaicos ahora que sabemos de la existencia de una conexión íntima insospechada u oculta deliberadamente entre los símbolos y la biología.

Pude comprobar lo que la ausencia de perros puede causar a una cultura ancestral con miles de años colaborando con ellos, cuando en 2017, durante una expedición a Uganda, tuve un encuentro con un grupo batwa, los despectivamente llamados «pigmeos», en un lugar de nombre contundente: el Bosque Impenetrable de Bwindi. Aquella selva tiene el honor de ser el lugar paradójico en el que conviven los primates más grandes del mundo con las personas más pequeñas. La Sierra Albertina es frontera natural entre Congo y Uganda. En estos bosques afromontanos encontramos a los últimos gorilas de montaña (Gorilla beringei beringei), los que se hicieron famosos para el gran público en la década de los 90 del siglo pasado por la película Gorilas en la niebla, en la cual se narraba la vida de la malograda primatóloga Dian Fossey, interpretada por la actriz Sigourney Weaver. Estos bosques de nubosos son el hogar ancestral de esta etnia que, junto con los sans o bosquimanos, constituye uno de los pueblos primigenios de África que poblaron gran parte del continente antes de la invasión de los bantúes.

Nos presentamos en el punto convenido del bosque donde nuestro guía había concertado un encuentro con un grupo batwa. Previamente, habíamos comprado regalos adecuados para ofrecerles, pues nos dijeron que les encantaba el tabaco de liar marca Camel, las cuentas de colores con las que hacen sus abalorios de artesanía que después venden y algunos suministros básicos más. Por desgracia, el contacto local nos informó después de que había tenido que pagar dinero a la señora bantú que decía ser la dueña de esos pigmeos para que nos permitiera verlos, circunstancia que nos lo dice todo acerca del concepto que tienen de ellos algunos bantúes. El racismo en África es muy anterior a la llegada de los primeros exploradores europeos, hoy en día lo podemos observar por todo el continente; no, no lo inventamos los blancos, ese es otro mantra woke muy extendido.

Vimos un humo azul serpenteando entre las ramas verde rabioso de la selva acompañado de un olor agradable a madera húmeda ardiendo, como de una enorme pipa aromática que un ser colosal estuviera fumando. Preparé mi cámara para filmar lo que pudiera tras pedirles permiso, como siempre hago, poniendo extremo cuidado para proteger las lentes de la humedad extrema. Estábamos nerviosos, pues íbamos a conocer a los míticos pigmeos que están representados en las cráteras griegas del siglo I antes de Cristo, los que inspiraron a Tolkien para describir a sus hobbits, los auténticos hombres de la selva más antigua del mundo. Para llegar hasta estas junglas montanas atravesamos inmensos campos de cultivo de té, extensiones descomunales sin vida salvaje, y me di cuenta de que gorilas y batwas vivían en realidad en islas verdes en lo alto de la cordillera, totalmente rodeados de plantaciones humanas por todas partes. Lo que amenaza a ambos no es la caza, sino la invasión de los vegetales comestibles del hombre que se exportan bien. La proliferación de la cultura healthy —«saludable»— de vegetarianos y veganos, la cual provoca una demanda internacional brutal, hace más daño a los gorilas que el consumo de carne, porque las reses conviven mejor con la vida salvaje que las vastas extensiones agrícolas en las que un gorila es abatido si intenta salir de su espesura protectora.

Uganda es el tercer productor de té en África, después de Kenia y Malaui. Han convencido al mundo de que lo más ambientalmente destructivo para la naturaleza es la ganadería, cuando en realidad la amenaza a la biodiversidad proviene más de monocultivos de moda que consumen masivamente los mismos que creen estar protegiendo al planeta, como el aguacate, el mango, los arándanos, el aceite de palma, el té o el café, entre otros muchos. En

San Francisco, por ejemplo, un protector de la naturaleza progresista y concienciado es alguien ingiriendo un gigantesco grumo verdoso compuesto por una mezcolanza de todos esos vegetales, o un té exótico de nombre místico, mientras el prototipo del asesino de animales republicano es alguien con un enorme tomahawk de carne de vaca. Curiosamente, la realidad es exactamente la contraria. Uganda produce unas sesenta mil toneladas anuales de té, de las cuales el 90 % se exportan.

Los cazadores-recolectores batwas son hombres de selva, de ahí su pequeño tamaño. Caminan como elfos sin hacer ruido alguno, manejan arcos diminutos y letales con los que son capaces de cazar presas enormes; mas, cuando llegamos, era evidente que estaban tristes, desolados.

Nos contaron que el motivo de su pesar era que hacía unos días les habían matado a todos sus perros, porque las autoridades del Parque Nacional decían que podían contagiarles enfermedades a los valiosos gorilas. Tampoco les permitían cazar. Es difícil de imaginar la tragedia que supone para su cultura el no poder hacer lo que siempre hicieron, en sus tierras ancestrales. La razón es la misma: la protección de la naturaleza.

Hoy en día, en Uganda valen mucho más los gorilas que los batwas, literalmente. Los europeos, norteamericanos, chinos, árabes y japoneses acuden en buen número para ver a los últimos grandes primates negros del mundo y pagan por ello generosamente: una hora de observación de los gorilas de montaña en Bwindi cuesta ya ochocientos euros por persona; y, si lo que se quiere es rodarlos, son tres mil. Hay lista de espera de meses e incluso de años.

Bajo una enorme ceiba, vigilados por su dueña bantú, menudos, fuertes, fibrosos…, inspiraban una mezcla de ternura y admiración, pero también de profunda pena por un mundo que se muere. Los perros son su protección, porque caminan delante por las sendas detectando a las serpientes, insectos y arácnidos venenosos que amenazan los pies descalzos de los batwas, porque los avisan si por las noches se acerca el leopardo a sus bebés con la intención de llevarse uno, porque detectan la caza con su olfato en una espesura en la que la vista no alcanza sino un par de metros, porque los ayudan a localizar hongos enterrados, y porque los aman. Algún gris funcionario de Nueva York, siguiendo instrucciones de la Organización Mundial de la Salud, decidió que los perros de los batwas podían transmitir alguna enfermedad a los valiosos gorilas woke.

Las autoridades de Uganda no protegen a los batwas ni a su cultura, no tienen derecho a tierras porque son nómadas. Tampoco tienen derecho a una educación, ni a una sanidad que seguramente no necesitan porque su cultura es otra y porque son ellos los que proveen de plantas medicinales del bosque a los bantúes. Solo precisan que los dejen en paz, conocen el bosque lluvioso como nadie. Medicinas, frutos, hongos, remedios, miel... y la caza; pero también les habían prohibido cazar. Para ellos, el señor de los animales es Tore, que se presenta en forma de leopardo. Oculto en el arcoíris, se manifiesta en las tormentas y decide si la cacería será exitosa.

Una tristeza infinita se adivinaba en los ojos de los rastreadores del bosque africano, privados de la actividad que les da la vida. Impedir la caza a los batwas es de una crueldad infinita, y de una absurdez indignante. La sacrosanta protección de las especies animales, totémicas para los occidentales, no está reñida con el respeto por las tradiciones de estos pueblos; reliquias vivientes de lo que somos, origen perdido de nuestros instintos venatorios.

Si los batwa y los sans no pueden cazar porque lo dicen los wokes de las ciudades, ¿qué les queda? Los hijos de un pueblo autosuficiente cuya cultura dominó África entera, y puede que mucho más, con características físicas únicas, que no pedían nada a nadie salvo seguir con sus vidas, convertidos en mendigos, casi esclavos y propiedad privada de una señora bantú. Quedan apenas seiscientos. Su Dios único, Mugasa, está en el cielo, vivió entre ellos y solo les dictó una ley: que podían comer de los frutos de todos los árboles menos de uno. Un día una mujer embarazada le pidió al marido que le diera la fruta del árbol prohibido y, aunque era de noche, la luna lo vio y se lo contó a Mugasa, el cual se fue al cielo para siempre y les dejó la muerte. ¿Les suena?

Cuando nos recibieron estaban todos alrededor de un fuego, y al poco, cuando decidieron que éramos buena gente, sacaron el Molimo, su flauta sagrada que se guarda en el bosque dentro de un árbol. Uno de ellos se puso a tocar una melodía que parecía surgida de la noche de los tiempos.

En 1961, el antropólogo Colin Turnbull, experto en etnomusicología, tras convivir con ellos durante años, escribió The Forest People, describiendo estas y otras costumbres de los batwas, quienes habían sido tratados durante siglos como animales por ser bajitos y diferentes a blancos, negros y asiáticos. Según escribe Turnbull, los habitantes agricultores de las aldeas de alrededor de la selva virgen, que eran bantúes y sudaneses, consideraban la espesura verde más allá de sus tierras como el reino de espíritus malevolentes, el lugar donde solo pueden vivir los animales y los BaMbutis (como ellos llamaban a los batwas), el lugar del diablo. Pero los BaMbutis conocían los secretos del bosque, cuándo enjambran los termes, el lenguaje de los monos para cazarlos, siempre con respeto... Sabían distinguir los hongos comestibles, las raíces medicinales y qué cortezas, bulbos y criaturas curan cada mal. Para ellos el bosque es su mundo perfecto, donde se mueven en silencio sin miedos, no temen a espíritus malignos. Llevan viviendo aquí, en la inmensa selva que antes llegaba de costa a costa y hasta el Sáhara en el norte, probablemente desde mucho antes de que los neandertales blancos vieran a los primeros cromañones negros.

La referencia más famosa de este pueblo es la lucha de los pigmeos contra las grullas a las puertas de Troya descrita por Homero en la Ilíada. Pero mucho tiempo atrás fueron descubiertos por una expedición egipcia de la Cuarta Dinastía que atravesó África en busca de las Fuentes del Nilo, dos mil quinientos años antes de Cristo, y que dejó el reporte de los pigmeos en la tumba de faraón Nefrikare. Según esa crónica, Herkouf, el comandante de la expedición egipcia, entró en una espeluznante selva al oeste de las Montañas de la Luna y descubrió allí a la «Gente de los Árboles», a la que describió como personas diminutas que tocaban música y bailaban a su dios. Nefrikare ordenó a Herkouf que se trajera de invitado a alguno de esos «Danzantes de Dios» indicando que fuera bien tratado. Desconocemos el final de la historia, pero queda evidenciado que en una época tan remota los batwas eran reconocidos y admirados por el mismísimo faraón de Egipto, y ya vivían donde los estamos visitando. Todos los exploradores y antropólogos hablan de la música y la danza de los pigmeos.

Sin embargo, años más tarde, Aristóteles afirma en su Historia Animalium que los pigmeos no son una leyenda, ante la creencia generalizada del mundo occidental de que lo eran; incluso indica que viven «en la tierra de la cual fluye el Nilo», que ahora sabemos que es en el lago Victoria, muy cerca de las montañas de la Luna, actual Ruwenzori, donde los conocimos, como descubrieron los exploradores Richard Francis Burton y John Hanning Speke en 1858. Yo mismo los he visto, después de conocerlos en persona, descritos en los mosaicos de Pompeya, en Nápoles, donde incluso se reflejan sus cabañas junto al río, luego se conocían perfectamente sus formas de vida entonces.

Mucho tiempo después, en el siglo XIII, los batwas figuran como subhumanos monstruosos en un Mapa Mundi de la catedral de Hereford, Inglaterra: habían caído en la leyenda. Hasta el siglo XVII siguieron las dudas en Occidente sobre la realidad de los pigmeos, como nos demuestra el anatomista inglés Edward Tyson cuando publica su tratado sobre La anatomía de un pigmeo comparada con la de un mono, un simio y un hombre. Aún más increíble fue la gestación de este estudio. Tyson había conseguido que le trajeran desde África los esqueletos para su investigación —no queremos ni imaginar cómo se obtuvieron, teniendo en cuenta que para ellos eran animales salvajes—. Tras examinarlos, sacó la conclusión de que, efectivamente, esos llamados pigmeos no eran con seguridad humanos. Pero la sorpresa vino cuando un hallazgo dio la razón a Tyson, al menos en parte. Recientemente se encontró uno de esos esqueletos de los especímenes que analizó para su estudio, apolillándose en el almacén de un museo de Londres, y, tras ser identificado, resultó ser el de un chimpancé. Lo que estudió en efecto era un animal, por lo que no era un pigmeo.

Los navegantes portugueses que exploraron la costa occidental de África en los siglos XVI y XVII dejaron algunos testimonios bastante inquietantes de sus supuestos encuentros con los pigmeos en esas selvas que entonces, como ahora, llegaban hasta la misma orilla del mar. El gran problema de los navegantes españoles y portugueses que recorrieron los siete mares antes que nadie era encontrar agua dulce tras una larga travesía —«hacer aguada» lo llamaban, y era el factor limitante junto con el escorbuto—. Cuando a aquellos valientes lusos que surcaron estas costas salvajes se les acababa el agua a bordo, se veían obligados a bajar a tierras desconocidas para buscarla. Y es ahí cuando tuvieron los primeros contactos con unas criaturas diminutas que, según escribieron en sus crónicas, tenían cola, podían hacerse invisibles y cazaban elefantes. Otra vez era verdad: a nosotros nos costó encontrarlos, pues son del color de la selva, si los ves es por el humo de sus fuegos, pero, si ellos no quieren, puedes estar a su lado sin darte cuenta de su presencia, son lo más parecido a ser invisibles que pueda uno imaginar. En cuanto a la cola, siguen usando unos taparrabos de corteza o de cuero curtidos que les cuelgan entre las piernas porque dicen que les gusta cómo se mueven al bailar. También han sido siempre grandes cazadores de gorilas —y lo siguen siendo, aunque está prohibido—, protagonizando unas batallas terroríficas que me hubiera gustado haber visto, porque las libraban con lanzas cortas y probablemente con redes, ¡y con sus perros! Un gorila espalda plateada puede superar los doscientos kilos, un batwa ronda los 25... No es imaginable un cuerpo a cuerpo tan desigual, a pie, a pelo, a mano, en plena selva. Lo que decían los portugueses era cierto; hay quien sostiene que los confundieron con chimpancés, pero eso se me antoja que solo puede pasarle a un británico. Lo cierto es que los chimpancés no tienen cola ni cazan elefantes.

Los mitos de los enanos están en todas las mitologías de

la Tierra, al igual que los de los gigantes; es perentorio hacer caso a testimonios de milenios que, aunque puedan tener pequeñas inexactitudes a veces, son en general historias auténticas cuando se interpretan con los ojos de la época, y no con los de la Ilustración que hemos heredado.

Al día siguiente, más arriba del bosque de niebla, tras seis horas de marcha espesa a machete, encontramos a la manada de Mubares, el gran macho de espalda plateada. No se me iban de la cabeza los pigmeos mientras filmaba al gran gorila; no podía dejar de imaginar las formidables luchas que ambos habrán librado durante siglos. Cada brazo de Mubare era como dos batwas; sin embargo, los guerreros de la jungla solían vencer al gran simio negro. Sin sus perros, ya no. Hombres pequeños, gorilas grandes, esperanzas perdidas.

Hemos comprobado en capítulos anteriores que el impacto de la mirada de los lobos ha podido ser la causa de que hayamos llegado hasta aquí usted y yo. Sin ella puede que fuéramos más neandertales que sapiens, lo cual no podemos saber si sería bueno o malo, pero sí que evidencia que nuestro vínculo con el lobo va mucho más allá de lo anecdótico, está en el origen mismo de nuestra identidad biológica y espiritual. También sabemos que en aquellos tiempos se formó nuestro inconsciente colectivo y el personal, esos que determinan más del noventa por ciento de nuestros sentimientos cada día. Por tanto, el lobo ya no está solo en el blanco de nuestros ojos, sino que ha llegado mucho más allá porque coevolucionamos juntos modelándonos mutuamente. No olvidemos todo esto cuando sigamos avanzando en cómo ese lobo simbólico y real está teniendo una importancia inesperada en nuestro futuro inmediato como especie.

Aquella escultura del cinocéfalo Hermanubis que está en el Vaticano y que ya hemos mencionado, que representa una hibridación sincrética de las deidades Anubis y Hermes, contiene más claves que nos interesan. Anubis, el de la cabeza de chacal, una de las más antiguas e importantes figuras del panteón egipcio, que custodiaba los ritos funerarios de la momificación y el tránsito a la otra vida, era el custodio de las necrópolis. Y el griego Hermes era hijo del gran Zeus y nieto de Atlante, ni más ni menos.

Antes de continuar con mitologías antiguas, quiero evidenciar una cosa: los mitos no son historias inventadas sin importancia que leemos en el siglo XXI para deleitarnos con las curiosas fantasías de nuestros antepasados culturales, sino que provienen de una tradición oral muy anterior a la redacción en prosa. Son, por tanto, no solo un modo diferente de expresión, como explica el experto Carlos García Gual, sino además una forma distinta de pensamiento. Los mitólogos están descubriendo y publicando cada vez más evidencias científicas e históricas recogidas en mitos y leyendas que fueron despreciadas durante varios siglos.

Sea como fuere, estamos indagando en la profundidad del pensamiento de nuestros ancestros como origen del nuestro, y ese proceso pasa indefectiblemente por estudiar los mitos con el respeto que merecen. Más aún, estoy convencido de que el desprestigio de las mitologías fue interesado y activamente programado por los que no quieren que la verdad se sepa, por los que la quieren exclusivamente para sí, para los iniciados, para las bien llamadas «sociedades secretas» que tanto abundan. Convertir los relatos míticos que reflejan el sentir de los pueblos antiguos en cuentos para niños o fantasías carentes de valor ha sido una constante desde los ilustrados del siglo XVIII.

Las personas que componen el mundo académico actual están más interesadas en prosperar dentro de una endogamia enfermiza que en investigar con libertad, abrazan los dogmas y huyen de todo lo que pueda suponer un obstáculo en su ascenso dentro de la comunidad universitaria. Si quieres conseguir doctorados, becas y cátedras hoy en día, has de saber qué temas son tóxicos para tu carrera con el fin de evitarlos, lo cual contradice flagrantemente el espíritu de la Academia, que es justo lo contrario.

Como explica muy bien G. C. Aethelman, la negación sistemática de todos los mitos y leyendas desde la sobrevalorada y venerada Ilustración, sellada después por Emmanuel Kant, impera en las universidades de todo el mundo, de las cuales salen los nuevos doctores woke que continuarán el dogmatismo histórico, científico y social. Este es el motivo por el cual es cada vez más frecuente que los eruditos más geniales, los más originales que se atreven a indagar en los huecos inexplorados de la historia y la ciencia, los que buscan la verdad, se encuentren fuera de las universidades y no dentro, máxime cuando escribiendo buenos libros, por ejemplo, se ganan la vida mucho mejor que con los exiguos sueldos académicos.

Dentro de las facultades modernas hay estrechez de miras, autocensura y caminos marcados de los que pocos se atreven a salirse si quieren mantener sus sueldos y llegar a ser contratados con plaza fija. Los estudiosos académicos huyen de ciertos temas como de la peste, y los que tratamos en este libro son algunos de ellos.

Los negacionistas de los mitos han hecho un gran trabajo, poco les importa que muchos de ellos hayan sido ya demostrados, como ocurrió con Troya, Karnak, Micenas, Knossos, el Diluvio, los pigmeos, el kraken, el okapi, el celacanto, etc. Todos ellos ciudades, animales y pueblos que antes de ser descubiertos fueron considerados y negados como mitológicos e inventados.

Sin embargo, los avances técnicos y metodológicos en arqueología, genética, arqueozoología, física y datación, así como el descubrimiento de nuevos yacimientos por todo el mundo cuya cronología datada no encaja con la historicidad vigente, no pueden ser ya contenidos por los académicos, que no saben cómo explicar todo lo que está saliendo a la luz. Una legión de investigadores liberados del yugo de las universidades e instituciones oficialistas se ha lanzado al campo, a escribir, a retraducir viejos textos, a redefinir el conocimiento en todas las disciplinas. En este contexto nos encontramos cuando aseguramos que la cancelación de autores y obras no es algo moderno, que ya lo sufrió, entre muchos otros, el mismísimo Platón.

Mythos, en griego, significa discurso formulado, relato sagrado, palabras con una fuerte carga religiosa que transmiten un saber secreto prohibido al vulgo acerca de dioses y héroes, según explica muy bien en sus obras el antropólogo helenista francés Jean-Pierre Vernant. Pero no podemos olvidar que los mitos proceden de una tradición oral de la Antigüedad clásica, a menudo en verso, cuya misión era transmitir el conocimiento de generación en generación para que no se perdiera, y que su naturaleza retórica es muy diferente al discurso escrito.

La aparición de la redacción en prosa no solo es un modo diferente de expresión, sino una nueva forma de pensamiento. Por tanto, en la actualidad, hemos de esforzarnos por rescatar la información científica que se contiene en los relatos míticos hasta ahora despreciados por los herederos de los ilustrados. No son cuentos para niños, ni narraciones de ficción, son una forma divergente de transmisión del conocimiento que durante miles de años fue la única. Por lo tanto, no la podemos contrastar con ninguna otra, salvo con la evidencia física arqueológica. Pero para eso hay primero que tomarse en serio los mitos y aprender a traducirlos al lenguaje actual. En el racionalismo, que ya empezó con los griegos clásicos, el mito se encuentra oscurecido en nombre de la palabra meditada y razonada, el Logos. Vivimos tiempos en los que este Logos ha matado casi por completo al Mythos, o eso es lo que nos quieren dar a entender; en realidad, como pretendo demostrar, lo único que están haciendo es crear un nuevo Mythos interesado haciéndolo pasar por Logos. Es decir, nuevos mitos falsos basados en los antiguos, los de siempre, disfrazados de cientifismo, racionalismo y nihilismo.

Esta perspectiva de análisis que indaga en los significados profundos de los fenómenos sociales, históricos y biológicos humanos como un sistema de signos y símbolos que abarcan la mitología, el totemismo, la lingüística, los rituales y el arte —los cuales no son interpretados como una simple concatenación de sucesos— se llama antropología estructuralista. Sus bases las sentó Claude Lévi-Strauss, que no es el inventor de los pantalones vaqueros, sino un antropólogo y etnólogo belga fallecido en 2009 de importancia descomunal por introducir en el estudio de las culturas del mundo conceptos provenientes de las ciencias naturales, las matemáticas y la lingüística. Es decir, propuso una visión holística que desde la Antigüedad apenas existía. Y exactamente opuesta a lo que el sistema educativo dominante en Occidente llama «elegir entre Ciencias o Letras», una lacra que, junto con la excesiva especialización de todas las disciplinas, ha conducido al estado actual de las universidades y de todas las demás instituciones académicas y de investigación, repletas de expertos en parcelas diminutas de todas las disciplinas, que son incapaces de tener una visión general de nada; lo que vulgarmente se expresa con el dicho de que «los árboles no les dejan ver el bosque».

Desde biólogos moleculares hasta antropólogos e historiadores, pareciera que el sistema los conduce inexorablemente en el sentido contrario al conocimiento, hacia campos de estudio cada vez más diminutos que les impiden apreciar las grandes preguntas que la humanidad lleva siglos intentando resolver. Vamos de aquellos sabios holísticos como Aristóteles o Plinio el Viejo, que trataban de encontrar las grandes respuestas tocando todos los palos, desde la zoología hasta la geografía —pasando por los mitos, las lenguas y las artes— hasta los actuales «expertos» de los telómeros de un ratón incapaces de ver lo que les quieren inyectar porque no saben nada en absoluto más allá de sus especialidades.

Así se convirtió la ciencia en un sistema de creencias, en el cual, para medrar, hay que aceptar un rosario de dogmas que llegan impuestos y cuya discusión moderna se considera tabú. En lugar de avanzar, convierten las universidades en lugares donde se alecciona sectariamente dejando claro a los que quieran vivir de ello que, por ejemplo, poner en duda la naturaleza de los virus o querer investigar la existencia de la Atlántida conducen indefectiblemente a arruinar sus carreras académicas.

Ya no solo es que nadie financie esos estudios, sino que las generosas donaciones privadas que mantienen el establishment académico en todo el mundo retirarán sus fondos si algún investigador se sale del carrilito marcado por ellos. Si no hay estudios de muchas cosas es porque los eruditos se autocensuran, van dejando lagunas enormes en sus disciplinas, conscientes como son de que no gustarían a sus jefes ni a sus filántropos; de este modo, con la ausencia, se fabrica la frase que tanto oímos: «no hay evidencias». Pero ¿cómo las va a haber, si nadie las busca?

Cualquier licenciado, graduado, doctor o profesor de la disciplina que sea, así como todo director, guionista o productor de cine y televisión, conoce las palabras clave que debe invocar en el título o descripción de su proyecto para que salga adelante, para conseguir plaza fija, becas, financiación, ascensos, promociones, premios, prestigio, éxito, casa propia, vehículo, hijos... Las palabras mágicas son: «perspectiva de género», «mujer», «cambio climático», «saludable», «sostenible», «huella de carbono», «calentamiento», «contagio», «virus», «pandemia», «transmisión», «enfermedades emergentes», «zoonosis», «vacunas», «extinción», «esterilización», «superpoblación», «colonialismo», «genocidio», «nuevo orden mundial», «digital», «energías limpias», «descarbonización», «arte moderno», «pederastia», «cambio de sexo»... así como cualquier otra que elimine todo hecho histórico, científico, cultural o artístico conseguido por la hispanidad o la cristiandad, en la Edad Media o por científicos, ingenieros, historiadores o artistas conservadores de todos los tiempos.

De todo el conocimiento opuesto a estos nuevos dogmas pronto «no habrá evidencias», porque los investigadores, científicos, obras, estudios, experimentos, películas, libros y publicaciones preexistentes serán considerados inapropiados, borrados de todo rastro digital o editados. Mientras escribo estas líneas, la Junta Británica de Clasificación de Películas, BBFC, ha dispuesto que Mary

Poppins, la película musical clásica de Disney estrenada en 1964, ha de ser censurada por «lenguaje discriminatorio», porque en dos de las canciones uno de los personajes, que es un marinero aventurero, dice la palabra hottentots, que es el nombre que le dieron los colonizadores holandeses a la tribu Khoikhoi que actualmente vive en Namibia y Botsuana. La palabra hottentots en el neerlandés del siglo XVII significaba «tartamudos», por los característicos chasquidos de su lengua que comparten con los sans o bosquimanos —espero que no me secuestren este libro por escribir «hotentote» y «bosquimano»—. Las probabilidades de que los niños de entre 6 y 10 años, que son el público objetivo de Mary Poppins, sepan lo que significa «hotentotes» cuando lo oigan en medio de una canción son tan remotas como que conozcan la marca del paraguas de la protagonista. En cualquier caso, el personaje que los menciona no está en un contexto en absoluto ofensivo. La corrección política woke llega a estos extremos ridículos, provocando la superioridad moral de los que creen que defienden a minorías a las que, en realidad, todo esto les da exactamente igual. Por esto pronto quedarán pocas obras literarias, cinematográficas y artísticas que no hayan sido mutiladas por la censura de la supremacía ideológica imperante. Un universo agobiante y gris de eternos ofendiditos buscando causas para caer bien a otros.

Los libros físicos de la era prewoke, tanto académicos (textos técnicos, ensayos de cualquier disciplina…) como de ficción, son ya joyas cada vez más escasas y valiosas. Yo, personalmente, busco y adquiero compulsivamente libros editados entre los años 40 y los 80 del siglo pasado sobre cualquier cosa, como fuentes en extinción. Cuando fallece una persona culta de cierta edad, por desgracia cada vez más y antes, deja su biblioteca personal, la cual normalmente sus herederos consideran una fábrica de polvo repleta de obras obsoletas. «¡Ahora todo está en internet!», dicen con desprecio. «¿Quién quiere los libros de papá? El lunes entregamos las llaves, y la casa debe estar vacía», preguntan, a lo que las únicas respuestas son «yo no tengo sitio en casa» y «yo tampoco». Las bibliotecas de los abuelos son las últimas de un tiempo que se va. Los hacedores del nuevo orden lo quieren todo en las redes porque lo digital se puede eliminar o editar, pero el libro de papel de tu madre, que está ahora en tu estantería, pasará algún día a tu hijo tal y como fue editado en su momento. Al igual que las mejores obras griegas, romanas y de otras culturas antiguas han desaparecido, ya hoy he detectado libros bastante recientes que son imposibles de encontrar. Ojalá este sorprenda a uno de tus descendientes dentro de cien años cuando su lomo amarillento le llame la atención en una mirada perdida al viejo anaquel del salón heredado.

Una de las ventajas de todo lo que ha sido escrito a mano o impreso, pero que existe físicamente, es que, aunque se puede destruir por completo quemándolo, no es tan fácil alterarlo o editarlo sin que las modernas técnicas forenses lo descubran.

Hay tantas inexactitudes —o, directamente, falacias— históricas de las que la mayoría de la gente está convencida por ósmosis audiovisual, instaladas fuertemente en el subconsciente colectivo, que solo pueden ser desmontadas gracias a archivos escritos hace cientos de años que aún existen, y que van siendo fotografiados, digitalizados y puestos a disposición de los investigadores modernos dispuestos a buscar la verdad que subyace tras las historias inventadas.

Ya hemos visto que todo lo medieval, por católico, ha sido alterado, pero hay otra premisa en la cancelación interesada: la Leyenda Negra, todo lo que tenga que ver con España y la hispanidad. La injusticia de la percepción popular es tan grande ahora como lo fue entonces, me estoy refiriendo a la palabra mágica que todo el mundo cita cuando quiere hablar de censura, pero que se asocia exclusivamente a España: la Inquisición. Todo el mundo está de acuerdo en esto, todos tienen pocas ideas al respecto, muy fijas, pero completamente equivocadas.

El llamado correctamente Tribunal del Santo Oficio de La Inquisición, o «la Inquisición» como se suele citar vulgarmente, es una de las pocas palabras, todas ellas de connotaciones negativas, que el inglés ha divulgado en otros idiomas conservando el spanish asociado o pronunciadas directamente en español, como gripe, conquistador, propaganda y coronavirus. Consultando viejos tratados, hace tres y cuatro siglos había muchos más vocablos precedidos por la palabra spanish, pero la fueron perdiendo. Curiosamente, hacían todos referencia a conceptos positivos. Aunque, al final, spanish solo quedó relacionado con expresiones negativas. Durante los años de la plandemia tuvimos que aguantar la inmensa falsedad de la spanish influenza (la gripe española), dicha incluso por hispanos. Resulta que había razas de perros y de caballos, instrumentos musicales, armas, técnicas de artes diversas, estilos de confección, tipos de barcos... infinidad de cosas maravillosas Spanish, pero ya no queda ninguna. Lo perdieron la guitarra, los barcos, las especies salvajes, los caballos, los perros, las recetas, los vinos, los inventos y los descubrimientos. Todo lo bueno y simpático dejó de ser Spanish hace tiempo, volviéndose British, Scottish, Italian, French e incluso American. Pues bien, se sigue diciendo Spanish Inquisition como si fuera una única palabra.

Los datos fidedignos, irrefutables y demostrados son tan contundentes que lo que resulta digno de ser objeto de estudio de una tesis doctoral es cómo es posible que en este instante el planeta entero, incluidos los ambientes académicos, den por buena una leyenda creada por protestantes alemanes, holandeses y británicos con fines demostradamente propagandísticos. El investigador danés Gustav Henningsen, en una de sus brillantes publicaciones al respecto, calcula que en la Edad Moderna fueron quemadas unas 50 000 brujas en la Europa protestante. Más o menos la mitad de ellas, asesinadas en tierras de lo que hoy llamamos Alemania; en Suiza fueron 4000; en Inglaterra, 1500; y 4000 en Francia. El propio historiador asegura que pudieron ser muchísimas más, pues cualquiera podía acusar a su vecino porque le caía mal, le había quitado la novia o le apetecía quedarse con sus tierras, y quemarlo sin que nadie se opusiera. No había proceso alguno, ni jurado, ni acusación formal, ni exigencia de pruebas, ni defensa posible o veredicto meditado... eran linchamientos directos. Pues bien, el número de víctimas por brujería en el mismo período ejecutadas por la Inquisición fue de entre veintisiete y cincuenta y nueve según la fuente.

Mientras en la Europa protestante se produjo semejante histeria colectiva de asesinatos en masa, esto llamó la atención de la Iglesia católica, que se propuso parar esta locura, al menos en los territorios de su jurisdicción moral; para lo cual el licenciado en Derecho Canónico por la Universidad de Salamanca y la de Sigüenza, don Alonso de Salazar y Frías, bien conocido por su gran tolerancia, fue enviado por el Papa a investigar qué estaba pasando en Europa. Sus conclusiones fueron claras, y así lo certifica el historiador Henry Kamen, nada sospechoso de querer hablar bien de España: Salazar le dijo al Papa que «no hay bruxas».

Salazar informó a la Iglesia de que «no hubo brujas ni brujos hasta que se empezó a hablar de ellos». Insisto, todo esto se dijo por escrito y ha sido estudiado recientemente. Por tanto, si no existían, no eran personas demoníacas, y tampoco había que cazarlas ni condenarlas. Nunca más se juzgó a nadie por el solo delito de brujería en el mundo católico del Imperio español. Pero la masacre continuó en los civilizados reinos del centro y norte del continente, los mismos que hoy no se acuerdan de nada de esto.

En Ösnabruck, Alemania, fueron quemadas vivas por brujas ciento veintidós personas en tres meses en 1583. En Wolfenbutten cerca de 12 en un solo día. Más de trescientas en dos años en Inglaterra. Por cierto, en la Europa protestante, muchos fueron ejecutados por ser católicos. Pongo algunas cifras con guarismos para destacar las diferencias.

La Iglesia católica decidió aplicar un tribunal para tratar de frenar esa locura obligando a que, si alguien tenía algo de lo que acusar a otra persona en el terreno de las herejías, la apostasía o cualquier supuesto hecho que tuviera que ver con la fe, estuviera obligado a presentar cargos ante un tribunal concreto formado por ministros de la Iglesia expertos en derecho, se fijara una fecha de juicio y el acusado tuviera opción de defenderse y presentar pruebas de su inocencia. Independientemente de si el tribunal fuera más o menos justo, a nadie se le escapa que esta opción era infinitamente mejor que las antorchas de los vecinos, aunque solo fuera porque pasaba un tiempo y se desfogaban más de la mitad de las acusaciones solo por eso. De hecho, inquisitio significa en latín «investigación».

Algo de lo que me sorprende mucho que nadie se acuerde es que los judíos, musulmanes, fieles de otras religiones y paganos que no habían sido nunca bautizados estaban totalmente excluidos de la Inquisición; la jurisdicción del Santo Oficio recaía exclusivamente sobre los bautizados en el seno de la Iglesia católica, nunca sobre los infieles, cuyas creencias debían respetarse por estar fuera de su jurisdicción.

La Iglesia prohibía expresamente imponer lo que se llamaba profesión de catolicidad, las personas debían abrazar el catolicismo voluntariamente, así se ordenó entonces y así sigue escrito ahora. Se consideraba una falta grave contra los llamados derechos naturales de las personas. Protestantes y ortodoxos no bautizados tampoco podían ser procesados. El rey Felipe II prohibió expresamente procesar también a indígenas de América, aunque estuvieran bautizados, por considerarlos nuevos en la fe, estaban aprendiendo, empezando.

Los primeros privilegios indígenas del mundo fueron concedidos por Isabel la Católica y fueron una constante en la monarquía española, algo impensable para el resto de coronas europeas hasta pasados varios siglos. Llegado este punto hay que distinguir que hubo muchas inquisiciones, y me refiero aquí solo a la española, la menos agresiva y, sin embargo, la que se ha llevado toda la mala fama en el cine, la televisión y los videojuegos. El 28 de febrero de 1574, hace 450 años, en la ciudad de México se celebró el primer auto de fe del Tribunal de la Santa Inquisición de la historia americana. De los 68 casos tratados en dicho juicio, solo 3 fueron condenados a muerte por herejía; los otros 65 fueron penados con azotes públicos o sambenitos y corozas. La coroza es un cucurucho puntiagudo de tela que se ponían en la cabeza aquellos que querían mostrar en público el arrepentimiento de sus pecados, lo cual se sigue haciendo ahora en las procesiones de Semana Santa por todo el mundo católico; era la pena más frecuente a la que se condenaba a los encontrados culpables, junto con la de quemar un muñeco de la persona —no a la persona en sí—. En casi 300 años —¡tres siglos!— de existencia de la Inquisición en las Indias, solo se procesó a una persona por año, y solo hubo 68 condenas a la hoguera, todas ellas de españoles y extranjeros, ¡ni un solo indígena!

No caben aquí las pruebas de que el Tribunal de la Santa Inquisición ofreció garantías procesales frente a la matanza que la Europa protestante estaba llevando a cabo. Pues bien, todo esto fue borrado de la historia popular, del mundo intelectual y artístico patrocinado y financiado por los Países Bajos, Alemania, Francia e Inglaterra, que se lanzó en masa a producir obras de ficción en las que la encarnación del mal era un personaje español, católico y perteneciente al clero. Desde entonces hasta hoy.

La falacia ha pasado al cine, la televisión y los videojuegos, incluso protagonizada por actores españoles. Tan lejos ha llegado esta descomunal injusticia que, salvo los que se molesten en investigarla, el resto da por seguro, sabido y oficial que la Inquisición fue española, cruel y maligna. Fue todo lo contrario, y reto a cualquiera a contradecirme.

Desde Umberto Eco, con su El nombre de la rosa, hasta Pérez Reverte en su Alatriste, todos adaptados al cine, han asumido el prejuicio y lo han difundido y aumentado.

La Inquisición nació para evitar linchamientos y asesinatos populares sin proceso alguno, y lo consiguió. Sobre las 44 674 causas de la Inquisición estudiadas por Henningsen durante dos siglos, solo acabaron en condena a muerte 1346. Casi todas por violaciones, abusos a menores o proxenetismo.

Hablamos de los años 1500 al 1700; solo en Inglaterra en ese mismo período se ejecutó a 264 000 personas, mucha de ellas por ser católicas. Henry Kamen asegura que la tortura solo se usó en el 1 o el 2 % de los casos, y que estaba reguladísima, se hacía siempre en presencia del médico y no podía sobrepasar los quince minutos. Para quien piense que vaya consuelo, hay que precisar el contexto social e histórico del que hablamos: en ese tiempo era común en todos los tribunales del orbe torturar (y, si me apura, lo hacen los marines norteamericanos en Irak y Guantánamo aún hoy). Es más, la Inquisición fue el primer tribunal del mundo que la prohibió, cien años antes que el resto de Europa.

Aparte de los autores citados y muchos otros, recomiendo el documental The Myth of the Spanish Inquisition de 1994 de la BBC, que, sorprendentemente, dice la verdad (por supuesto, nunca estrenado en España ni en Hispanoamérica).

Y una última curiosidad asombrosa; las cárceles de la Inqui-sición eran tan benignas comparadas con las otras que el profesor Haliczer, de la Universidad de Illinois, demuestra cientos de casos de reos que blasfemaban deliberadamente para que los trasladaran a ellas, pues preferían estar en un presidio católico que en uno convencional (por algo sería). La Inquisición española ofrecía unas garantías procesales más amplias que los tribunales ordinarios y, de hecho, mataba menos.

Según las investigaciones de Jaime Contreras y Gustav Henningsen, entre 1540 y 1700 el Santo Oficio procesó solo a unas 49 000 personas, de las cuales el 27 % fueron acusadas de blasfemias y palabras malsonantes; el 24 %, por mahometismo siendo cristianos; el 10 %, por falsos converso; el 8 %, por luteranos; el 8 %, por brujería y distintas supersticiones; y el resto, por otros asuntos como la sodomía, la bigamia o querer ligar con sacerdotes y monjas. La mayoría de estos pecados eran igualmente sancionados como delitos en el resto de Europa a través de tribunales ordinarios, y castigados de forma mucho más dura.

Según Gustav Henningsen, la mayor ejecución sumarial fue celebrada en 1680, con 61 condenados a morir en la hoguera, de los cuales 34 eran muñecos en representación de los reos; este detalle lo suelen obviar.

Geoffrey Parker habla de cinco mil muertos en 350 años de existencia del tribunal, un número francamente muy escaso de catorce muertos al año. Esas cifras hoy en día no alcanzan ni siquiera las de una de las llamadas «enfermedades raras», y son infinitamente menores que las de los efectos adversos de las vacunas o las muertes por iatrogenia (negligencia médica). Pese a ello, nadie hace películas de médicos asesinos, aunque tal vez deberíamos hacer alguna.

En España y su imperio murieron por herejía menos personas que en cualquier otro país del mundo. Apenas 50 personas según Kamen, y 1000 solo en Inglaterra en el mismo lapso. Dice Kamen:

Por cada cien penas de muerte dictadas por tribunales civiles ordinarios, la Inquisición emitió una.

El caso que más le gusta a la contracultura woke es el de las «brujas», todo un símbolo de la Nueva Religión, porque, con ellas, a la Leyenda Negra y al ataque al Catolicismo se le pueden sumar un aroma de feminismo al que no se pueden resistir. Da igual que también hubiera brujos, y que fueran muchos más, esos no cuentan. ¡Mujeres sabias, lesbianas asesinadas por el patriarcado machista católico por ser distintas! Es el tipo de sentencia que se suele escuchar de eruditas que creen que Kamen es un grupo de Heavy Metal. Pero de nuevo siento aguarles el akelarre, demostrándoles que dato mata relato.

Según los cálculos del historiador alemán Wolfgang Behringer, la persecución de la brujería provocó en toda Europa entre 40 000 y 60 000 víctimas, donde solo 500 corresponden a la suma de las ejecutadas en España, Portugal e Italia, donde había inquisiciones. En esta cifra, correspondiente a la primera parte de la Edad Moderna, Francia habría ejecutado a 4000 y Alemania al menos a 25 000. Unas ciento cincuenta en la mala malosa España que carga con toda la mala fama por los siglos de los siglos, y ¡veinticinco mil! en la civilizada Alemania que fabrica Mercedes y a la que nadie culpa de nada —no hay una sola película de alemanes quemando brujas, y en cambio hay unas trescientas de españoles haciendo eso mismo—.

De los 125 000 procesos de su historia, la Inquisición española condenó a la muerte a 59 brujas. En Italia, fueron 36; y en Portugal, 4.

Dice Behringer: «Si sumamos estos datos, no se llega ni siquiera a un centenar de casos, contra las 50 000 personas condenadas a la hoguera, en su mayoría por los tribunales civiles, durante la Edad Moderna». Las matanzas de brujas más numerosas tuvieron lugar en Suiza, donde quemaron a 4000, en una población aproximada de un millón de habitantes; en Polonia/Lituania fueron unas 10 000, en una población de 3 400 000; y en Dinamarca y Noruega, unas 1350, en una población de 970 000. ¿Enseñan esto en sus escuelas? Le aseguro que no, ni siquiera en sus universidades de historia. Allí si tocan el tema es con los datos españoles. Por supuesto, ni siquiera en España; cualquier licenciado o graduado español que quiere tener el mínimo futuro académico sin que lo acusen de facha peligroso debe sortear este tema con elegancia.

No sabríamos nada de esto si no fuera por los inmensos archivos físicos de volúmenes escritos a mano, como el de Indias en Sevilla o los del Estado Vaticano, entre otros muchos.

5

EL COYOTE
DEL DESIERTO
DE MOJAVE

Todos los ángeles de Dios nos llegan disfrazados.

James Russell Lowell

En el siglo IV antes de Cristo, había un gimnasio en los arrabales de Atenas (Grecia), fuera de las murallas, llamado Cinosargo (kyon argos), es decir, «El perro blanco», donde se reunían unos hombres de ideas muy curiosas a los que enseguida empezaron a llamar kínicos, que en griego antiguo significa «los perros». Su líder se llamaba Antístenes y no era considerado como verdadero ciudadano griego con plenos derechos porque su madre era de Tracia, en la actual Bulgaria. Sin duda dolido por ello, su gimnasio se convirtió en un centro de reunión de no aceptados por la sociedad griega y de personas pobres que simpatizaron enseguida con las ideas de su dueño.

Antístenes se llevaba fatal con Platón porque este último jamás lo había citado en sus escritos sobre Sócrates, de quien él también era discípulo. Lo había omitido, cancelado, a pesar de que Antístenes se pasaba el día con Platón. Antístenes fue ganando fama con sus doctrinas, muy populares entre las clases desfavorecidas, formadas en su mayoría por personas provenientes de fuera de Grecia o que tenían un progenitor extranjero, hasta tal punto que empezaron a llamarlo Perro Sencillo. Su estilo muy elegante, fácil pero profundo, irónico, con juegos de palabras, muy crítico con sus contemporáneos, encandilaba a todos, siendo alabado por el mismísimo Cicerón.

Casi todas sus obras se han perdido. Tengo por seguro que todas las obras clásicas que contienen información estratégica sobre ciertos temas aparecen bajo el epígrafe de «desaparecidas». Si las conocemos ahora, es de forma indirecta porque otros filósofos posteriores las mencionaron y referenciaron.

Se considera a Antístenes el fundador de la escuela cínica (de kyno, kyon, que es perro en griego). Hoy en día seguimos llamando «cínico» como insulto a alguien falso o mentiroso, pero la idea de Perro Sencillo no era esa. Ni siquiera está claro que él hubiera aceptado serlo. El representante más famoso de los cínicos fue el famoso discípulo de Antístenes llamado Diógenes El Perro, nacido en Sinope, en la costa del mar Negro allá por el año 411 a. C., que jamás escribió nada, pero cuya interesante vida y anécdotas han llegado hasta nosotros perfectamente narradas por otro Diógenes, Diógenes Laercio, en su obra Vidas, opiniones y sentencias de los filósofos más ilustres.

Sí, Diógenes El Perro es el inspirador de ese síndrome psicológico que todos mencionamos a veces cuando vemos a alguien que acumula cosas inútiles o es muy desordenado. Algo injusto, pues su filosofía promulgaba exactamente lo contrario.

Este filósofo merece tomos enteros y, de hecho, protagonizó ya hechos singulares desde que vivía en una gran tinaja circular volcada que cambiaba de sitio haciéndola rodar por las calles de Atenas (inventó así las caravanas vivienda móviles) con la menor cantidad de posesiones materiales posibles. Una de las pocas cosas que tenía era un cuenco sencillo de madera para comer y beber, hasta que un día lo tiró por superfluo al observar a un niño degustando unas lentejas sobre un pan y bebiendo después de una fuente con las manos. La idea cínica era tener una vida austera, natural, sin lujos ni ligazones a objetos ni riquezas, autosuficiente e independiente, libre de necesidades e incluso de deseos. Para él, la virtud era lo único deseable. Su padre era un banquero corrupto detenido por haber falsificado monedas, delito grave en el cual su hijo lo ayudó.

Todo lo que Antístenes, Diógenes y la Secta de los Perros dijeron nos suena extraordinariamente moderno y parecido a filosofías e ideas que estamos padeciendo en el siglo XXI. Por eso cancelar las culturas clásicas eliminándolas de los planes de estudio modernos, de escuelas y universidades —aunque las especializadas en ello conducen al paro casi siempre— es mutilar el proceso de aprendizaje humano de siglos.

Todos los problemas o planteamientos sociales, de pensamiento, comportamiento y política que nos acometen cada día ya se han resuelto hace mucho tiempo. No son nuevos, no debemos empezar de cero ahora para resolverlos. Bastaría con tener más cultura y leer a tantos sabios como han escrito y hablado ya sobre ellos. Diógenes, por ejemplo, ya predicó en contra de lo que hoy llamamos «corrección política», la cual ya existía en la antigua Atenas, y también mucho antes, es un defecto humano desde que lo somos.

Se quejaba El Perro de que la gente en la sociedad en la que vivía no se preocupaba por hacer el bien realmente, sino por que lo pareciera a ojos de los demás. No se buscaba la virtud, sino la apariencia, el quedar bien frente a otros para parecer bueno. ¿Nos suena? Pues hablamos de ideas del año 300 a. C. ¡Es que somos los mismos!

Le parecía que la conducta humana era artificial. Sus respuestas ingeniosas se hicieron famosas, la gente del común empezó a adorarlo por decir verdades a la cara de los poderosos, al mismo ritmo que muchos acaudalados envidiosos lo atacaban. Contestaba a cualquiera sin importarle que fuera un ciudadano rico o un emperador, con una brillantez propia de un Groucho Marx griego. Hoy en día hubiera sido el líder de los negacionistas. Sus anécdotas se cuentan por cientos.

Cuando lo empezaron a llamar kyon («el perro»), como insulto, le dio la vuelta al término. Lo convirtió en identitario y se enorgulleció del calificativo, convirtiéndolo en su sello personal. Hasta tal punto que ya sabemos que sus ideas constituyen la filosofía cínica (de los perros), famosa y apreciada hoy en día, dos mil quinientos años después; en cambio, a los que lo denostaron no los recuerda nadie.

Las personas que cambian el mundo de verdad, los genios, son así atacados con saña por los mediocres, como describe perfectamente mi buen amigo el psiquiatra Prof. Dr. Luis de Rivera en sus libros sobre el síndrome MIA (mediocridad inoperante activa) descrito por él. Los políticamente correctos, hoy llamados woke, existieron en todas las épocas y culturas, siendo siempre mayoría. Por eso extraña que los griegos presuman de haber inventado algo llamado democracia, que no es otra cosa que el gobierno de esos. Los mismos que exterminaron los lobos de Yellowstone, los mismos que les quitaron los perros a los pigmeos, los mismos que decidieron que los mitos eran falsos, los mismos que evitan tratar temas tabúes en las universidades, los mismos que creen a pies juntillas todo lo que dicen las televisiones y las radios, los mismos que llaman negacionistas a los que disiden de su opinión, los mismos que tachaban de perro a Diógenes.

Decidió, pues, Diógenes alabar las virtudes y enseñanzas de los perros callejeros de Atenas, a los cuales, obviamente, ya tenía simpatía por el gimnasio de su maestro y porque lo acompañaban alrededor de su tinaja por la ciudad (también debería ser el patrón de los mendigos, por tanto). Serían para siempre los kynicos, los perrunos, orgullosos de ser los guardianes de la virtud, capaces de distinguir entre amigos y enemigos. Sus valores eran la lealtad, el descaro, la libertad, la ausencia de convencionalismos sociales estúpidos, la independencia y la fidelidad a su propia naturaleza. Lo que vieron los cromañones, lo que vieron los pigmeos, lo que estamos viendo nosotros ahora.

Los cínicos criticaban a los jóvenes de entonces al considerarlos vacíos por su veneración a los gimnasios y la música. ¿Le suena otra vez? Siempre que oigo a un joven woke diciendo que «se cuida» solo porque va al gimnasio, sabiendo que no pisa jamás el campo, ni las bibliotecas, ni las salas de conferencias, ni los museos, ni templo alguno, me pregunto qué parte de sí mismo cree que está cuidando y con qué fines. Si «cuidarse» es desarrollar tabletas en el vientre para lucir mejor en Instagram, y lo dicen convencidos, significa que el resto de su humanidad, de su alma y de su mente les importa poco, ni siquiera lo consideran.

¿Por qué, tras esta historia de éxito de lobos y hombres, palabras como «perro» y «cínico» son consideradas feas, peyorativas, insultos, que ni siquiera se aplican a los perros de verdad? Recuerde que en el universo woke hasta sus dueños los llaman perretes, peluditos y perrillas, tratando de huir de su nombre.

Los cínicos eran filósofos morales que trabajaban la ética, que es la parte de la filosofía que se ocupa de la conducta humana, de la búsqueda de la virtud, de discernir qué es lo bueno y qué es lo malo, de cómo se actúa correctamente y de la importancia de vivir de acuerdo a unos principios. Leer en cuatro líneas las palabras moral, ética, virtud, bueno, malo, correcto y principios dispara todas las alarmas en el universo woke, donde impera la Santa Opinión, en la firme creencia de que, como cada cual tiene una, todas son igualmente válidas; por lo tanto, no es necesario cultivar nada, ni formarse, ni escuchar a los sabios vivos o muertos. En el mundo woke basta con sentir emociones, atender a los apetitos y seguir la norma de que todo lo natural es bueno.

Para los cínicos era la virtud, y no el placer, el objetivo de la existencia humana. Antístenes, Perro Sencillo (el que inició esta filosofía, como vimos antes), escribió, entre sus setenta obras perdidas recogidas posteriormente por Laercio, una titulada Sobre la naturaleza de los animales y otros cuatro tomos titulados Sobre la opinión y el conocimiento científico. En ellos disertó sobre la naturaleza de los dioses, elaborando su propia teoría; para él, el pueblo creía en muchos dioses, pero era un error, porque existe un solo Dios natural, que no se parece a nada de la Tierra, y que no puede ser representado por imagen alguna.

Esa idea desactiva otro prejuicio erróneo que tenemos instalado en nuestras mentes y que fue creado deliberadamente por el positivismo y el cientifismo: me refiero al convencimiento de que todo lo nuevo, lo reciente, el «consenso científico», «los expertos», es más cercano a la verdad que lo antiguo. Me refiero también a la ingenua confianza de que las culturas avanzan desde las brumas de la superstición hacia la infinita luz de la razón, que se encuentra en su culmen justo ahora, cuando nosotros estamos vivos; como si las generaciones pasadas, tan llenas de genios sin televisión, que lo descubrieron prácticamente todo en lo que a la naturaleza humana se refiere, hubieran estado compuestas exclusivamente por individuos estúpidos que no se enteraron de nada y a los que no hay que hacer caso en absoluto. Hoy, por desgracia, hay millones de jóvenes woke que creen esto firmemente; incluso sus padres, que les sacan muy pocos años en una perspectiva histórica, les parecen obsoletos viejunos que no entienden nada. Para ellos, Homero (Homer en inglés) es el padre de los Simpson, Quevedo es un cantante, Aquiles es Brad Pitt, Pegaso es un camión, Levi Strauss son unos vaqueros, Nike es una marca de zapatillas y Prometeo es una nave espacial.

Este prejuicio que, como decía, es instalado deliberadamente en nuestras mentes modernas, no siempre fue así; llevamos trescientos años sufriendo las cancelaciones de unos tipos cuyo único acierto fue ponerse el sonoro nombre de «ilustrados», ese término intuitivo creado para que todos los estudiantes del mundo lo recuerden para siempre como el renacimiento de la razón y la muerte de las tinieblas, de la religión, de Dios, cuando fue exactamente lo contrario. Ahí inventaron la falacia que está instalada en muchos de que Ciencia y Dios son incompatibles.

Pero mucho antes, en el siglo VIII, un monje llamado Lulio de Auca fue el culpable de este cambio de paradigma en el cual aún estamos. Hasta aquel momento la creencia tradicional era la de las llamadas Edades de Oro, según las cuales, en todas las culturas, religiones y tradiciones, el ser humano iba de mayor perfección a menos, es decir, desde el paraíso primigenio de armonía con la naturaleza, donde los humanos y los dioses vivían juntos, nos dirigíamos a un progresivo deterioro por los vicios, el pecado y la degeneración moral. Siempre se creyó así, y esta percepción era positiva porque invitaba a los humanos a mejorar, a reconciliarse con las fuerzas naturales y místicas para recuperar el estado primigenio de perfección perdido.

Pero el benedictino Auca, que en su tiempo fue considerado la máxima autoridad intelectual de Europa, hacia el año 700 d. C., difundió su Teoría de los Salvajes y cambió esto para siempre (Aethelman), la cual defendía la idea de que lo más reciente es lo mejor. Esta filosofía de vida es la que empapa a esas generaciones que, sin esfuerzo intelectual alguno, están convencidas de que, por el simple hecho de vivir ahora, están dotadas por ciencia infusa de lo mejor que dieron los tiempos. Es parte de la Nueva Religión que venimos descifrando: para qué estudiar a los sabios antiguos, si estaban todos equivocados. Esta forma de pensar no invita a la excelencia, ni al estudio, ni a la reflexión, ni al pensamiento crítico en absoluto… basta abrir Wikipedia.

Por eso se creó la caja de Pandora llamada «prehistoria», donde todo cabe, una línea roja en el estudio de las civilizaciones detrás de la cual todos eran brutos con garrotes que gruñían. Pareciera que antes de los griegos no hubiera ocurrido apenas nada durante muchos miles de años. Incluso si uno pregunta a algún woke, puede que le diga que en aquel entonces los brutos humanos convivían con los dinosaurios, cosa que por supuesto no ocurrió jamás.

Pues bien, los papers científicos de todos esos miles de años de historia cancelada se llaman mitos; y en ellos, nuestro Lobo está inscrito con letras de oro.

Ya hemos visto el ejemplo de los pigmeos batwas que eran conocidos perfectamente por un faraón y erróneamente conceptuados por un científico británico del siglo xix, solo un caso de tantos que nos demuestran que lo último no es necesariamente mejor cuando se habla de conocimiento, cultura, historia y arte. Demasiado a menudo las ciencias van hacia atrás, pierden conceptos que estaban claros hace siglos, milenios, porque antes se ocupaban de ellos los sabios, y ahora los cobardes profesores de universidades temerosos de molestar a alguien y perder sus becas.

La importancia de los mitos, leyendas y elementos del arte antiguo aún sin descifrar radica en que suponen una continuidad cultural que ha llegado hasta nosotros, la cual explica el cosmos, el alma humana, la trascendencia y la naturaleza, que en modo alguno podemos despreciar. Es muy insensato considerar a nuestros antecesores como niños inocentes que inventan cuentos. Que muchos de esos elementos que se han conservado en los museos o en las cuevas no sepamos interpretarlos todavía no es motivo para dejarlos de lado como si no tuvieran importancia. De hecho, su estudio debería ser prioritario. Antes de la escritura que ahora conocemos, los pueblos antiguos conservaron durante milenios los elementos de su universo a través de tradiciones orales en forma de mitologías que siempre que se han investigado con seriedad han demostrado contener muchos más elementos reales de lo que parecía. Me gusta llamar a sus protagonistas seres mitobiológicos.

Se nos vuelve a presentar nuestro querido Hermanubis, esa escultura de un humano con cabeza de perro, o de chacal, o de lobo, del Museo Vaticano que reaparece sin parar en esta narración, y que se nos antoja como poco cristiana para estar donde está, pero quizás nos sorprenda la cantidad de cánidos extraños que aparecen por todas partes en esta religión. El cánido es un psicopompo, el ser que acompaña al alma de un muerto hacia los reinos de ultratumba, ya sea el Cielo o el Infierno, pero que no juzga, sino que se supone que echa una zarpa en el proceso de aceptación.

Los dioses cinocéfalos, con cabeza de perro, son muy antiguos. Plutarco, por ejemplo, identifica al Anubis egipcio con el Hermes griego, y a su vez con la estrella Sirio, llamada Estrella del Perro; pero podemos rastrear la conexión perro-mensajero-Sirio tan atrás como hasta el Imperio Nuevo de Egipto (de 1550 a 1070 a. C.) en el que ya hay figuras cinocéfalas saludando al sol naciente en uno de los obeliscos de Ramsés II.

Parece que esta figura es absorbida en los primeros años de la Iglesia hasta tal punto que el calendario desde finales de julio hasta septiembre está lleno de referencias a perros. Por eso se le llama canícula al calor del verano.

El más conocido es San Cristóbal, el 25 de julio, del cual está escrito en muchos documentos muy antiguos que era un gigante con cabeza de perro de la tierra de Canaán —canina— que se comunicaba al principio ladrando, aunque posteriormente fue bautizado y aprendió a hablar. El 17 de agosto se celebra San Roque, a quien su perro Rouna le llevaba pan; el 22 de agosto, San Guinefort, el cual era directamente un perro; y San Bartolomé, que conoció cinocéfalos, el 24 de agosto.

En la obra Mitos de los hombres perro (1991), el Dr. David Gordon White, indologista y experto en religiones de la Universidad de Chicago, nos describe las Actas Cópticas de Bartolomeo con estas palabras: «Estas son las actas de Bartolomeo quien, tras dejar la tierra de Ictiofagos, fue hacia Parthos con Andrés y Cristianus, el hombre cinocéfalo». En las Actas de Mateo del siglo v se señala que los apóstoles convirtieron la «Ciudad de los Perros», hoy Irga, al norte de Crimea. El día de fiesta de San Cristóbal coincide con el ritual ancestral conocido como kunofontis, la «masacre de los perros», un sacrificio realizado en honor de los ancestros del hijo de Apolo, Linos, que fue asesinado y devorado por perros.

Hasta la Edad Media había multitud de estatuas de san Cristóbal con cabeza de perro, pero fueron desapareciendo. Todas estaban en las puertas de las ciudades, porque se lo consideraba el abridor de caminos. Recordemos que los pigmeos batwas siempre andaban con los perros delante por las serpientes. Por eso san Cristóbal es el patrón protector de los viajeros y contra la muerte súbita. Los Cuatro Evangelistas también se representaron siempre con formas zoomorfas, como un león alado (san Marcos), un toro (san Lucas), un águila (san Juan) y un ángel (san Mateo). El Tetramorfos se llama.

Es curioso que en Inglaterra hay ciento ochenta y tres imágenes murales de san Cristóbal, mucho más que de ningún otro santo, y solo por debajo de la Virgen María. Los documentos son abundantes: ya en el siglo i el mismo Plinio El Viejo, considerado el hombre más sabio de su época, y cuya influencia fue referencia hasta el siglo XVIII, describe al Up-Uaut, el Dios Lobo, «el que abre los caminos», y su ciudad Licópolis en Asiut (Plinio El Viejo, Historia natural, libro V, pág. 205). También sitúa a los cynamolgi en Etiopía y los describe como hombres con cabeza de perro. Incluso san Agustín de Hipona escribió sobre los cinocéfalos en el Libro XVI de su obra magna La Ciudad de Dios.

Tomás de Cantimpré escribe, citando a san Jerónimo, acerca de la existencia de los cynocephali en su Liber de Monstruosis Hominibus Orientis («Libro de los hombres monstruosos de Oriente»). En el siglo XIII, Vicente de Beauvais presentó a su patrón san Luis IX de Francia: «un animal con cabeza de perro pero con todos los demás miembros de apariencia humana […]. Aunque se comporta como un hombre […] y, cuando está en paz, es tierno». Incluso el descubridor español Cristóbal Colon escribió en sus crónicas que los indios taínos del actual mar Caribe le hablaron de la existencia segura de cinocéfalos. En el famoso mapa del turco Piri Reis de 1513 hay dibujado un hombre con cabeza de perro en lo que hoy es Colombia. Por toda Asia existen también multitud de referencias.

Cuando se habla de un mismo híbrido mitobiológico en prácticamente todas las culturas conocidas, hay que tenerlo en cuenta, porque, sin duda, refleja algo importante que está en nuestra mente común ancestral, y que, por tanto, es susceptible de ser utilizado por la Nueva Religión para manipularnos. Pero los animalistas no han sido ni mucho menos los primeros que han intentado convertir en santo a un perro.

En el siglo XIII, en la localidad de Châtillon-sur-Chalaronne, en Francia, un lebrel llegó a santo bajo el nombre de Saint Guinefort. Un noble salió un buen día del castillo dejando a su bebé durmiendo junto a un perro llamado Guinefort. Al regresar, se encontró con un desagradable cuadro: la cunita estaba volcada, al niño no se lo veía y el perro lo miraba saludándolo alegre pero con la boca llena de sangre. El caballero entró en pánico, sacó su espada y mató al perro inmediatamente antes de ponerse a buscar los restos de su hijo por la habitación. Encontró al niño caído tras la cuna tocando algo viscoso que resultó ser una víbora muerta a dentelladas.

Guinefort había salvado al bebé librándolo de la picadura mortal y corriendo además un grave riesgo de su propia vida. Cogió al niño, se sintió muy mal y mandó enterrar al perro con honores en un lugar concreto rodeado de árboles que pronto se convirtió en una especie de santuario en cuanto los aldeanos se enteraron de la historia. Empezó a peregrinar gente para pedirle favores al que ya llamaban Saint Guinefort, el perro mártir. La historia nos ha llegado de la pluma del fraile dominico Esteban de Borbón en 1250, que fue enviado por sus superiores a investigar qué estaba pasando allí. En su obra De Supersticione: On St. Guinefort, cuenta que tuvo que prohibir el culto canino por ser inapropiado para la Iglesia, pero que la gente seguía acudiendo con devoción zoofílica a pedirle favores al perrete, hasta tal punto que tuvieron que imponer multas para tratar de evitarlo, cosa que no se consiguió, pues el santo perruno fue devotamente agasajado varios siglos más. Adivine a quiénes les encanta esta historia que ha hecho renacer a Saint Guinefort: sí, al animalismo woke —no podían dejar pasar algo así: curas malos, Edad Media, y, además, fue el padre y no la madre el que mató al peludito, no le falta detalle—.

Sin embargo, las criaturas zoomórficas más potentes del cristianismo son, sin duda, los ángeles, a los cuales santo Tomás de Aquino definió como «personas incorpóreas con inteligencia y voluntad». Hace algunos años, don José Pedro Manglano me propuso escribir un gran documental sobre la liturgia de la misa, que se iba a llamar El beso de

Dios, lo cual me pareció un reto formidable de esos que nunca supe rechazar. Estuve catorce meses investigando toda la simbología que hay detrás de la Santa Misa, y quedé fascinado. Acudí a las salas imponentes del Seminario de Madrid, me entrevisté con doctores de la Iglesia y fotocopié centenares de folios en su servicio de reprografía, porque los tomos no se pueden sacar de allí. Ese mundo es fascinante, y muy desconocido incluso para los católicos, que apenas ven a los sacerdotes párrocos en sus labores apostólicas comunes. Eso era como el Hogwarts de Harry Potter, pero de Dios. Pocos imaginan la cantidad de información que contiene este increíble rito sagrado, no hay absolutamente nada que no ocurra o este colocado ahí por algo, da para otro libro. Ahí me pregunté por qué todas las imágenes, frescos y relieves de las iglesias católicas representan a santos, apóstoles y hasta al mismo Dios Padre con barbas enormes, y, sin embargo, no hay un solo cura con ellas, o por qué todos tienen gafas pasadas de moda cuando trabajan con la mirada —la Iglesia debería financiarles lentillas, es un instrumento de trabajo, no me imagino a Jesús haciendo milagros afeitado y con gafas de concha gruesa—.

En el marco de esa investigación leí algo sobre los ángeles que me dejó de piedra. Vaya por delante que los ángeles no son mitos para los cristianos, son seres espirituales reales que hacen de intermediarios entre Dios y los hombres. También lo son para el Islam (malaikas), el Judaísmo (malahim y elohim) y otras religiones. Mateo los llama «guerreros de Dios», pero también son psicopompos. Lo fascinante es que interactúan con nosotros en diversas circunstancias, y no olvidemos que tenemos uno personal cada uno de nosotros: el Ángel de la Guarda o Ángel Custodio está perfectamente aceptado por la doctrina, y parece que solo se lo mencionamos a los niños en la famosa oración infantil. Una señora de 95 años también tiene uno.

El arqueólogo y teólogo alemán Dr. Erik Peterson Grandjean (1890-1960), un reconocido erudito católico que tiene incluso una biblioteca en la Universidad de Turín que lleva su nombre, escribió en su Libro de los ángeles que ellos están presentes en todas las liturgias cristianas y participan en el culto terrestre, que son un ejército, miríadas, legiones de Dios, y nos cita que el Trono de Dios esta sostenido por «cuatro animales» y otras veces escribe «cuatro ángeles»; no me queda claro si son los mismos, porque los cita indistintamente. Después escribe algo importante:

> *Existen muchos caminos por los que el hombre camina hacia el Ángel; no es que se proponga deliberadamente hacerse Ángel [...]. Y si no nos apresuramos a asemejarnos al Ángel que está ante Dios, seguramente nos encaminaremos hacia aquel que se separó de Dios, nos acercamos al demonio.*

Lo que me dejó de piedra averiguar es que una de las formas más frecuentes en la que los ángeles interaccionan con los hombres es en forma de animales.

En mi carrera de zoólogo documentalista había intuido algo así muchas veces al observar comportamientos muy inquietantes en determinados animales fuera de toda lógica etológica. Desde que leí eso veo ángeles paseando a ancianas por los parques, a corzos presentarse en lugares donde hacían falta o a buitres sobrevolándome en ocasiones especiales (los buitres son psicopompos muy españoles), y los caballos, y los delfines, y los lobos..., pero sobre todo entendí algo que me había pasado veinte años antes en el desierto de Mojave, en California.

Aquel 15 de abril de 1993, teníamos veintiocho y veintinueve años, recién casados meses antes, habíamos ahorrado para hacer este viaje imitando la road movie titulada Thelma y Louise, pero sin suicidarnos al final, aunque casi lo conseguimos. En nuestro Cadillac alquilado hacía cuatro horas que yo conducía porque ella estaba embarazada y no paraba de dormir, por una de esas carreteras rojas de Estados Unidos en las cuales no hay una sola curva en cientos de kilómetros. Atravesamos el Death Valley. Como parecía una cremallera interminable, la llamamos «carretera chándal». Los primeros dos mil Joshua res que vimos tenían gracia, anochecía, no nos cruzábamos con ningún coche, yo estaba muerto de cansancio, pero me daba pena despertarla. Faltaban todavía cien kilómetros para el único pueblo donde había un motel de carretera. La idea era hacer lo mismo que Susan Sarandon y Geena Davis y parar en donde nos pillara la noche. Mala idea, empezó a hacer frío. Por fin llegamos al motel, no teníamos móviles entonces, yo había dado varias cabezadas de sueño que conseguí dominar antes de llegar, estaba exhausto, eran las dos de la mañana, nos bajamos… y no había ni una sola habitación disponible; el siguiente alojamiento estaba ¡a doscientos kilómetros! No podíamos dormir en el coche porque en el desierto de Mojave la temperatura se desploma al caer el sol, no teníamos mantas ni nada, y ella, en su estado de preñez, no estaba para aventuras. De modo que no nos quedó más remedio que seguir dos horas más. A los veinte minutos ella estaba de nuevo dormida, pero lo peor es que yo también. Luchaba contra el sueño sobre la monótona carretera chándal y además de noche.

Me dormí varias veces, despertándome sobresaltado, no sabía qué hacer, estábamos corriendo serio peligro por mi imprudencia, pero ¿qué podía hacer? Ahora sé que estábamos a punto de matarnos los tres… cuando, de pronto, un coyote enorme apareció en el halo de mis luces largas, de lado en medio de la carretera, parado y mirándome. Una inmensa emoción me embargó, era el primer coyote de mi vida, nunca había visto ninguno.

Como hacía horas que no nos cruzábamos con ningún otro vehículo, desperté a Tatu y paré a un lado. «¡Mira, un coyote!».

Lo raro es que no se iba, se quedaba tranquilo delante de nosotros dejándose ver, trotando despacito de un lado del haz al otro, posando como una estrella de Hollywood. Era soberbio, precioso. Se acercó incluso a la puerta, daban ganas de bajarse con él, pero era un animal salvaje. Tanto tiempo estuvo con nosotros que nos dio tiempo a hacerle alguna fotografía, era muy excitante estar delante de un animal tan bello en aquella soledad inmensa. Nunca se fue, nos marchamos nosotros cansados de verlo. El subidón de oxitocina fue tal que nos recorrimos el resto del camino charlando sobre coyotes y comentando la bonita experiencia que acabábamos de vivir, se nos pasó el sueño de golpe y llegamos al siguiente motel.

Ahora sé que aquel coyote era un ángel, y que nos salvó la vida. Después de otros veinte años encontrándome con animales en carreteras, tengo por seguro que la actitud que tuvo aquel animal no era natural. Es muy frecuente que animales salvajes crucen las carreteras y los veamos pasar fugazmente, o que haya algún obstáculo y no tengan más remedio que permanecer algún tiempo paralelos al coche antes de desaparecer en el campo, o que haya alguna basura cerca o cualquier fuente de alimento —quizá un animal atropellado—… pero allí no había nada de eso, solo un desierto descomunal vacío por el que debió irse enseguida. Su comportamiento quedándose con nosotros casi veinte minutos sin mostrar el mínimo temor, mirándonos a los ojos y dándonos cafeína interna, solo pudo ser una ayuda del cielo porque no era nuestra hora.

Sí, los ángeles se transforman momentáneamente en animales para ayudarnos en nuestra vida.

6

MEA CULPA
O EL BUSCADOR
AFRICANO

Equivocarse es humano, perseverar voluntariamente
en el error es diabólico.

San Agustín

Aurelio nació en Tagaste, Argelia, en el año 354; su madre,
la también africana Mónica, lo educó bien, pero él tuvo
una juventud rebelde, como buen buscador. Nadie podía
imaginar entonces que su pensamiento iba a tener un
impacto decisivo en la ciencia occidental, hasta el punto de
considerarlo el patrono de «los que buscan».

El padre de Aurelio, Patricio, era ciudadano romano
de pleno derecho, pero tenía muy mal carácter. En su
juventud, Aurelio Agustín fue bastante golfo, dado a los
placeres mundanos. Convivió durante catorce años con
una mujer, con la que tuvo un hijo de nombre Adeodato,
que murió muy joven.

Mónica andaba bastante preocupada por la mala vida de
su hijo. Sin embargo, tuvo infinita paciencia con él. Aurelio
solo quería ser famoso, así que para ello se fue a Cartago

y después a la capital del Imperio, Roma, donde triunfó con su labia e inteligencia, convirtiéndose en lo que hoy llamaríamos «abogado». Pero era inquieto, metía la cabeza en todo, leía sin parar, se preguntaba cosas entre juerga y juerga. Se metió en creencias y sectas, escuchaba, pensaba, fue gnóstico, maniqueo…

El mismísimo emperador lo nombró orador oficial en Milán por su dominio de la retórica; pero, según cumplía años, su búsqueda de la verdad se intensificaba.

Una tarde, cuando estaba en un jardín, sumido en una profunda melancolía, o quizá en una resaca enorme, oyó la voz de un niño que le decía: «Toma y lee; toma y lee».

Aurelio, al que ya se conocía como Agustín, abrió al azar el libro que tenía en las manos (siempre tenía alguno) y se fijó en el primer párrafo que vio, que decía:

Nada de comilonas ni borracheras; nada de lujurias y desenfrenos… revestíos más bien del Señor Jesucristo y no os preocupéis de la carne para satisfacer sus concupiscencias.

Era el capítulo 13 de la carta de Pablo a los romanos. Ni que decir tiene el impacto que causó en Agustín aquella «casualidad», que él interpretó como un mensaje claro. Pasaba ya los 30 años, no era joven, y menos para su tiempo.

Su pobre madre, Mónica, que nunca perdió la fe en que su hijo viera la luz ni dejó de rezar por él (y por el marido), vio por fin recompensadas sus oraciones. Después Agustín escribiría en su libro Confesiones:

Tarde te amé, oh, Belleza siempre antigua, siempre nueva. Tarde te amé.

En el año 387 fue bautizado junto a su hijo, tenía 33. Regresó a África, murió su madre en el 387 en Ostia, el puerto cercano a Roma —y eso le causó una profunda impresión, consciente ahora de la inmensa fe que ella tuvo siempre en él a pesar de todo—. Quiso dedicarse a la oración y la meditación, pero tamaño talento oratorio e intelectual no podía quedarse en eso. Su lucidez, valor y sabiduría predicando por África no pasaron inadvertidos, fue ordenado sacerdote y después obispo, casi sin quererlo, pero aceptándolo consciente de que era su misión.

Agustín de Hipona —ya lo llamaban así— estuvo treinta años en el lado oscuro, y se las sabía todas; a él no le engañaban los charlatanes, timadores y oficialistas; su talento era mayor ahora que sabía cuál era su camino. Entró a todos los trapos de su tiempo, combatiendo herejías, debatiendo con brillantez, no pudiendo evitar que su fama creciera. ¿No era eso lo que quería de joven? Sí, pero le vino después, cuando ya no lo deseaba, pero todo su pasado cobró sentido, como siempre pasa con todos nosotros. Como me pasó a mí siglos más tarde.

En agosto de 430 falleció su cuerpo, pero creció su leyenda. San Juan Pablo II, en 1986, con ocasión del XVI Centenario de la Conversión de San Agustín, publicó la carta Augustinum Hipponensem para difundir la vida y obra de este doctor de la Iglesia.

Mónica es considerada hoy como el modelo de madre. De hecho, hay grupos de estas que se autodenominan las Mónicas, y, por supuesto, fue declarada santa.

Yo me eduqué en el Colegio San Agustín de Madrid y, como ya desde niño era bastante tocanarices, solía decirles a los curas agustinos, a los que yo llamaba «padres langostinos», que iba a seguir el modelo de San Agustín, es decir, un juerguista hasta los 33 y, después, ¡santo! Era el plan perfecto. Dado que tenía 14 cuando decía eso, me veía yo con la justificación para dos decenios de Johnnie Walker sin salirme del modelo.

La vida y obra de san Agustín, un moro fenicio que cambió el mundo después de bebérselo, me impresiono hondamente desde entonces.

En enero del 2008, el papa Benedicto XVI se refirió a él como «hombre de pasión y de fe, de altísima inteligencia [...] que dejó una huella profundísima en la vida cultural de Occidente y de todo el mundo». Benedicto XVI solía decir que Agustín fue un «buen compañero de viaje» en su vida.

Aquel año en el Colegio San Agustín, justo antes de entrar en la universidad, escribí el primer guion de mi vida. Se trataba de una obra musical titulada San Francisco de Asís al modo de los entonces de moda Jesucristo Superstar y la serie de bailarines Fame. Vestidos de macarras y cantando rock, a los padres langostinos les pareció bien, eran los tiempos, los magníficos años 80. En la adaptación que hice de la vida de san Francisco, el Lobo no era un animal, sino un pandillero peligroso que representó muy bien mi compañero Camilo. En realidad, todo lo hice para ligarme a una chica guapísima a la que mi mejor amigo también roneaba. Me las arreglé, como guionista, para que el personaje de ella, Mónica, y el mío, Bernardo, tuvieran todas las secuencias juntos llenas de diálogos y bailes que ensayar. Aquella chica es hoy mi mujer, y aquel amigo es el conocido presentador Jesús Vázquez, que entonces no había salido aún del armario y era un rival formidable para competir por una chica.

Le debo mucho a Aurelio Agustín, y a Francisco de Asís. Hace treinta años, antes incluso de acabar mi carrera universitaria de Ciencias Biológicas en la especialidad de Zoología en la Universidad Complutense de Madrid, empecé a filmar y escribir películas documentales sobre historia natural y antropología, influido sobre todo por el célebre documentalista español Dr. Félix Rodríguez de la Fuente, pero también por los británicos sir David Attenborough, Gerard Durrell y David Bellamy, y el francés Jacques-Yves Cousteau, a los que seguía con avidez desde muy niño. Estudié esta licenciatura deliberadamente para hacer películas de naturaleza como ellos, casi nadie creyó entonces que lo conseguiría. Lo hice porque me fascinaba, me gustaba, era lo que más me excitaba del mundo, no porque quisiera salvar al planeta, ni al medio ambiente, ni a nada. Me sorprende la aureola de favor a la humanidad de la que se quieren imbuir ahora todos los naturalistas y ecologistas.

Mucha gente ya me conocía antes de la Era del Pangolín Rampante, cuando el mundo se nos cayó encima, por mis películas documentales y mis escritos, estudios e intervenciones en todos los medios sobre naturaleza, conservación y lucha contra la Leyenda Negra. Sin embargo, otros solo supieron de mí cuando llegó el año 2020, porque manifesté mis posturas críticas con el gran montaje del virus maldito y las inyecciones que nos trataron de colocar. Nuestra lucha disidente contra el cientifismo basado en consensos inexistentes provenía ya de muchos años de ver anomalías en el mundillo de la naturaleza y la conservación.

En mi carrera como documentalista he hecho unas ciento treinta películas, entre las más humildes y las mayores. Muchas de ellas nadie las recordara jamás; otras, de las que estoy orgulloso, ciertamente hicieron historia. A veces fui director, otras productor, pero siempre guionista, mi vocación máxima es escribir sobre animales. Pero más que esos documentales terminados que circulan por ahí, muchos de los cuales ni siquiera tengo archivados (eran tiempos analógicos), me importa ahora hablar de mis no documentales, los proyectos que nunca salieron adelante, los que investigué durante al menos un año cada uno, y a veces hasta tres, pero finalmente no conseguí financiarlos. Calculo que son cinco veces más que los que conseguimos sacar adelante. Las cuentas cronológicas no salen porque normalmente estaba con varios a la vez. Pues bien, toda esa ingente información biológica, antropológica, de leyendas, mitos, creencias, costumbres, etnografía, geografía, etcétera, que empecé buscando físicamente en las bibliotecas de las universidades de Madrid, sacando tomos, fotocopiando páginas, recogiendo notas a mano, acudiendo a conferencias en las que tomaba apuntes compulsivamente, la fui atesorando de forma sistemática hasta el día de hoy. Cuando el proyecto no cuajaba, la archivaba y me aplicaba al siguiente, y así durante tres décadas. Pensé que para algo me serviría algún día. Recuerden que no había internet y que lo que uno encontraba era oro puro, nadie más lo tenía salvo las fuentes de las que uno lo obtenía. Por tanto, tengo centenares de carpetas con anotaciones, fotocopias y revistas ordenadas por temas, lugares, animales, ecosistemas... y, al lado, escritas las ideas que me iban surgiendo, con especial énfasis en las que entonces me parecían originales mías —muchas de las cuales lo eran; y otras, no—.

Mientras, los rodajes me permitían viajar por medio mundo observando animales, etnias y culturas lejanas, tomando más y más notas, conociendo a gente increíble, desde biólogos hasta indígenas, pasando por misioneros y aventureros variopintos. Uno, hijo de sus tiempos, empezó, como todos los jóvenes biólogos y naturalistas, abrazando ideas de conservación de la naturaleza románticas, pero eran los tiempos en los cuales florecía la informática, por eso los aspirantes a zoólogos y los biólogos en general parecíamos seres obsoletos sacados de una película del siglo XIX. ¿A quién le interesaban los animales entonces? Incluso a nuestros padres, y he hablado con muchos colegas de esto, lo de estudiar Biología les parecía un pasaporte hacia el paro eterno. ¡Quién iba a imaginar entonces que en el año 2024 las tres cuartas partes de un noticiero iban a ser, de forma directa o indirecta, sobre naturaleza y medio ambiente! De pronto todo el mundo habla de virus, bacterias, pangolines, mosquitos, ratas, vacas, células, cáncer, ecosistemas, océanos, atmósfera, clima… ¡El sueño de un biólogo!

Pero cuando empecé mi carrera no sabía que me iban a utilizar. Ahora veo algunos de mis documentales y me doy cuenta de que colaboré para crear un monstruo, o varios. Nuestra lucha era noble, o eso creíamos; era casi altruista, pues jamás toma nadie el camino de la biología por dinero, aunque muchos se dejen comprar después, como por desgracia estamos viendo. Yo no sabía que tenían un plan para utilizar la concienciación y el amor por la naturaleza como arma para someter a la gente.

Estuve en todas partes, muchos años en un precioso proyecto de investigación marina llamado Alnitak, a bordo de un velero noruego con más de cien años. Como reyes del mar Mediterráneo, vivíamos rodeados de delfines, ballenas, tortugas marinas y peces descomunales.

Me metí en todos los ajos, hablé en la COP 25 el día después de Greta Thunberg (Vinagreta, para mí), participé en la Comisión Ballenera Internacional en Chile, me reuní con el rey Felipe VI en el Palacio de El Pardo en un evento de economía circular, recorrí festivales de cine documental y di conferencias por todas partes, hasta que fui viendo que mis mensajes no eran tan bien recibidos. Aprendí en África que la caza es un instrumento imprescindible de conservación de animales, pero, cuando lo conté, pude ver que algo no iba bien. Estudié las dehesas españolas, donde, gracias a los cerdos ibéricos y a los toros bravos, los linces, las águilas imperiales y los buitres negros, entre otros muchos, vivían sin las molestias de las fincas libres repletas de excursionistas. Navegué con los pescadores de maganos en Santander, con los palangreros de Levante, con los atuneros de Tarragona, para comprobar que no eran los malos de la película, como los ecologistas los estaban pintando, por eso en las mías eran los héroes. Cada vez se me arqueaba más la ceja viendo las ingentes cantidades de dinero que se destinaban a las ONG que sabían lo que había que callar. Aquel mundo en el que me había metido apestaba a corrupción, pero una corrupción de la peor, de la que además está cargada de superioridad moral.

No me callé, conté lo que pensaba con datos científicos allá donde me convocaban, pero nunca me volvían a llamar. Yo no cambié, cambió la realidad a mi alrededor. Estaban medrando, no los que tenían buenos proyectos de conservación y divulgación, sino los que eran de un determinado partido político, o muy amigos de ellos. Mi romanticismo felixiano se fue muriendo. Empezaron a hablar de clima, nosotros no lo veíamos. La causa de los pescadores de mar españoles me enamoró durante años, especialmente los de atún rojo, que en el año 2009 sufrieron una campaña internacional brutal para acabar con ellos. Los defendí, hice la película Ultimatún y descubrí una trama corrupta mundial para declarar especie protegida al atún rojo.

En las almadrabas de Cádiz, donde rodé por primera vez

a las orcas atacando a los atunes con mi profesor de zoología D. Manuel Fernández Cruz, y después muchas otras veces. También grabé a los pescadores de cerco de L'Ametlla de Mar, en Tarragona. En abril de 2020 iba a empezar el rodaje de la siguiente película, esta vez sobre los pescadores de atún tropical de Bermeo y Vigo en el océano Índico, todo estaba listo para zarpar a rodar la película, cuando de repente llegaron noticias de un pangolín en Wuhan. Fue mi última no película; hace unos meses me llamaron los principales inversores para decirme que mi documental lo iba a rodar otra persona porque yo me había significado mucho en la lucha negacionista.

Antes de que todos aprendiéramos la palabra «covid» en 2020, yo ya había visto cómo la ciencia estaba siendo secuestrada por poderes globales muy poderosos, y cómo todos mis colegas biólogos, zoólogos, naturalistas y conservacionistas se habían vendido a cambio de que sus proyectos fueran financiados por Bruselas, por Madrid o por la consejería autonómica de turno. Si no dabas la razón a los argumentos anticientíficos que ellos imponían, si no incluías en tus proyectos el cambio climático, si no criticabas a los pescadores, a los cazadores, a los ganaderos y a los agricultores como culpables de todo, eras cancelado. Como algunos eran amigos míos entonces, me dijeron: «Fernando, por ahí no, ¿qué te cuesta callarte? No te metas en jardines, deja que lo hagan otros; si no dices nada, nos darán el dinero y podremos llevar a término el proyecto y el documental».

Al principio pensé que las administraciones y los científicos de arriba se equivocaban, ahora sé que no, todo era un plan muy bien concebido, el plan que les voy a contar en los siguientes capítulos de este libro. Fueron las falacias climática, animalista y ecologista las que me ayudaron a sospechar del «cuento del pangolín» muy pronto.

Durante 20 años de rodajes e investigación en muchos lugares del mundo, cientos de investigadores, indígenas y distintas personas sobre el terreno me han enseñado la realidad de la vida salvaje, de los paisajes, las poblaciones animales y sus problemas. Desde una ciudad esto no se ve. Yendo y viniendo uno se da cuenta de que hay dos realidades: la de los campos, las selvas, los desiertos, los bosques y los mares… y la de las ciudades.

El relato climático creado, con sus «expertos», su «consenso científico», su «censura a disidentes», sus gráficos y curvas manipulados, sus modelos matemáticos nutridos con datos elegidos y las campañas de los medios de comunicación, son exactamente los mismos que usaron con la performance global llamada «covid» después. Dieciocho años estuve enseñando estructura narrativa de documentales en la universidad —como para no verlo—, pero en julio de 2023 me echaron también de allí.

Primero los ecologistas suplantaron a los ecólogos, el primer título se lo da uno mismo, y es ideológico, mientras el segundo te lo da una universidad tras cuatro o cinco años de estudios, prácticas y exámenes. Después fueron los antropólogos y los sociobiólogos los sustituidos por personas indigenistas. Poco a poco se impuso la purga de los verdaderos científicos; la pseudociencia de las ideologías suplantó al auténtico método científico.

Ya la biología basada en la evidencia no parecía importar, ahora era una suerte de ideobiología sentimental destinada a demostrar que el ser humano es un parásito cuya población hay que disminuir.

Por tanto, decenios en esa lucha me entrenaron para la disidencia de todo lo que el Nuevo Orden Mundial, el Banco Mundial y su Agenda 2030 intentan difundir sobre mi amada naturaleza, en la que entré con zoólogos fascinantes como Desmond Morris, Louis Leakey, Stephen Jay Gould o Jared Diamond, y los divulgadores científicos citados antes. Tipos que para el niño que yo era resultaban mayores, pero que entonces eran referencia de muchos.

Nuestros influencers eran sabios «viejunos», hoy hay youtubers e instagrammers con apenas 20 años pontificando de salud, alimentación, animales… Niños enseñando a otros niños.

Cada día me pregunto si gente de la talla de Miguel de la Quadra-Salcedo, el Dr. Jiménez del Oso o los ya mencionados se hubieran plegado como lo han hecho sus equivalentes actuales a la presión de que «si pasas la línea roja, te quito tus programas». Están creando una selección social en la cual se premia la mansedumbre, la aceptación de imposiciones, la falta de libertad de expresión.

Ellos me enseñaron —nos enseñaron a todos— a luchar por la verdad y la justicia de la naturaleza, a que los ideales hay que aplicarlos con inteligencia sin medir las consecuencias, le guste o no a la gente. A través de ellos conocimos las maravillas del mundo.

Por ello, cuando oí que un pangolín de Wuhan y unos murciélagos eran «los culpables», vi que era el mismo perro con diferente collar. Ahora regreso a mis orígenes, porque los guionistas 2030 volvieron a sacar del banquillo todas las viejas mentiras sobre los animales, la conservación, el medio ambiente y el buenismo planetario. En efecto, son todos tentáculos del mismo kraken de ciencia ficción. Estudiando al resto de los animales se puede averiguar todo sobre los humanos, porque pertenecemos al género Homo de los primates, el único dotado para establecer estrategias de futuro y analizar el pasado. Y nos vuelven a engañar. Nos llueven flechas ideológicas del cielo desde todas las direcciones, estamos bajo nuestros escudos parando algunas, pero otras se nos clavan. Observo a purasangres que se negaron a vacunarse, a los que, sin embargo, les alcanzó la flecha animalista, porque no ven que salieron de los mismos arqueros. A menudo descubrimos unas, pero otras no.

La utilización de nuestro amor por los animales, su malversación como arma para esclavizarnos, es evidente. Criticamos a quienes picaron «por la salud», mientras nos creemos ese «por el clima», o ese otro «me encantan los animales», sin darnos cuenta de que otra vez son verdades a medias destinadas a desviar a buenas personas hacia un fin autodestructivo.

Ahora vuelvo a mi lucha de decenios contra los que se creen los amos de lo salvaje, los falsos defensores de animales, los que ni siquiera los conocen como son y los humanizan. Humanizan animales mientras se animalizan a sí mismos. Los propios perros y gatos deben estar perplejos de lo incongruente de nuestro comportamiento con ellos. Te castro, te encierro, te eutanasio, te pongo nombres de santos católicos, te visto con jerséis y te doy de comer bolitas veganas porque te quiero. No tienen la menor idea de lo que significa ser un felino o un cánido, de la naturaleza de estos géneros de cazadores libres que prefieren morir de forma natural a perder la libertad convirtiéndose en minihumanos con pelo, lobos de bolsillo.

Todo ello es la misma lucha, el ignorar la importancia espiritual de la muerte, el regreso al Paleolítico que vamos a desvelar.

Nos engañan en realidad porque somos humanos, no lo conseguirían con ningún otro animal; lo logran por nuestra capacidad simbólica. Nos escandaliza oír el latido de un nonato, pero damos derechos a un anélido. Algo va mal cuando ni siquiera sabemos lo que somos, y mucho menos lo que son ellos, mis amados animales.

El amor a los animales es dejarlos ir, igual que a los hijos; dejarlos en paz, que hagan lo que siempre hicieron: matar y morir sin cesar. La aberración del animal eterno que nunca muere es una idea totémica de pueblos atrasados y estúpidos. Hay que quererlos como son, no como nuevos dioses fruto de nuestras mentes pervertidas por la ausencia de creencias.

Cuando nuestro perro se llama Pepe y nuestra hija Luna, algo no va bien. «Pepe» viene de «José», y bautizamos José a un hijo como homenaje a san José, para ponerlo bajo la protección del esposo de la Virgen María y padre adoptivo de Jesús. Si hacer eso es un homenaje, ponérselo a un perro es lo contrario: una burla, un insulto... Sin embargo, ¡nos parece gracioso!

¿Cuántas perras se llaman Lola? Lola es María de los Dolores, nada más sagrado para un católico. Prueben a llamar a su perro «Buda» o «Mahoma» en países que creen en ellos. ¿Qué pasaría? Aunque usted lo hiciera sin mala intención, es una barbaridad y no es casual, se enmarca en este ambiente de pérdida de respeto a unos conceptos y enaltecimiento de otros. Igual que decir «vacuna» reafirma el concepto, llamar a tu perra Lola no es diferente. Nuestro trato con los animales es aberrante en las ciudades, y se mantiene como siempre fue en los ámbitos rurales, sí, esos que quieren destruir.

De pronto, en este siglo XXI, se hace más necesaria que nunca la biología no sometida a la dictadura woke, porque los niños están siendo aleccionados desde la escuela con la Agenda 2030, disfrazándola de ciencias naturales, cuando es pura ideología. Los padres que no comulgan con esas ideas no saben lo que les enseñan a sus hijos en esos centros regados de dinero oscuro.

Mea culpa, mi culpa, por haber colaborado sin saberlo a que hayamos llegado a este extremo. Ahora intentaré mi propia catarsis en busca de redención. Ese entrenamiento de años indagando igualmente en la zoología, en la antropología, en las mitologías, en las religiones, en la etnografía, en la psicobiología, en la genética, en la geografía, en la filosofía, en el arte, en las tradiciones y en la sociobiología, en busca de secuencias lo más originales posible para mis películas documentales, ha marcado para siempre mi forma de escribir, porque mezclo todas esas disciplinas y alguna más, violando el sagrado código de la dicotomía ciencias o letras que nos han impuesto culturalmente en Occidente.

Hace tiempo que aprendí a prestar atención a las leyendas; descubrí que en demasiadas ocasiones lo que narraban las tradiciones ancestrales sobre determinado animal coincidía a la perfección con aspectos de su etología, y que desligar el animal biológico de lo que ese animal produce en la mente de los que lo conocen es un error. Averigüé que, para entender en su totalidad el papel de los seres vivos y de los paisajes físicos, era imprescindible contemplar también los paisajes del alma; y que esos ecosistemas del pensamiento humano inspirados por Dios se encontraban reflejados en el arte. Cientos de miles de artistas han dedicado sus vidas a dejarnos esos documentos de lo intangible, reflejos de la mente humana.

Los biólogos al uso minusvaloraban el arte por parecerles un simple divertimento estético demasiado separado de la ciencia que buscaban conocer, mientras los historiadores del arte y los arqueólogos hacían lo mismo con la zoología, la cual les parecía fría, aburrida y falta de su altura espiritual. No sé si alguien tuvo interés en que biología y arte jamás cruzaran sus datos para alejarnos de la verdad, pero sospecho que sí. La compartimentación del conocimiento, así como la separación del cuerpo y el alma como universos diferentes, interesa a los que nos quieren lejos de Dios. El filósofo griego Aristóteles, que desarrolló su vida unos trescientos años antes de Cristo y es considerado además el primer biólogo, escribió más de doscientas obras, de las cuales solo nos han dejado leer treinta y una. Tengo por seguro que las otras las posee alguien para el exclusivo conocimiento de grupos de iniciados. Pero a Aristóteles también se lo considera matemático, literato, astrónomo, epistemólogo, lógico, político, lingüista... y solo vivió unos 60 años. Pero hay muchos más: Platón, Sócrates, Plinio, Leonardo... Todos ellos se ocupaban de lo físico y de lo espiritual simultáneamente, cuerpo y alma, planeta, animales, dioses y mitos mezclados.

Por alguna extraña razón, esto se ha perdido casi por completo en el siglo XXI, aunque esta degeneración empezó tras la Edad Media, como hemos explicado; en el Renacimiento. Desde entonces, la compartimentación de las diferentes disciplinas del conocimiento nos conduce a la carencia de una visión general de la naturaleza humana.

7

LOS DEVORADORES
DE HOMBRES
DE TSAVO

> Poco tiempo después, el boy volvió corriendo,
> temblando de miedo,
> y me informó que no había señales del tren ni del
> personal ferroviario,
> y que lo que había allí era un enorme
> león sobre el andén de la estación.
>
> Coronel John Henry Patterson

La primera noche en Tsavo, al sur de Kenia, montamos las tiendas sobre la tierra roja y, de inmediato, se nos ofrecieron unos nativos armados con viejos rifles para vigilar el campamento a cambio de una propina. Éramos nueve viajeros, pero solo tres conocíamos la historia de dos leones llamados Fantasma y Oscuridad (Ghost y Darkness) que no hace mucho sembraron de sangre y terror esas sabanas espinosas. Pactamos no contársela a los otros hasta habernos ido, pero, en el último whisky antes de dormir, no podíamos quitarle el ojo a la penumbra más allá del fuego, la frontera que el cerebro marca como el límite de lo tranquilizador. La narración que John Henry Patterson hace de sus encuentros con ellos en el magnífico libro Los devoradores de hombres de Tsavo, a pesar de estar escrita con la precisión y frialdad de un ingeniero, deja el corazón helado. Dos enormes leones macho sin melena capturaron y devoraron en 10 meses a al menos 30 trabajadores del ferrocarril que se construía en 1898 entre Mombasa, en el Índico, y el lago Victoria, en la actual Uganda. Esas víctimas eran los llamados coolies, que los británicos traían de la India, pues sostenían que los taitas solo eran buenos como porteadores; por eso el número de locales devorados ni siquiera se conoce. Patterson era uno de los mejores cazadores de su tiempo. Mantuvo un duelo a muerte con esos leones, que consiguieron parar las obras al sembrar el pánico por ser capaces de entrar en tiendas, cabañas y hasta vagones del tren para extraer de ellos a los desgraciados que murieron entre sus fauces. Nada parecía detenerlos. Diez años más tarde visité a Ghost y Darkness en el lugar al que fueron llevados y disecados tras su muerte, el Field Museum de Chicago. Todavía hay algo indescriptible en sus miradas de cristal. Estudios recientes han determinado lo que ocurrió. Aquel año de 1898, esa zona sufrió una enorme sequía que dejó a las manadas de leones con muy pocas presas naturales. Patterson y el resto de los jefes tenían la costumbre de cazar cada día, a menudo decenas de piezas, pues con ellas alimentaban en parte a los cientos de operarios y salían de la monotonía del trabajo. Ello dejó a Fantasma y Oscuridad sin carne. Patterson narra una veintena de encuentros con otros leones, y deja claro que se trata de una caza muy peligrosa. Fantasma y Oscuridad aprendieron. Sus ataques al principio eran torpes, pero observaron las reacciones humanas. Rugían fuertemente a unos doscientos metros de las empalizadas de arbustos llamadas bomas, y acto seguido entraban en silencio por el lado opuesto. En varias ocasiones extraían a un hombre de una tienda en la que dormían seis, sin que los demás se despertaran, hasta que, a unos cinco metros de la entrada, se oía el crujido seco del cráneo de la víctima al ser aplastado.

Aquella primera noche en Tsavo, el texto de Patterson no salía de mi cabeza, y, sin que nadie se diera cuenta, no me atreví a dormirme por miedo a la oscuridad y los fantasmas. Mis compañeros, que no sabían nada, durmieron a pierna suelta. A veces es mejor no saber.

Hemos definido anteriormente la contracultura woke junto con su consecuencia, la pseudoreligión placebo que trae aparejada, como dos fenómenos ligados a una tendencia prêt-à-porter, es decir prefabricada. Un pensamiento rápido fácil de adoptar porque nos llega predigerido, el cual nos permea a través de los medios de información de masas. Una de las claves de su inmenso triunfo entre las últimas generaciones es el convencimiento que estas tienen de que viven en tiempos donde la información abunda, lo cual significa que, con dos movimientos de pulgar, pueden consultar cualquier concepto, palabra o lugar en su terminal digital. ¿Para qué leer, memorizar, aprender y culturizarse, si ya todo está en las redes? Aquello que a los ochenteros nos suponía un esfuerzo enorme de tiempo ahora cualquiera lo obtiene en segundos, o eso parece. El problema es que pocos se plantean si esos resultados de la búsqueda que han hecho en Google que los llevan a Wikipedia o a pequeños resúmenes de tres líneas ante preguntas sencillas provienen de fuentes fiables. ¿Quién los redacta? Pero, sobre todo, ¿qué omiten?

La realidad es que estamos sometidos a un estado de censura muy sutil que consiste en un exceso de información abrumador que nos conduce a tomar atajos rápidos para evitar tanto ruido de conceptos. Ante esta realidad hay dos tipos de reacciones en las personas: una es la de seguir la tendencia tomando el camino fácil, y la otra es tratar de investigar por uno mismo buscando las diferentes versiones de aquello que queremos saber antes de tomar alguna decisión: qué comprar, a quién votar, dónde viajar, qué postura adoptar ante una noticia reciente...

Muchos emprenden la senda más operativa en principio: adquirir e instalar en sus cerebros el paquete completo woke inside, que además es aparentemente gratuito, donde ya te vienen todas las respuestas adecuadas, lo que debe indignarte, lo que debe indignarte mucho, lo que debe indignarte muchísimo, lo que debes odiar, lo que te ha de provocar una ira incontenible, lo que te hará parecer mejor persona, concienciado de todo e incluso tener más éxito en tus búsquedas sexuales, lo que te permitirá culpar a otros de todos tus problemas y, además, te facilitará tu trabajo profesional, sea este cual fuere. No es de extrañar que, con semejante oferta libre de impuestos, la mayoría de los jóvenes y de los no tanto instalen este software en sus comportamientos diarios. Lo malo es que no se dan cuenta del alto precio que acabarán pagando, porque este programa mental contiene infinidad de cookies ideológicas de manipulación neurolingüística que pueden arruinarles la vida; no es, en realidad, un paquete gratuito, pues su precio es tu alma.

Bien, lo que les ocurre a los que eligen la otra opción — la de investigar las cosas con un cierto propósito de objetividad y de búsqueda de la verdad— no es menos tremendo, ya que se enfrentan a algo llamado «infobesidad».

Tratar de atravesar la jungla de ruido ante cualquier búsqueda de la verdad conduce casi indefectiblemente a la ansiedad informativa, porque la capacidad humana de atención es limitada. Ya sabemos que el mejor lugar para esconder un libro auténtico es una biblioteca repleta de tomos falsos, adivine usted cuál es el bueno (López-Mirones, Yo, negacionista). Al contrario de lo que sería intuitivo pensar, el exceso de información hace que sea mucho más difícil que nunca decidir. El exceso de datos, opiniones y perspectivas que corre por las redes y los medios de comunicación actúa como eso que llaman el colesterol malo (otra falacia, por cierto, pero nos sirve como símil): obstruyendo las arterias de nuestro entendimiento de maneras nunca vistas.

Por eso se la llama «infobesidad», pues los azúcares de las opiniones infundadas nos conducen al colapso mental, las fuentes fidedignas quedan eclipsadas por el influencer que nos cae bien o cuya forma de expresarse nos divierte. Los libros y textos que cuentan versiones alternativas al discurso oficial, o bien no se traducen, o bien no se digitalizan o no se distribuyen —y eso si consiguen ser editados por algún valiente—. Lo primero que sale en los buscadores sobre los autores malditos es que son portadores de desinformación peligrosa que no debe usted leer porque a lo mejor se deswoquiza y lo empiezan a usted a llamar «negacionista» de algo. Sin embargo, aquellos autores, tanto de arte «moderno» como de historia o ciencias, de ensayo o ficción, de literatura, cine, teatro o televisión, que sepan escuchar las sutiles sugerencias de lo políticamente incorrupto y adapten sus obras o proyectos al universo preponderante, publicarán con el beneplácito generalizado de la sociedad biempensante.

La infobesidad compromete también el rendimiento, los Homo no podemos procesar una cantidad exagerada de datos, y menos en la sociedad urbana actual donde queremos todo deprisa, ya. Nos abrumamos ante tal inundación de datos contradictorios. Apagamos los sistemas, nos estresamos y colapsamos. Llega un momento en el que ya no podemos absorber información adicional.

Entonces, nuestro cerebro reacciona tratando de tomar atajos. Por ejemplo, damos más crédito a la información que nos viene de muy cerca antes que a la que proviene de lejos. Esto les sonará: «Es verdad porque me lo dijo mi cuñada, que es médico». Lo que dice la cuñada parece más sólido que el informe de cincuenta médicos de Alemania que dicen lo contrario y que nunca llegarás a leer si antes has recibido la opinión de la cuñada. También recordamos más los datos en unos formatos que en otros. Es sorprendente el efecto casi hipnótico que la información visual produce en un primate visual como nosotros, sobre todo si está hábilmente editada con la información sonora. Este poder de lo audiovisual sobre nuestras emociones me asusta, porque una sola fotografía o vídeo convenientemente manipulados generan tal empatía subconsciente en personas incluso muy inteligentes que es capaz de determinar su toma de decisiones hasta el punto de inyectarse venenos a sí mismos y a sus propios hijos, a pesar de que miles de personas les adviertan que no lo hagan, por ejemplo.

Una sola imagen de ataúdes amontonados como vimos en 2020, un solo individuo muerto boca abajo en una playa —como el triste caso de Aylan, el niño kurdo fotografiado por Nilüfer Demir en 2018—, un solo cormorán cubierto de petróleo, un solo oso polar sentado en un pequeño iceberg, una sola tortuga marina de la que se saca una pajita de refresco... causaron mil veces más impacto mundial que los datos objetivos sobre la muerte de un niño cada segundo, los efectos adversos letales posvacunales o la información de que hay más osos polares que nunca, o de que los hielos de la Antártida han aumentado con respecto a los últimos treinta años.

Es decir, opinamos emocionalmente tras ver una sola imagen, formamos un criterio sentimental del cual después es casi imposible despojarnos porque nos negamos a admitir ningún argumento o dato que contradiga aquella sensación que sentimos al ver esa determinada imagen.

Incluso entre los gobernantes del mundo, presidentes, ministros, miembros de senados, eminencias de todo tipo —a las que se supone informadas con datos privilegiados, informes sesudos, estadísticas veraces, estudios serios— oímos a menudo declaraciones como esta: «Hemos visto imágenes terribles», sin más, como único argumento para formular su juicio. Es decir, el formato audiovisual es un arma muy peligrosa en manos de los engañadores, porque es increíblemente manipulable —como autor de más de cien documentales, lo sé muy bien—. Basta con que nos muestren los muertos de un lado y no los del otro, la señora llorando oportunamente de un bando y el soldado malencarado del otro, para que tomemos partido.

Nunca olvidaré cómo manipulaban los reporteros y los editores los informativos al inicio de la guerra de Ucrania en el año 2022. Como no tenían imágenes reales de bombas o misiles cayendo, ni de impactos recientes con fuegos, emitían constantemente planos donde se veía a pobres familias corriendo a refugiarse al oír sirenas de alarma antiaérea, un sonido espeluznante que por sí mismo impresiona porque lo hemos oído en mil películas, está en nuestro cerebro grabado, nuestro inconsciente al oír alarmas sonoras cree estar viendo las bombas caer, la emoción nos embarga y somos incapaces de analizar que esas personas están corriendo a causa de las sirenas, pero que ni ellas ni nosotros hemos visto una sola bomba. Después el reportero aleccionado pone su alcachofa en una abuela con su nieta en brazos y, automáticamente, todo análisis de datos sobre las causas del conflicto se convierte en absolutamente inútil para nuestros cerebros porque ya hemos tomado la decisión emocional de quién es el «malo».

Intenté que muchas personas hicieran esta reflexión en aquel entonces, en caliente, y recibí reacciones airadas, amenazas e insultos como si las sirenas o las bombas imaginarias las hubiera tirado yo. Simplemente, si sacas un pie de la caja woke, atente a las consecuencias. En 2023 tuvo lugar el recrudecimiento del conflicto de Gaza entre el grupo terrorista Hamás y el Estado de Israel, y vimos la enorme diferencia entre escuchar sirenas y ver bombas de verdad. No me malentiendan, no les salga la wokindignación, lo único que me interesa contar es que somos demasiado vulnerables a la información audiovisual con la cual nos manipulan cada día de nuestra vida, y que siendo conscientes de esto podremos evitar que esto nos genere una toma de decisiones poco meditada.

Otro ejemplo frecuente que saca a la gente del juicio imparcial son las imágenes de policías antidisturbios pegando a manifestantes. No podemos evitarlo, nuestros ojos piensan por nosotros. Por un lado, tenemos a unos tipos duros con armaduras negras a los que no vemos la cara, ni la mirada —recuerden la importancia de esto— alineados, iguales, armados, que dan miedo; y, por otro, a personas más o menos normales con las que nos es muy fácil identificarnos. Parece que los policías lo tienen complicado para ser absueltos audiovisualmente. Pero, claro, se nos olvida que los humanos somos manipuladores desde que nacemos, como vimos en los bebés de nuestra especie, y que frente a esa escena de manifestación hay decenas de teléfonos móviles grabando, pero todos exclusivamente parciales, todos en el mismo «bando». Antes de los móviles, este trabajo lo hacían fotorreporteros, operadores de cámara y periodistas, los cuales normalmente estaban detrás de los policías porque allí estaban protegidos, mientras que en lado de la horda su integridad peligraba (¡uy, que ya lo empezamos a ver diferente, ¿verdad?). Como el roce hace el cariño y los reporteros eran profesionales normalmente serios que se sentían protegidos por los policías, tenían tendencia a preponderar la visión de estos. Por otro lado, no se nos puede olvidar que, al menos en teoría, la policía existe para protegernos a todos, para respetar y hacer respetar las leyes; por tanto, a priori y salvo excepciones a la regla o países sin estado de derecho, los policías, que además están entrenados para aguantar carros y carretas controlándose hasta que les den la orden de frustrar peligros mayores o destrucción de propiedades, deberían ser los «buenos».

Pero no. Cuando los que graban están en el lado manifestante, incluso cuando los motivos de la protesta son justos, tanto que incluso los policías los apoyan como personas particulares, las imágenes que acaban en las redes son flagrantemente engañosas.

Para empezar, hacen una descomunal elipsis eliminando lo que no favorezca a la imagen de los manifestantes, cortarán cuando los policías aguantan estoicamente insultos, gritos, escupitajos, empujones y hasta agresiones serias como lanzamientos de adoquines, por ejemplo. Eso nunca saldrá. Ahora bien, cuando el comandante dé la orden de cargar tras el agravamiento de la situación y ante el peligro para la integridad física o la vida de alguien

—incluidos ellos mismos, por supuesto— o para los bienes privados o públicos, eso sí se verá. Da igual lo escrupulosos que sean los agentes pegando con sus porras solo en las extremidades, indudablemente se producirán caídas, golpes perdidos, situaciones no deseables en las que algún manifestante que segundos antes era una fiera agresiva se convierta a ojos de los espectadores en un «pobre muchacho», un «señor mayor desvalido» o «una mujer indefensa» (aquí lo de la paridad no se aplica).

Absolutamente todas las personas que vean las imágenes seleccionadas cuidadosamente, a menudo con los audios editados, cambiados o eliminados, sentirán una ola incontenible de indignación desatada hacia esos escarabajos negros sin esclerótica, por mucha razón que tengan.

Me volvió a ocurrir lo mismo que en el ejemplo anterior de las guerras: si tratas de convencer a alguien que haya visto las imágenes para que solamente considere durante un instante lo que le acabo de contar, la reacción es visceral, inmediata y violenta. Hice el experimento sociológico de explicarlo en redes cuando el conflicto del procés catalán en el año 2017, el día que se intentó hacer un referéndum ilegal e intervinieron los antidisturbios, y perdí literalmente dos amigos íntimos. Lo volví a hacer en 2024, en un caso concreto de causa justa, pero en el que sabía a ciencia cierta que los manifestantes se habían extralimitado contra los agentes, y otra media docena de personas que se supone que me apreciaban se volvieron fieramente contra mí. Nadie contempló siquiera considerar mis argumentos y los datos que desconocían. Daba igual, solo me repetían: «¿Pero has visto las imágenes?».

Ahora valoremos qué va a ser de nosotros, teniendo en cuenta este fallo de diseño que tenemos en el cerebro, con el auge generalizado de las imágenes generadas por eso que llaman IA (inteligencia artificial) y que a partir de ahora llamaré LAIAS (las inteligencias artificiales), porque me niego a invocarlas en singular, como si fueran un semidiós único y todopoderoso en lugar de una aberración tecnológica oportunamente introducida en nuestras vidas para manipular todavía más a nuestro neandertal visual interior.

En este momento, las LAIAS son capaces de generar en instantes imágenes de vídeo de cualquier persona o situación con un hiperrealismo nunca visto. Esto significa que, a partir de ahora, nunca podremos saber a ciencia cierta si lo que nos muestran en un vídeo ocurrió o es ficción absoluta. A mucha gente le hace gracia, le parece curioso. Muchos lo consideran como un signo de los tiempos, y se prestan a jugar con el cachorro de dragón que son las LAIAS, pidiéndoles textos con estilos a demanda, imágenes de animalitos, juegos con sus propias caras, en una actitud irresponsable hacia el peligro descomunal que representan para la verdad, la justicia y como control audiovisual de la humanidad.

Primero nos hacen creer en las imágenes de vídeo como si fueran el oráculo de Delfos: lo que ahí se ve es prueba irrefutable, puede ser utilizado en un juicio, posee el mayor nivel de credibilidad concebible. Y, cuando esto ya está instalado en nosotros, nos descubren, como si fuera una gracia divertida, que es imposible distinguir las imágenes reales de las creadas digitalmente. ¿Cómo es posible que algunos no vean el peligro de tal cosa?

Pero cuidado, no solo es que nos enseñen vídeos generados como si fueran reflejo de hechos ocurridos, es que puede pasar también lo contrario, es decir, que alguien grabe un vídeo de verdad que inculpe a un poderoso, lo difunda para denunciar una situación delictiva y sea descalificado como si fuera ficción. Lo peor es que falsean perfectamente las caras y los cuerpos, pueden ponerlo a usted o a cualquier dirigente que quieran destruir haciendo cualquier barbaridad, filtrarlo a los medios y las redes, y, para cuando la víctima se quiera defender, su desprestigio ya será imparable. Podrán también ponernos imágenes generadas de desastres naturales, volcanes, inundaciones, subidas del nivel del mar, guerras y matanzas de cualquier suceso o noticia que jamás han ocurrido. ¿Cómo vamos a defendernos de esto? Incluso sabiendo que esta tecnología ya existe, un porcentaje enorme de gente lo creerá porque le dirán que es cierto: «¿Acaso no viste las imágenes?».

Escuché a mi ilustre y eminente amigo el Dr. Luis de Rivera, en una conferencia en el Ateneo de Madrid en 2023, decir que, cuando las emociones empiezan, aparecen primero en el hipotálamo, luego se hacen sentimiento (subjetivo pero también biológico) y, después, en el lóbulo frontal se convierten en opinión. «Emoción» significa «algo que te mueve». La gente, tras sentir una emoción convertida en sentimiento, busca después darle una explicación racional —cuidado: ¡después!—.

«Se trata de una excitación de respuesta biológica a la cual el contenido mental le da posteriormente un contexto», añadió Rivera.

Es muy difícil desprogramarnos de lo que hemos visto con nuestros propios ojos y nos ha generado una emoción positiva o negativa sobre otra persona, simplemente no estamos programados biológicamente para rechazar lo que nos entra por los ojos. Lo que fue positivo para aliarnos con los lobos ahora podría ser terriblemente alienante. Todo esto solo conviene a quienes mienten, a quienes tienen mucho que ocultar, a quienes poseen los medios económicos para utilizarlo, a quienes tienen el objetivo de ejercer un control global de la humanidad.

La infobesidad llegará a niveles mórbidos entonces. Unámoslo al uso ya generalizado de los Big Data, y al hecho sorprendente de que cada uno de nosotros llevamos voluntariamente un micrófono y varias cámaras encima todo el día, incluso en nuestras actividades más íntimas. Hasta hace bien poco, para instalarle un micrófono en su espacio íntimo a alguien era necesaria la orden firmada de un juez, que solo lo admitía por razones muy bien argumentadas; hoy nosotros mismos nos lo pagamos y nos exponemos a ello por decisión propia.

Estamos siendo evaluados a tiempo real a través de nuestros teléfonos móviles, pero no como la gente cree. No hay nadie escuchándonos y tomando nota para vendernos cosas, no, es algo mucho más siniestro, un sistema de referéndum permanente acerca de nuestras tendencias, miedos, opiniones y decisiones.

Es el micrófono el que de verdad informa de lo que pensamos, porque, incluso cuando charlamos presencialmente, físicamente, con otras personas en casas, restaurantes, bares, parques o cualquier otro lugar imaginable, el teléfono móvil está presente —el suyo y el de todos los participantes en la conversación—. No les importa tanto tu nombre o identidad privada, lo que les da un información valiosa es tu perfil: sexo, edad, estatus, país, barrio, gustos, estado civil, estudios, trabajo…

Se trata de registrar a tiempo real una información descomunal de todas las personas del mundo para que los algoritmos de los supercerebros electrónicos del Big Data las valoren, generando estadísticas constantes que les dicen a quienes los manejan todo lo que deseen conocer de nuestras tendencias por sexos, edades, regiones, países, clases sociales, rangos de edad o cualquier otro baremo. Programas enormemente sofisticados son capaces de detectar palabras clave que denotan emociones concretas con respecto a un tema, noticia o propuesta de los ocho mil millones de smartphones que se calcula que están en funcionamiento en el mundo. Sobre todo buscan saber qué nos da miedo.

Pocas personas son conscientes de que, cuando conversan presencialmente con alguien, su teléfono y el de la otra persona siempre están presentes, y de que están votando literalmente a favor o en contra de algo que sucede en el mundo; puede ser una guerra, un conflicto, una pandemia, una nueva enfermedad emergente, un político, etc. Además, tenemos la mala costumbre de verbalizar todo el tiempo nuestras intenciones. Por ejemplo, «el lunes tengo cita para vacunarme» o «no pienso pincharme ni una más de esas inyecciones génicas peligrosas». Frases así no pasan inadvertidas para las LAIAS. De este modo, conocen lo que la opinión pública mundial piensa sobre absolutamente todo, y pueden evaluar si merece la pena continuar con un plan o abortar operación e iniciar otro que cuaje mejor. Si los algoritmos de las LAIAS que detectan emociones constatan miedo masivo, si informan de que ese tema en cuestión nos afecta, que nos lo creemos, que nos da pavor... estamos diciéndoles: «Adelante, esta falacia va a funcionar». Y la llevan a cabo.

Si, por el contrario, los medios se pasan una semana hablándonos de una «variante», de un «virus nuevo» o de una «enfermedad emergente», pero la mayoría de la gente ignora esa alarma, no habla de ella o lo hace burlándose, el mensaje es recibido de inmediato, y ese mensaje es lo que más temen: «No cuela».

No se atreven a poner toda la carne en el asador si no cuentan con más de la mitad de las personas del mundo que lo crean o colaboren. En cuanto entremos al relato, volverán. Si no creemos, desaparece la amenaza. Fíjese usted en el inmenso poder que tiene en el bolsillo. Esta realidad es difícil de creer para el ciudadano medio, que piensa que sí, que lo escuchan, pero que es solo por nobles fines comerciales y que tampoco es tan grave. Me esfuerzo mucho en explicarlo en conferencias y artículos, pero veo que muchos no acaban de entender el alcance real de que nos conozcan tan bien y tan rápido. Al fin y al cabo, lo que se nos está reconociendo es que nos necesitan —o necesitan al menos nuestra ignorancia—, que somos importantes, que nuestras opiniones sumadas pesan mucho. Si no lo creemos, no ocurre.

Los enormes cerebros electrónicos como el Frontier, el Aurora, el Eagle, el Fugaku o el MareNostrum son capaces de procesar trillones de emociones a tiempo real y sacar tablas al instante. Su potencia se ha multiplicado por cien mil en los últimos quince años. Su velocidad se mide en petaFLOPS —le prometo que no es broma—, y un petaFLOP son mil billones de operaciones por segundo.

Teóricamente, según sus dueños, sirven para investigación (no se lo pierda) ¡del clima y las enfermedades!; para predecir tsunamis o encontrar vacunas. Interesante que los maremotos y las pandemias que han evitado hasta ahora sean... cero. Sin embargo, cada vez hay más de estos cerebros; más costosos, más potentes... Lo que significa que algunos están invirtiendo demasiado dinero en ellos como para que los resultados que buscan sean tan bondadosos como nos dicen. Me parece que, si alguien se cree esos motivos, es porque su candidez resulta extraordinaria. Casi todos están en China y en Estados Unidos. Fantástico, ¿verdad? Dos superpotencias a las que jamás hemos visto utilizar su enorme fuerza para fines dudosos. ¿Qué puede salir mal con los petaFLOPS?

Es el poder de la conversación, una fuerza inmensa que las personas tenemos a mano pero que no quieren que conozcamos. Nuestra opinión es lo único a lo que temen, porque no pueden con todos a la vez. Necesitan a la mitad de las personas colaborando o no haciendo nada. No es ciencia ficción, hace más de veinte años que empezaron a desarrollarlo. Cada palabra que usted verbaliza es un voto cuantificado.

Los superordenadores en el mundo son más de mil, están en poder a veces de militares, pero otras de empresas privadas. ¿Qué les parece? Pero ¿privadas de quién? Adivine. El último informe del top 500 de los superordenadores más potentes del mundo, elaborado en noviembre de 2023, nos facilita los mitológicos nombres de estos monstruos muy reales. En Barcelona (España), tenemos el MareNostrum, el número ocho del mundo. El más potente que nos pueden confesar es el Frontier, instalado en el Laboratorio Nacional Oak Ridge (ORNL), en Tennessee (EE. UU.), donde opera para el Departamento de Energía (DOE). En el segundo puesto está el Aurora, en el Argonne Leadership Computing Facility de Illinois (EE. UU.), también del DOE. El Eagle es el tercero, de la nube de Microsoft Azure, en el mismo país. Lo siguen el Fugaku, en Kobe (Japón); el LUMI, en Finlandia; el Leonardo, en Italia; y el SUMMIT, en Tennessee. No hay duda de que, poniéndoles nombres preciosos y bien elegidos, dan ganas de emocionarse. ¡Hay que ver cuánto se preocupan por nosotros las agencias gubernamentales, los Ejércitos, los servicios secretos, los laboratorios farmacéuticos y los filántropos del mundo!

La próxima vez que esté en la terraza de un bar tomándose una cerveza con sus amigos y sufriendo un ataque de infobesidad mórbida, piense en la cantidad de artefactos que están atentos a lo que usted diga —eso sí, para evitar huracanes—.

En 1996 se publicó el informe Reuters Dying for Information, que estudió el fenómeno de la infobesidad dentro de las empresas, y sus conclusiones fueron las siguientes:

Dos tercios de los directivos de grandes empresas encuestados informaron que sufrieron una gran tensión con los colegas y una pérdida de satisfacción laboral debido al estrés asociado a la sobrecarga de información. Un tercio padeció problemas de salud como consecuencia directa del estrés asociado a la sobrecarga de información. Esta cifra se eleva al 43 % entre los más altos directivos.

Un 62 % de los directivos afirmaron que sus relaciones personales se vieron afectadas. El 43 % pensaba que las decisiones importantes se retrasaban y que tenían demasiada información. Uno de cada cinco altos directivos cree que se pierde una cantidad considerable de tiempo recopilando y buscando información. Un 48 % piensa que internet será una de las principales causas de sobrecarga de información en los próximos años.

A principios del año 2010, la firma de investigación Basex realizó otra encuesta pidiendo a trabajadores cuyo cometido incluyera un manejo continuo del conocimiento que describieran una de sus jornadas laborales normales. Los resultados son pasmosos:

El 66 % de los trabajadores de investigación de conocimiento y datos afirman sentir que no tienen suficiente tiempo para realizar todo su trabajo. Más de la mitad sienten que la cantidad de información que se les presenta a diario es perjudicial para realizar su trabajo. El 94 % de los encuestados se ha sentido en algún momento abrumado por la información hasta el punto de la incapacidad; y el 30 % de los trabajadores del conocimiento no tiene tiempo para pensar y reflexionar durante el día, mientras que el 58 % solo tiene entre 15 y 30 minutos.

Catorce años después de estos estudios, es evidente que la situación ha empeorado, y considero que se trata, una vez más, de una ingeniería social deliberada para que cada vez más gente —incluso en los ámbitos científicos y empresariales— colapse, renuncie a formar un criterio propio y base sus decisiones de todo tipo en la aceptación de un discurso único, el cual, además, conviene a corto plazo a su prosperidad empresarial y personal. Buscan desalentar así todo pensamiento, creencia, filosofía, ideal, credo o ideología libres.

El proceso de sobreinformación conduce a una forzosa economía de la atención. Dado que no podemos procesar tantísimas cosas, renunciamos a hacerlo y, con ello, tomamos decisiones inducidas que afectan a nuestra vida de manera radical. Desde dejar de ir a misa hasta elegir a quiénes votamos, desde vender nuestro magnífico coche con motor diésel para comprar un vehículo eléctrico con obsolescencia programada hasta decidir no tener hijos. Desde la más frívola decisión de compra hasta dejarnos inyectar venenos sin la más mínima garantía porque nos han hecho tener miedo a un virus inexistente. Todo porque estamos infoxicados, padecemos infobesidad crónica.

El sociólogo y economista estadounidense del siglo pasado Herbert Alexander Simon destacó toda su vida por sus estudios acerca de la toma de decisiones, lo que él llamaba la «ciencia de la elección»: el proceso psicológico que nos conduce a elegir o creer que elegimos un camino u otro en nuestras vidas. Enseñó al mundo que ningún ser humano se encuentra capacitado para estar continuamente buscando la solución óptima a todo; y que, aunque pusiera mucho empeño en hacer tal cosa, el coste de informarse sobre todas las alternativas, así como la incertidumbre a la que se expondría sobre el futuro, lo harían imposible: desistiría o dejaría de vivir. Pues bien, adivinen: Simon fue pionero de la inteligencia artificial (las LAIAS, para nosotros) en 1956. Junto con Allen Newell creó los programas Logic Theory Machine (1956) y General Problem Solver (GPS) (1957).

Es decir, expertos en biopsicología cognitiva emocional humana iniciaron el proceso de lo que acabaron siendo esos superordenadores para detectar tsunamis. Vivir para ver.

El exceso de información con el objetivo de obnubilarnos es como la estrategia de las cebras contra los depredadores: el león, incapaz de elegir una sola en un mar de rayas, las pierde a todas y no caza. Aquella noche oscura en Tsavo, conocer la historia de Ghost y Darkness no me ayudó nada.

8

LA COSTA DE LOS
ESQUELETOS

> La manera de ganar dinero es comprar
> cuando corre la sangre en las calles.
>
> John D. Rockefeller

Es muy probable que les sorprenda la siguiente afirmación que voy a formular: el mundo está mucho mejor ahora de lo que estuvo nunca en la historia de la humanidad. Esta es una buena noticia que nos lleva a unas inquietantes preguntas: ¿por qué hay tanta gente convencida de que estamos en un ciclo nefasto que va de mal en peor?, ¿por qué el pensamiento pesimista es tan popular en los medios de comunicación, entre los políticos y en el mundo de la cultura, el arte y la ciencia? La respuesta es sencilla: propagar que estamos en una nueva era, a la que llaman «Antropoceno», le interesa a la Nueva Religión, pagana y de culto a la naturaleza, que está sustituyendo a las religiones tradicionales, sobre todo a la cristiana.

No hay nada de malo en que nazcan sentimientos religiosos nuevos, si es que hay gente dispuesta a abrazarlos. Lo que no es tan interesante es que sus adeptos lo quieran llamar «ciencia», cuando no lo es. La ciencia se discute, la religión no.

Si es cierto que el planeta y la humanidad están mejor que nunca, ¿quién estaría interesado en hacernos creer lo contrario, y con qué fin? Se trata de una estrategia bien conocida por los economistas. Cuando un holding financiero está interesado en adquirir una empresa emergente, lo que tratará de hacer primero es provocar que bajen de precio sus acciones en bolsa, para de este modo hacerse con ella por mucho menos dinero. Entonces es necesario crearle problemas —reales o ficticios— a la empresa que se quiere adquirir, incluso hasta llevarla a la quiebra técnica. Mediante fórmulas que no viene a cuento detallar aquí, la empresa depredadora conoce perfectamente el potencial de crecimiento y el valor estratégico de su presa, y lo último que quiere es que los accionistas de esta última lo sepan también, ya que, una vez se depriman, bajarán los precios y la empresa presa entrará en liquidación, momento en el que los depredadores se harán con ella a bajo costo para después reflotarla.

Pues bien, eso es lo que están haciéndonos a la humanidad ciertos poderes financieros a los que podemos llamar filantropófagos. Cambien empresa por mundo en la explicación anterior y se ve claro; si la quieren para sí es porque saben que va bien, y mejora cada década. Han estado intentando que esto no ocurriera, pero la humanidad es tozuda, la naturaleza y Dios también lo son, y este planeta no ha hecho sino mejorar y mejorar a pesar de que ya organizaron dos guerras mundiales e innumerables conflictos menores. Dado que la cosa no empeora, han decidido crear ellos los problemas para después erigirse como los salvadores proponiendo soluciones. Se trata de hacer creer a la gente que el mundo es un desastre, que el clima ebulle, que la pobreza crece, que los mares se envenenan, que no hay agua para todos, que las energías limpias son contaminantes, que los microrganismos nos quieren destruir con plagas y pandemias, que los alimentos escasearán porque somos demasiadas personas en el mundo... Según ellos, todo va mal. Todo cuanto funciona tratan de sustituirlo por algo que no lo haga, algo con obsolescencia programada. Si el planeta estuviera tan mal, no lo querrían para ellos solos. Se trata de que vivamos inmersos en el miedo crónico a casi todo, para que les vayamos cediendo la soberanía de nuestras vidas, nuestros territorios, nuestros recursos y hasta nuestra alma.

La Nueva Religión cala porque está creada muy inteligentemente a partir de nuestro sistema de creencias ancestral anclado, teniendo en cuenta todos los ingredientes psicológicos que trabajan en el inconsciente colectivo, los cuales les estoy mostrando uno a uno en este ensayo. En esta filosofía subyace una aversión al ser humano como culpable imaginario de destruir a la Madre Tierra, a Gaia, a la Diosa Madre paleolítica, así como a sus dioses animales.

Para reinstalar en nuestras mentes el nuevo paganismo totémico, primero era necesario formatearlas, vaciarlas del peso de siglos de sabiduría y humanismo, de arte sacro, de catedrales, universidades, sabios, santos, cultura y filosofía. Eliminar el sustrato preexistente de todas las creencias anteriores, incluida la identidad biológica y la mística. Una religión de amor y perdón no encajaba en este esquema, por eso la nueva está basada en la ira, la indignación y la insatisfacción. Por esa causa es tan importante para ellos que los niños no aprendan en las escuelas ni en las universidades, solo que crean que lo hacen. Para conseguir esto, basta con mantener a sus padres muy ocupados ganando dinero con sus trabajos, sin tiempo para prestar atención a lo que les imbuyen a sus hijos, para que, distraídos, deleguen la educación a los colegios e institutos donde los profesores han sido cuidadosamente aleccionados y mal pagados. Después, en las universidades, se ha ido extirpando el pensamiento crítico, y a todo profesor con la tentación de disentir lo más mínimo del camino trazado. Y si, después de todo esto, todavía ha sobrevivido algún pensador disidente, siempre queda el camino de la cancelación profesional o del asesinato social.

La justificación moral de la conservación de la naturaleza y el planeta está siendo utilizada contra la humanidad, disfrazada bajo el lenguaje científico. Extirpadas las creencias religiosas estructuradas por siglos, son sustituidas por ideobiologías placebo que conducen a la insatisfacción y el nihilismo, que convertirán a la humanidad en vulnerable al control absoluto a través de las emociones y las opiniones personales. Por eso elegí la figura mística del Lobo como símbolo máximo de nuestro subjetivismo cambiante, como hilo conductor de este proceso fascinante de suplantación que estamos viviendo. Un simple animal capaz de pasar de dios a demonio, y después convertirse en miembro de la familia en su forma de perro; el lobo representa como pocos el reflejo de la psique humana a través de los tiempos.

Cuando al ser humano occidental moderno urbanita se le extirpan las creencias religiosas que le enseñaron sus padres, le queda un inmenso vacío interior que busca llenar, porque es su naturaleza. Es entonces cuando germina en su interior, lo permea a través de los medios de comunicación, los dibujos animados, el cine, las series y la propaganda, la Nueva Religión, pagana y de culto a la naturaleza. Y como todo credo, aunque este sea sintético, debe tener sus mandamientos y sus sacerdotes. Los mandamientos son los diecisiete objetivos de desarrollo sostenible (ODS) de la Agenda 2030; y los sacerdotes son los científicos, pero no cualquier científico, solo los que accedan a no disidir a cambio de carreras exitosas, becas y congresos. El equivalente al Espíritu Santo de los cristianos es el Consenso Científico, un ente místico que nadie sabe de dónde sale pero que se invoca con fervor. Los apóstatas excomulgados somos los negacionistas, el camino es tu huella de carbono. No se ría, es literalmente así.

Puestos a inventarse un culto nuevo, lo inteligente es que dote a sus acólitos de venias convenientemente seleccionadas, como por ejemplo el sexo. El pensamiento genital es lo importante; copular lo máximo posible está no solo permitido, sino aconsejado en la Nueva Religión. Con cuantos más mamíferos, mejor. De hecho, con toda suerte de criaturas grandes o pequeñas, y por toda clase de esfínteres, siempre y cuando, por descontado, no se tenga la mínima intención de reproducirse, pues eso sería una falta grave. Y si hay un accidente, se mata al feto y a seguir. Suena fuerte porque es fuerte.

Los Diecisiete Mandamientos se resumen en tres: lo natural es bueno (falacia naturalista), lo que da placer es el camino (hedonismo) y tu opinión es sagrada. Con estas tres premisas serás un perfecto wokidiano climático apostólico y vegano que, aunque no irá a ningún paraíso porque eso no existe, se lo pasará fenomenal en este infierno que crearon sus antepasados contaminadores, calentadores de climas y devoradores de animales monísimos de ojos grandes.

Lo peor de todo es que esta Nueva Religión ni siquiera es demasiado original. La llamada Falacia Naturalista ya fue discutida por un tal Henry Sidgwick, a la sazón filósofo y economista inglés, allá por el año 1900, quien postuló que es un sesgo cognitivo grave pensar que todo lo natural es inherentemente bueno y que lo artificial o antinatural es necesariamente malo. Lo natural no es indefectiblemente moral; esto, que parece de pura lógica, es completamente incomprensible para los creyentes de la Nueva Religión.

Pero fue mucho antes cuando se discutió mucho sobre la Teología Natural, que veía en la Creación de Dios todo Su «poder, sabiduría y bondad», pero que encontraba un grave obstáculo al intentar explicar por qué el mundo salvaje, en realidad, está rodeado de dolor, sufrimiento y crueldad. Sorprende la extrema coincidencia de estos planteamientos tan antiguos con las actuales tesis del animalismo, las cuales, sin embargo, suelen defenderse desde posturas ateas. Las ideas ambientales que nacieron en la segunda mitad del siglo XX parecen ser un renacimiento de aquel sentimiento de culpa tan antiguo con reminiscencias bíblicas. Los wokes modernos ignoran que comparten ideas con san Agustín, santo Tomás de Aquino o san Francisco de Asís, con la salvedad de que estos tres prohombres eran sabios de profundidad notable, mientras que ellos se caracterizan por su pensamiento superficial. Les han vendido que su filosofía de vida es nueva, moderna y evolucionada, pero lo cierto es que van hacia la prehistoria a pasos agigantados.

La Teología Natural, que infería la esencia de Dios a partir de las criaturas de la Creación, también acusaba al hombre de haber sido avaricioso con la naturaleza, pero la contemplaba como la obra que El Hacedor había creado para que la humanidad la disfrutara y la gestionara. Si cambiamos la palabra «Dios» por el término «Gaia», los wokes firmarían ideas del siglo XIII sin saberlo. En todas estas disquisiciones filosóficas siempre estaba flotando el problema del mal, y lo sigue estando. Los animalistas de urbe creen en una naturaleza que solo existe en su imaginación, llena de leones veganos y animales con vida eterna, porque lo que más les duele es la muerte de un animal, como si eso no fuera lo que ocurre constantemente en el reino animal.

La noticia en prensa, por ejemplo, de que un lince ibérico ha sido atropellado, dispara la ira de los feligreses verdes, que no reparan en que el motivo de que haya más muertes en carreteras de animales protegidos es en el fondo una buena noticia, porque significa que sus poblaciones se están recuperando tan bien que, al haber muchos más ejemplares, es más frecuente que se encuentren con las personas y sus vehículos; hace muchos años que nadie atropella a un rinoceronte lanudo, porque no hay ninguno. Pero la nueva creencia ecologista exige indignación perpetua, incluso ante los datos buenos.

A lo largo de mi carrera como documentalista he visto cosas terribles en los animales, hasta que aprendí a amarlos como son. En los documentales hacemos siempre una elipsis que consiste en cortar las agonías de las presas cuando editamos un episodio de depredación que hemos filmado. Me arrepiento de haber hecho eso, he contribuido a crear pequeños wokecillos no enseñándoles la verdad del ciclo de la vida salvaje.

Si se fijan bien en cualquier película documental, observarán lo que digo, hemos jugado con el cerebro de usted. Secuencia clásica de leones que miran a cebra que pasta tranquilamente sin sospechar que está en el menú del día de la manada. Se produce una persecución épica, la carrera de los unos por comer y de la otra por salvar su vida, el espectador con el corazón encogido se pone de parte del équido, que finalmente es capturado y cae bajo las fauces de siete bestias pardas hambrientas... ¡aquí viene el corte!, lo siguiente que se ve es la cebra completamente muerta y convertida ya en un simple filete descomunal. Ya no es un ser vivo, ha pasado de dar pena a dar hambre, pero eso es falso. Entre la captura de un ser que huye y el cuerpo inerte, está la peor parte, la que siempre quitamos: la agonía. A menudo, el cuadrúpedo es devorado todavía vivo, chillando y tratando de escapar mientras ya le han comido una pierna entera. Si la presa tiene suerte, será atrapada por cazadores muy eficientes como los leones o los leopardos, bien armados, expertos en matar rápido mordiendo en el cuello; pero, si sus captores son hienas, licaones o cualquier otro matador lento, el proceso será largo. Cuando ves eso muchas veces en directo, sin elipsis, reflexionas y profundizas en que la esencia de la vida es la muerte de otros. Ningún animalista ha visto algo así, pues de haberlo hecho respetaría más a su perro y, en lugar de ponerle un forro polar, le dejaría cazar ratas, que es lo que a él le gusta.

Ahora organizo safaris para enseñarles la naturaleza salvaje de África a los que quieran venir conmigo. En especial, hay muchos padres y abuelos que quieren que sus pequeños aprendan ecología, en lugar de ecologismo, explicada fuera del universo ficticio del animalismo de las escuelas, porque pronto no quedará nadie que lo cuente como es.

En diciembre de 2023, mis viajeros y yo visitamos la mayor colonia del mundo de lobos marinos, en la costa de los Esqueletos, en Namibia, que se llama el cabo de las Cruces (Cape Cross). Skeleton Coast es el paisaje más enigmático del Atlántico Sur, donde un desierto se abraza a las aguas frías llenas de vida de la corriente marina de Benguela, que genera las densas nieblas oceánicas que entran desierto adentro permitiendo la vida en las dunas, porque aquí no llueve nunca. Vida para unos, y muerte para otros. En estas arenas el viento exhuma y vuelve a sepultar huesos de focas, ballenas y embarcaciones humanas, indistintamente.

Este es el mayor cementerio de barcos del mundo, convertidos ahora en hoteles para cormoranes, que se solean en los palos de las naves como si fueran las ánimas de los marineros muertos. Estos naufragios siniestros impresionan, se han contabilizado más de mil, y dan nombre a este parque nacional, aunque hay quien asegura que el apelativo se lo pusieron navegantes portugueses al ver este litoral infestado de huesos de ballenas. Las corrientes, los vientos y el oleaje hacen a esta costa peligrosa. Incluso llegando a tierra sano y salvo, el marinero naufragado solo se encontraba un desierto impenetrable donde las arenas, literalmente, rugen, lleno de strandwolves —el nombre afrikaner de la gran hiena parda— y de leones devoradores de lo que traiga el mar.

Esos exploradores portugueses que desembarcaron aquí llamaron a esta costa Las Puertas del Infierno; incluso sus moradores desde hace miles de años, los sans —mal llamados «bosquimanos»—, el pueblo vivo más antiguo de la Tierra, aún hoy le dicen La tierra que Dios creó con ira.

La expedición del rey Juan II de Portugal comandada por Diego Cao llegó al cabo de las Cruces en 1485, tras explorar el río Congo más al norte; a lo largo de la costa iban erigiendo sus padroes —padrones en español—, que son grandes monolitos de piedra coronados por una cruz, parecidos a los que en Galicia se llaman cruceiros, cuyo fin es testimoniar que llegaron allí europeos por primera vez. El padrao del cabo de las Cruces fue el último que este pionero erigió en la costa oeste de África, pues parece ser que murió allí. Mucho después llegaron los holandeses y los alemanes para cambiarle el nombre a todo, como suelen hacer. Hoy el padrao original de Diego Cao no es el que vemos rodeado de leones marinos, puesto que se lo llevaron y está en la ciudad alemana de Kiel.

A pesar de todo, muchas especies salvajes se han adaptado a vivir aquí, porque este mar bronco es de una riqueza biológica apabullante. Hienas pardas, chacales de lomo negro, gacelas saltarinas y los últimos leones del desierto, que fueron casi aniquilados hace poco. Los lobos marinos del cabo (Arctocephalus pusillus pusillus) se encuentran a miles (arctocephalus significa «cabeza de oso» en latín).

Aquí en Cape Cross, o cabo de las Cruces —por esos cruceiros de piedra que dejaron los portugueses y que aún se pueden ver—, vive el 67 % de la población de lobos marinos del mundo; cuando nos bajamos de los dos todoterrenos, había más de cien mil ejemplares berreando todos a la vez, pero también se nos ofreció un espectáculo dantesco: miles de cachorros de lobo marino muertos unían el hedor de su putrefacción bajo el calor africano a la ya habitual peste de las colonias de otáridos. Miré a mis viajeros y vi sus caras descompuestas, no se lo esperaban, venían a ver a uno de los animales más adorables del mundo, el tótem animalista por excelencia, y se encontraron de golpe con la madre naturaleza en toda su crudeza.

Peor aún que los cadáveres zaínos que nos rodeaban eran los miles de cachorros huérfanos que buscaban a sus madres llorando de hambre y desolación al no encontrarlas. Las hembras reconocen a sus crías por la voz, una entre miles, y la distinguen de lejos. Los cachorros, sin embargo, tratan de mamar incluso de nosotros, nos persiguen en una mendicidad láctea muy dura de vivir para un alma sensible. Muchos de estos pequeños lobitos de mar no encontrarán jamás a su madre, que se metió en el mar para comer el pescado que necesita para amamantarlo; bien porque no regrese, bien porque no se encuentren en una colonia tan descomunal. Miles de peluches llorando, llamando a su madre, se nos acercaban como diciendo: «¿La habéis visto?».

Alguno de los viajeros se volvió al vehículo con semblante descompuesto, otros trataron de ver la belleza salvaje detrás de la tragedia. La conjunción de los lobos bramando, el calor y el olor a muerte conformaban un escenario brutal de naturaleza en estado puro, algo que es necesario ver para entender la esencia de lo salvaje.

Según la organización Ocean Conservation Namibia, en octubre del año 2020 también hubo aquí una muerte masiva de siete mil lobos, cuyas causas no están claras. Siempre que lean algo así, comprobarán que las ONG culpan al «cambio climático» de todo para recibir subvenciones, pero no es cierto. Las hembras paren todas a la vez, entre septiembre y diciembre, como estrategia para defenderse de los depredadores y protegerse unas a otras; pero, si un año los bancos de peces se han desplazado por el fenómeno oceánico de El Niño, pueden estar demasiado flacas, lo cual les produce partos prematuros o abortos en masa. Es un proceso natural —de hecho, es literalmente morir de éxito, porque la colonia ha crecido tal vez por encima de sus recursos y, de esta forma, se autorregula—. La especie no está amenazada de extinción, se estima una población de casi dos millones de individuos entre Namibia, Angola y Suráfrica.

La caza de lobos marinos para aprovechar su piel está permitida y regulada en Namibia. Se dan permisos para matar unas ochenta mil crías al año y también unos siete mil machos adultos, de los cuales se aprovechan, además de la piel para abrigos en China y Rusia, los testículos y los huesos para elaborar elixires de supuestos poderes sexuales. Lo malo es que el estrés provocado en la colonia por estas matanzas que se llevan a cabo a palos entre los cachorros y con escopetas entre los adultos, pueden provocar muchas más muertes de recién nacidos. Otra forma de muerte natural son los ataques constantes de chacales, hienas pardas y, hasta hace poco, leones. Los urbanitas que tratan de obligar a los países africanos a hacer con su naturaleza lo que ellos decidan deberían antes cursar zoología y, después, viajar por años, antes de opinar con emociones. Por duro que parezca, esta colonia lleva años creciendo, y la especie, endémica de la zona, goza de buena salud.

Uno de los errores graves del ecologismo es que piensa emocionalmente en individuos, cuando la ciencia biológica maneja los conceptos muy diferentes de «población» y «especie». Curioso que estén defendiendo la eugenesia en humanos a través de la eutanasia, el aborto y la esterilización, pero no puedan soportar el mismo concepto en sus animales totémicos.

Cuando los animales biológicos ocupan el lugar que les correspondía a los ángeles en las religiones tradicionales, tenemos un problema ecológico de primer orden, porque matarlos se convierte en anatema, se crea un tabú incompatible con la ciencia de la zoología. Si, por ende, los políticos, instituciones y ONG encargados de gestionar de forma eficiente la conservación de las especies en el mundo pertenecen a la nueva iglesia, tomarán decisiones completamente erróneas con el fin de satisfacer a sus parroquias que acabarán por perjudicar a los animales en lugar de ayudarlos. Peor aún, incluso los científicos serios de las distintas ramas de la biología implicadas en la conservación —ecólogos, zoólogos, etólogos, microbiólogos, etc.—, que estudian a las especies para después aplicar esos conocimientos a la gestión, se autocensuran para conseguir que sus estudios sean financiados, sus papers sean publicados por las revistas más prestigiosas y sus carreras prosperen en el ambiente académico. Todos ellos saben bien que la sola mención del «cambio climático antropogénico» en los títulos de sus proyectos (por supuesto, para culparlo de todo) es garantía de éxito. También se vende estupendamente entre los patrocinadores e instituciones incluir la palabra zoonosis, que implica asociar de forma espuria plagas y pandemias humanas con animales salvajes.

Por supuesto que una legión de naturalistas —un título que uno se proporciona a sí mismo—, divulgadores, periodistas ambientales e influyentes de toda índole (influencers en lenguaje woke) hacen exactamente lo mismo para vender sus artículos, sus libros, sus documentales, sus programas de radio y televisión o, simplemente, a sí mismos. Casi se me saltaron las lágrimas cuando vi por primera vez caer en las garras de la Nueva Religión a mis ídolos fundacionales: el documentalista británico David Attenborough y la primatóloga Jane Goodall. Ambos de provecta edad, con carreras míticas, de los que hubiera esperado que se mostraran al menos algo disidentes, porque si de algo sirve ser una vieja leyenda consagrada es para ser libre de decir lo que le dé la gana y permitirse el lujo de promulgar las verdades científicas incómodas al sistema. En lugar de eso, han cedido a las tentaciones de decirle a la gente lo que quiere escuchar, convirtiéndose en los profetas santos que la nueva creencia necesita.

Las últimas series documentales de la BBC, National Geographic, Terra Mater, Netflix o cualquier productora grande tienen una fotografía descomunal, drones, definición sobrenatural, medios técnicos nunca vistos, que les confieren una belleza estética solo comparable al nivel de falacia propagandística de sus guiones; cada cuatro frases se invoca al clima cambiático. Ruego al lector que me disculpe por estos palabros, pero la contraprogramación neurolingüística que pretendo me obliga a no repetir los salmos de la Nueva Religión ni siquiera para criticarla. Como en los salmos responsoriales de una religión seria, mencionar una y otra vez los dogmas de fe hace que existan, los refuerzan en nuestra mente. Cada vez que escribo «cambio climático», un escalofrío me va del espinazo a las yemas de los dedos que teclean; por tanto, si me lo permiten, usaré toda suerte de exorcismos retóricos para evitarlo, aun a riesgo de parecerle a usted poco serio.

En un documental de David Attenborough rodado en Siberia en 2019, la voz del conocido biólogo británico narra con enorme emoción la caída de una manada de morsas (Odobenus rosmarus) varios cientos de metros abajo mientras sus corpachones se estrellan contra las rocas de un acantilado, una tras otra. Está filmado desde abajo en planos generales y medios, se ve la parte superior de una meseta de la cual asoman las morsas hasta que van cayendo una a una. La secuencia es durísima, acompañada, además, de una excelente música triste con la voz de sir David diciendo que los pobres animales caen porque cada vez hay menos hielo a causa del «cambio climático». Cualquier persona con corazón que la vea queda conmovida de inmediato, el dato pasa a la parte del cerebro que suscita las emociones, que después se transformarán en sentimientos que van a generar opiniones. Una vez que este proceso ocurre, la seguridad de que el cambio climático mata morsas pasa al lóbulo de las creencias, entonces es casi imposible discutir con esas personas con datos y argumentos, porque «lo vio», y esas imágenes son ya un dogma de fe. Las audiencias de los documentales de Attenborough son descomunales, millones de personas durante decenios verán esa secuencia terrible, quedando absolutamente convencidas de que deben comprar un coche eléctrico para evitar que las morsas se despeñen. Así funciona la sugestión subliminal audiovisual en los humanos: nuestro cerebro no está adaptado a no creer lo que ve, ha evolucionado en un ambiente en el cual las imágenes son siempre verdad, pues somos un primate visual.

Unos meses después del estreno de este documental, el camarógrafo que había grabado las impresionantes imágenes de las morsas matándose por «culpa» del «calentamiento global» decidió decir la verdad. Tras las morsas, arriba del acantilado, había un oso polar que no se veía en los planos montados. El depredador fue la causa real de que se cayeran; las estaba atacando y provocó una estampida.

Recuerdo haber explicado durante dieciocho años a mis alumnos de la universidad que los documentales eran el último refugio de la verdad en el mundo porque los demás medios habían perdido toda credibilidad. Me equivocaba, inocente de mí. Les enseñé que los periódicos se ponen en duda generalmente por unos y por otros debido a que todos ellos están empapados de tendencias políticas reflejadas en sus manuales de estilo y en sus consejos de redacción; por tanto, es frecuente descalificar alguna información según la haya publicado tal o cual cabecera periodística perteneciente a un grupo ideológico u otro. Los libros ya los lee poco porcentaje de gente; las televisiones y radios tienen todas sesgos idénticos a los diarios; y la ficción es eso, inventada. Sin embargo, decía yo, cuando alguien en una conversación de amigos cita un hecho que a los otros les cuesta creer, basta con que añada «lo vi en un documental» para que todos asientan convencidos.

El último curso que impartí en 2023, antes de que me despidieran de la universidad por no seguir el discurso oficial, ya me sentía incómodo al dar mis clases porque veía que todos los documentales del mundo que hablaban de naturaleza estaban mintiendo al incluir todos ellos referencias al calentamiento, fuera cual fuere el contexto, daba igual, sin duda unas exigencias de guion impuestas por los productores para poder financiar el proyecto. Lo mismo que estaba sucediendo en las universidades, entre los científicos y en los medios de comunicación, había llegado también al último refugio: los documentales. Ahí supe que no podría hacer ninguno más en mi vida, porque no pensaba colaborar en engañar a la gente para que se afiliara a la Nueva Religión, diciendo que todos los males del mundo salvaje se deben a un calentamiento antropogénico que no existe, por mucho que ello me costara mi carrera, mis ingresos y mi prestigio.

Aunque algún documentalista honrado consiga levantar una película documental independiente obteniendo los entre medio millón y un millón de euros que cuesta producirla, ninguna plataforma del mundo la emitirá, ningún cine la proyectará y quedará relegada a los circuitos disidentes de las redes sociales. Salvo que la financie por crowdfunding, renuncie a cobrar por su trabajo de años y la estrene alquilando los cines de forma privada, sala a sala, y vendiendo las entradas por sí mismo con el riesgo que esto conlleva, pues cuesta igual arrendar una sala que quedará vacía que otra que estará llena. Alquilando las salas de cine para pases privados, se sortea el permiso pertinente que el Ministerio de Cultura exige y que jamás concedería a un documental disidente.

Esto fue exactamente lo que ocurrió con la película documental The Big Reset Movie, producida por un español anónimo que se hace llamar X en el año 2021, en la cual tuve el honor de participar como entrevistado y presentador. El director anónimo nos pidió a los protagonistas que acudiéramos al estreno en la Gran Vía de Madrid y que apoyáramos con nuestra presencia cada una de las más de treinta proyecciones en cines que tuvieron lugar por toda España. Fue un éxito brutal en todo el mundo, pero este no es un caso normal.

Tras las falacias anticientíficas de Attenborough y compañía, las ONG proselitistas acuñaron el término maravilloso de «refugiados climáticos» para las morsas y los osos polares, las dos estrellas totémicas de la Calentología, que de inmediato pasaron al ámbito periodístico woke. A estas alturas del relato, ya nadie duda del nuevo dogma de que los hielos retroceden, se derriten, y los pobres oseznos sufren; pocos animales más monos que ellos, recuerden que los sipuncúlidos no venden, los misioneros agendistas necesitan animales con código mamífero y ojitos.

Pero dato mata relato. La verdad sobre esos animales es mucho menos emotiva pero más ilusionante, ya que es una buena noticia —y lo último que la nueva religión de la ira quiere que sepamos—. El colmo fue cuando en enero de 2022 apareció una morsa en el río Támesis, en pleno Londres, una señal inequívoca de que sus poblaciones aumentan y que colonizan nuevos territorios porque les va bien, las manadas se saturan y algunos individuos se marchan. Aquella morsa se convirtió en una estrella, le faltó dar ruedas de prensa o ponerse delante de un photocall, porque su imagen dio la vuelta al mundo como ejemplo palmario de refugiado climático. «Está aquí porque se quedó sin hielo a causa del calentamiento», decían sin embozo. Si la asombrada morsa —que, por supuesto, se marchó de allí enseguida, tachando el lugar de su lista de localizaciones candidatas para fundar una posible colonia nueva— pudiera hablar, les hubiera dicho que lo cierto es que en su manada no hay forma de encontrar novia porque está hasta arriba de machos en edad de merecer. Mi admirado doctor en zoología Matt Ridley escribió el 4 de enero en The Times: «Walrus comeback is more good news the greens won't admit», es decir, que el regreso de la morsa es otra buena noticia que los verdes no están dispuestos a admitir.

Para dar más pena humanizando a los animales salvajes a los que utilizan, los animalistas suelen ponerles nombre propio, para así impresionar más a los niños indefensos —y a muchas ricas ancianitas que después de morir les donan sus fortunas, por qué no decirlo—. Poco antes había llegado otra morsa gigantesca a Blyth, y después a Scarborough, también en Reino Unido, y la bautizaron como Thor. Lo de buscar pareja en las banquisas del norte se debe de estar poniendo peliagudo para que tantos morsos se vayan a Inglaterra a intentar emparejarse. Antes de estos casos, los avistamientos de morsas en aguas británicas fueron raros: Wally en 1988, Freya en 2013 y 2018, y ahora Thor en 2021. Ni que decir tiene que los periodistas tenían la misión de vincular estos hechos al clima cambiático como fuera, sus titulares sensacionalistas en todo el mundo eran del tipo «¿Qué está pasando con las morsas?».

«Creemos que Thor es un refugiado del cambio climático», dijo Molly Grant, de la asociación British Divers Marine Life Rescue, al diario The Northern Echo, y añadió lo que había que decir para que las subvenciones del año siguiente llegaran en abundancia: «Las morsas viven en el Ártico y creemos que, debido a que los casquetes polares se están derritiendo, es por eso por lo que viajó tan al sur». No hace falta recalcar que esta afirmación es ridícula desde el punto de vista zoológico; pero la falacia funciona muy bien si el público oye a la desesperada activista a punto de llorar diciéndolo justo después de las imágenes de Thor perplejo preguntándose si habrá por la zona alguna hembra disponible que no sea esa mujer.

Las morsas ya superaron el llamado Óptimo Climático del Holoceno, hace entre 6000 y 10 000 años, cuando científicos suecos dicen que el Ártico experimentó veranos sin hielo en absoluto, en un régimen dominado por hielos estacionales. No les gusta el hielo, lo resisten, que no es lo mismo.

En el archipiélago de Svalbard, situado en el océano Glacial Ártico de Noruega, había en el año 1978 menos de cien morsas, según un censo realizado por zoólogos; solo cuarenta años después, en 2018, se contabilizaron más de cinco mil quinientas. Este es el tipo de dato positivo que no interesa dar a los que viven de los problemas y no de solucionarlos. Exagerando la gravedad de cualquier noticia referente a la extinción o disminución de poblaciones animales y silenciando los éxitos que no provienen de ellos, sino de que las poblaciones animales mejoran solo con dejarlas en paz, consiguen más fieles para su credo hirviente. ¡Si la gente averigua lo que dice la ciencia de verdad, se les acaba el chollo!

Cuanto mayor es un problema ambiental, más recursos recibe quien finge solucionarlo, por eso a las ONG, instituciones y universidades les interesa dar la imagen de que las especies objeto de sus estudios son las más amenazadas del mundo mundial, de que están a punto de extinguirse, en listas rojas crecientes; lo de menos es que sea verdad o no. Y cuanto más dure el problema, más años pueden vivir de no arreglarlo. Además, decir que todo va mal y que la culpa es de los humanos te hace parecer mejor persona que si te muestras objetivo. Es tentador aparecer frente a tu familia y amigos como un salvador de planetas y animales encantadores.

Libros como este que tiene usted en las manos se cuentan con las patas de un insecto; en cambio, de los que van a favor del relato oficial hay, literalmente, cientos. Cuando cancelaron mi carrera y me expulsaron de la universidad me hicieron libre, puedo decir la verdad porque no tengo nada más que perder, y eso me convierte en peligroso para el sistema.

En la tierra de Francisco José, en el Ártico de Rusia, un archipiélago de ciento noventa islas, a menudo cubiertas por el hielo, en el que solo hay estaciones militares y científicas, descubierto por cazadores de focas como los de Namibia, la población actual de morsas ha crecido tanto que ha superado las cifras que tenía antes de que los humanos empezaran a cazarlas. Puede que una de ellas fuera la que decidiera darse una vuelta por el Támesis en busca de novia. En el estrecho de Bering y en Groenlandia, donde viven las morsas más grandes del mundo, las costas vuelven a estar atestadas por miles de ellas como en tiempos prehistóricos, asemejándose más a una playa de Benidorm, en España, en el mes agosto, que a un perfil de extinción como quieren mostrarnos. Hay tantos refugiados climáticos que va a ser necesario traerse morsas al Mediterráneo, donde todo parece que cabe.

Incluso el Servicio de Pesca y Vida Silvestre de Estados Unidos, el USFW (U.S. Fish and Wildlife Service), que es una agencia estatal que se ocupa de la conservación, equiparable a las más conocidas NASA o la CIA, publicó un sorprendente informe en octubre de 2017 asegurando que la morsa del Pacífico «no está siendo dañada por el cambio climático y no es probable que sufra daños en un futuro previsible» (MacCracken et al., 2017; USFWS, 2017). Lo asombroso no es el resultado del informe, sino que lo publicaran, me imagino que le habrá costado el puesto a más de uno, o al menos que los culpables de perpetrar semejante arrebato de verdad no tendrán unas carreras prometedoras dentro de la agencia.

Por fin, la Unión Internacional para la Conservación de la Naturaleza (UICN), uno de esos organismos plurinacionales llenos de funcionarios premiados con sueldos por no decir lo que ven, cuyo principal cometido es emitir informes de cientos de páginas con títulos rimbombantes que nadie lee, pero a los que añaden un conveniente resumen sesgado que es el que hacen llegar a los periodistas para que escriban sus crónicas exageradas sobre naturaleza, no tuvo más remedio que indicar en la letra pequeña de su Lista roja de 2015 que la morsa del Pacífico contaba con «datos deficientes» (Lowry, 2015). Ese «datos deficientes» son el equivalente zoológico del famoso «no hay evidencias» que se suele escuchar a menudo cuando los resultados científicos no encajan con la narrativa. Es fácil de entender que no puede haber nunca «evidencias» si no se buscan, si los estudios se promueven desde su génesis para tratar de sustentar una retórica previa procedente de ideologías.

La UICN, para que nos hagamos una idea, es como la OMS de la conservación, uno de esos macroorganismos financiados con dinero privado interesado, donde se da un trabajo fácil muy bien retribuido a los mejores científicos del mundo dispuestos a mejorar sus vidas considerablemente solo a cambio de una cosa: dotar de prestigio a la manipulación global callando lo que saben. Cuanto más callan, más valen y mejor se premia su silencio: sueldo, promoción, viajes, congresos, publicaciones, conferencias, libros, prestigio...

Este es el motivo por el cual interesa globalmente que los científicos estén mal pagados durante la primera etapa de sus carreras, porque así, cuando los mejores, tras decenios de dejarse la piel investigando por dos duros, lleguen a una edad, serán llamados a estos cónclaves donde, por fin, se les paga lo que «merecen» (¡porque yo lo valgo!) y su esfuerzo pasado se convierte en la justificación moral que se dicen a sí mismos cuando les da un arrebato de conciencia de que se están vendiendo. En cuanto bajan al garaje de la UICN, cogen su vehículo eléctrico nuevo, llegan a su chalet y sus hijos los besan con el uniforme de un selecto colegio privado, se les pasa el remordimiento. Los hijos blanquean conciencias como nadie: «Lo hago por ellos», se dicen. La UICN, con sede en Suiza, fue creada hace 75 años, está formada por unos mil cuatrocientos miembros y más de dieciséis mil «expertos» de ciento sesenta países, según presumen en su página web. La palabra «experto» es otro dogma de esta nueva fe, pues permite mezclar biólogos de verdad honrados y biólogos de verdad comprados, naturalistos autodidactas, egologistas ideológicos e incluso, directamente, políticos en activo; porque lo importante es sumar firmas para cuando les pasen a los periodistas el resumen de seis folios del estudio de mil a sabiendas de que este segundo ni lo van a mirar, aparezca una cifra lo más alta posible con el fin de que lo que a usted le llegue sea una frase tipo «16 000 expertos dicen que…». ¿Quién se va a poner a mirar uno a uno quiénes son? A lo sumo miran los tres primeros, por eso las listas están encabezadas por nombres rimbombantes.

Así se genera la «ciencia» hoy en día, sin duda la deberíamos llamar cienciología, si ese nombre no estuviera ya cogido por otra secta. De este modo, la cadena de favores del código de silencio que te hace prosperar va desde el científico hasta nuestros hijos en el colegio, a los cuales el profe, convencido de que hace un gran bien y de que además esta retórica gusta a sus jefes, les pondrá los vídeos de morsas voladoras dejándolos traumatizados de por vida, a tal punto que cuando llegue el niño a casa puede que lo llame a usted «asesino de morsas» por tener un vehículo con motor diésel aparcado enfrente.

Pero como, al fin y al cabo, las morsas no van a ganar nunca un premio de belleza animal, para sugestionar al público es mucho más operativo un bello oso polar (Ursus maritimus). La doctora Susan Crockford, zoóloga de 40 años, a la sazón la mayor experta mundial en osos polares, que trabaja en la Universidad de Victoria en la Columbia Británica, no pudo más con que los utilizaran para difundir falsedades y fue valiente sacando a relucir lo que la biología de verdad dice al respecto. La población de osos polares se ha incrementado en 5700 ejemplares desde el año 2001, hasta la UICN admite que subió hasta 31 000 en 2015.

Pero no solo a las morsas y los osos blancos les va bien, sino que el número de ballenas jorobadas se ha multiplicado por ocho en todo el mundo, el número de lobos marinos en Georgia del Sur ha alejado a la especie del riesgo de extinción hasta llegar a más de cuatro millones de ejemplares, ya vimos que en cabo Cross pasa lo mismo; los elefantes marinos y los pingüinos rey también prosperan, y esto solo si hablamos de animales ligados a los polos. ¿Por qué han ocurrido estas buenísimas noticias con las que se debería subir el ánimo de los niños en las escuelas y el de los adultos en el sofá? Simplemente porque hemos dejado de matarlos por comida, por modas y por extrañas costumbres rituales, pero sobre todo porque los hemos dejado tranquilos. A los ecologistas no les gusta que sepamos que, para que las poblaciones de animales salvajes se recuperen, lo único que hay que hacer es... nada; prefieren que pensemos que gracias a ellos y a las cantidades ingentes de dinero que les dona la gente bienintencionada muerta de pena y remordimiento al ver las imágenes de sir David, esos pobres animalitos tendrán una oportunidad. Pero nunca es suficiente, siempre necesitan más fondos, siempre todo es más grave y alarmante. Lo cierto es que la población más próspera del planeta que no para de crecer y reproducirse son ellos mismos; cada oso polar mantiene a siete ecologistas subidos encima de su gran capacidad de inspirar ternura como animal bonito.

En el caso del oso polar, esa búsqueda de hembras por parte de los machos exploradores que se deciden a conquistar nuevos territorios por la superpoblación de aquellos en los que nacieron los ha llevado incluso a entrar en los territorios de los osos pardos (Ursus arctos) y a emparejarse con hembras de esta especie emparentada, lo que da lugar a un híbrido como los que he mencionado antes, el llamado grolar bear, una mezcla de las palabras grizzly y polar en inglés. Así es como pueden nacer nuevas especies, quizá como ocurrió con los neandertales y nosotros, por hibridación. Darwin estaba equivocado en muchas cosas: la fuerza creativa de la biodiversidad nunca estuvo en manos de los ejemplares más fuertes ni de los más aptos, sino de los que fueron capaces de lanzarse a buscar novias a cientos, incluso miles de kilómetros. Mientras escribo esto, se han hallado en España evidencias de la aparición de chacales dorados (Canis aureus), una especie propia de Asia. Los exploradores suelen ser machos, aunque no siempre, y cuando los machos no encuentran lo que buscan van bajando el listón hasta ser capaces de aparearse con otra especie. Lo que les ha pasado a los osos polares con los grizzly les puede pasar a los chacales con los lobos o incluso con los zorros, lo veremos.

Los mamíferos del mismo género, y a veces de la misma familia zoológica, como vimos antes, tienen afinidades reproductivas, que en el caso de machos desesperados pueden dar lugar a hibridaciones, o al menos a cópulas; suelen ser entre cánidos, félidos, primates...

En el libro de Randy Thornhill y Craig Palmer titulado A Natural History of Rape («Historia natural de las violaciones»), se narra un caso espeluznante. Una empleada cocinera que trabajaba en el centro de investigación de la doctora Biruté Galdikas, famosa primatóloga canadiense que investiga orangutanes (Pongo pygmaeus) en Borneo (Indonesia), tuvo un encuentro con un orangután. Era un macho, y parece ser que la violó. El caso es tan escabroso que se corrió un tupido velo sobre su veracidad, pero en los bosques de Indonesia existe la creencia de que las «personas de la selva», que es el significado de orang-hutan en idioma malayo, a veces consuman comportamientos así.

Muy cerca de mi casa, en la campiña entre Madrid y Guadalajara, se encuentra el Centro de Rescate de Primates Rainfer, fundado en 1995 por el brillante biólogo investigador Guillermo Bustelo, que acoge unos ciento treinta animales de veinte especies diferentes, incautados en las aduanas o rescatados de ser mascotas de desaprensivos, para espectáculos o publicidad. Allí conocí a Jane Goodall, así como a otros insignes primatólogos como el recientemente fallecido Dr. Frans de Waal o el Dr. Josep Call. Las tertulias con cerveza en casa de Guillermo después de los cursos que organizaba eran míticas: primates muy inteligentes interaccionando sin afán reproductivo alguno.

«Ten cuidado, Fernando, no le gustan nada los hombres», me dijo Guillermo Bustelo la primera vez que me enseñó sus instalaciones. Nos disponíamos a acercarnos al recinto de Boris. En efecto, una descomunal bola de rastas pelirrojas enfurecidas me recibió con cara de pocos amigos y gestos hostiles. Era un orangután macho adulto nacido en cautividad en Rhenen (Holanda) en 1981, de unos padres que fueron capturados en Borneo. El caso es que Boris estaba en edad de merecer, el pobre no conocía hembra, ni siquiera a su propia madre, que murió en el parto; lo cual le estaba produciendo una enorme picazón en su orgullo de macho solitario, por decirlo metafóricamente. Un animal tan inteligente sin referencias del sexo opuesto, sin embargo, tenía muy clara una cosa: esos dos tíos con barba no le atraían nada. Que actuara así conmigo tenía sentido, al fin y al cabo yo era un desconocido, pero

Guillermo lo había cuidado y curado muchas veces desde que llegó en el año 2008, y sin embargo tampoco lo tragaba.

Entonces me dijo: «Verás ahora», y llamó a su joven y bella hija Marta, que andaba por los alrededores dando de comer al monerío. Ya antes de que Marta se asomara por su campo visual, Boris cambió de actitud radicalmente, estiró los morros y empezó a emitir una especia de «¡uuuuuuuuuh!» agudo mientras, literalmente, se contoneaba con gestos de evidente alegría; más que alegría, he visto a muchos adolescentes hacer lo mismo cuando están cerca de una chica que les gusta: «¡Uuuuuuuuuh!».

Era evidente que Boris captaba a la perfección que Marta era una hembra y Guillermo y yo dos primates deleznables, a pesar de ser los tres de diferente especie que él. Solo sentí esa desolación cuando vi en las islas Galápagos a Jorge El Solitario, otro macho que necesitaba un Tinder, pero esta vez de tortugas. Para mitigar la soledad de Boris, y mientras no encontraban en Rainfer una amiga para él, pero esta vez de su especie, le habían instalado una televisión donde le ponían documentales de naturaleza que miraba con devoción. Ignoro si su hostilidad hacia mí se debía, en realidad, a que había visto alguno mío y no le había gustado el guion.

En 1996 ocurrió un caso similar cuando la actriz Julia Roberts se encontraba rodando la película documental In the Wild y notó perfectamente cómo un orangután se excitaba en su presencia, hasta tal punto que los miembros del equipo tuvieron que aplicarse en separarlos. Claramente, los orangutanes detectan las señales olfativas de una hembra humana que está ovulando como si fuera una de su especie, y eso puede conducir a que se comporten de la misma forma que lo harían con sus congéneres.

El universo de lo olfativo entre nosotros, los mamíferos, merece un libro aparte. Nunca olvidaré cuando un zoólogo en la Amazonía de Colombia nos dijo confidencialmente a mi equipo de rodaje y a mí un truco infalible para atraer a los jaguares machos hacia un lugar para filmarlos: poner unas gotas de una determinada fragancia de Calvin Klein. Nunca lo comprobé, pero, si acaso viaja usted por aquellos lares, mejor cambie de marca, no sea que semejante bicharraco se enamore de usted sin remedio.

Al parecer, esta atracción inquietante entre especies también funciona en sentido contrario, y de ello sí que hay evidencias constatadas. La veterinaria española Karmele Llano lleva más de veinte años trabajando en Borneo con orangutanes. En este caso, sus poblaciones sí que están sufriendo unas mermas muy rápidas, pero, al igual que los gorilas de montaña del centro de África, no es a causa de la caza, sino otra vez de los cultivos vegetales, esta vez de palma aceitera, que se comen cada vez más porción de los bosques primigenios que necesitan estos primates para vivir. Más del sesenta por ciento de los orangutanes han desaparecido en los últimos setenta años.

Llano fue una de las encargadas de la rehabilitación de Pony cuando fue rescatada por más de treinta soldados del Ejército indonesio del burdel en el que estaba atada a una cama. Pony es una hembra de orangután de siete años a la que obligaban a ejercer la prostitución. La encontraron depilada, con los labios pintados de rojo y llena de joyas. Fue en el año 2004, hicieron falta tantos militares porque en la aldea de Kereng Pangi se negaban a entregarla, su dueña decía que era su medio de subsistencia y el pueblo entero la defendía con machetes.

Finalmente la llevaron a uno de esos llamados «santuarios» —ojo con el nombre— donde sufrió un largo proceso de readaptación. «No conocía los árboles, se quedaba en el suelo, ella se creía humana», relata Karmele a un periodista de El Mundo en un reportaje. Con diecisiete años fue finalmente liberada en una isla con otros siete orangutanes, ya había aprendido a dormir sin una manta, así como a hacerse un nido como los orangutanes salvajes. Además, se convirtió en la hembra dominante.

Pony tiene hoy veintiocho años y está completamente recuperada. Karmele Llanos sigue trabajando en Nyaru Meteng, con su propia organización de rescate de orangutanes; si el dinero que se pierde en chiringuitos de postureo animalista de Madrid, París o Nueva York llegara íntegro a los conservacionistas valiosos como ella que trabajan de verdad, en el campo, para ayudar a los animales, la naturaleza estaría en un estado óptimo, probablemente. Centenares de ONG pequeñas como la suya trabajan por el mundo, casi siempre con escasez de medios, porque la manguera de las ayudas tiene tantos agujeros por el camino que el agua no llega apenas al final, donde están los que hacen algo. El dinero que financia a dinosaurios propagandistas como la UICN debería llegarles a las Karmeles del planeta.

9

EL MONJE LOBO

La naturaleza es el lugar donde podemos encontrar la paz interior y la sabiduría; es un regalo que debemos compartir con todos los seres vivos de la Tierra; es el hogar de la esperanza, donde está la fuerza para seguir adelante; es el libro de la vida, donde se hallan las respuestas a nuestras preguntas, nos enseña que todos somos parte de un todo, y que debemos cuidar de ese todo. La naturaleza es el lenguaje de Dios, donde podemos escuchar Su voz y Su amor.

San Francisco de Asís

El ya citado profesor doctor Luis de Rivera, en su magnífica obra Autogenics 3.0, describe a la perfección la inesperada relación entre la ciencia y la creencia, que consideramos casi incompatibles, opuestas, antagónicas, pero que, sin embargo, bailan juntas en nuestros cerebros de forma constante, y cada vez más, pues el hombre actual apenas tiene tiempo de conocerse a sí mismo, como para ponerse a investigarlo todo. No tenemos tiempo, la vida de ciudad está diseñada para evitar la reflexión; por tanto, solo nos resta creer, confiar en lo que nos dicen los medios de comunicación, sobre todo cuando invocan la expresión sagrada consenso científico. Simplemente, no nos da la vida para comprobarlo todo, por eso delegamos, sin darnos cuenta de que nos van llevando por caminos que no hemos decidido nosotros. Rivera dice que creer es sostener una idea cuya certeza nos parece indiscutible, y que de forma habitual utilizamos la creencia en nuestras vidas cotidianas, a pesar de que es un concepto que lo woke desacredita porque lo asocia a las grandes religiones, mitos y leyendas. Sin embargo, creemos sin parar desde que nos levantamos.

Aparte de estas creencias cotidianas, como que el autobús nos dejará donde siempre, que el conductor tiene carnet de conducir, que la empresa en la que trabajamos nos pagará, que si hay alguna amenaza terrible el Gobierno nos avisará o que lo que nos diga el médico es cierto, existe la creencia en la ciencia. Y aquí es donde pinchamos en hueso, porque los mismos que nos dicen que «creencia» y «ciencia» son opuestas nos conminan a renglón seguido a creer en ella sin dudar, porque en el universo de la Nueva Religión la duda ofende y el que pregunta es negacionista.

Damos por hecho que esa creencia se corresponde con una verdad científica, pero en realidad no lo comprobamos, es más, ni siquiera nos dejan hacerlo, pues todos los que lo cuestionen serán apartados de nuestra vista, para que nos cueste encontrarlos; y, si lo conseguimos, leeremos antes alarmantes avisos con la expresión desinformación. Recuerde que no tenemos tiempo («no me da la vida», se dice a menudo) y, por tanto, el camino corto es creer. «El procedimiento psicológico por el cual llegamos a esta creencia en la ciencia no es distinto del que nos llevó en otro tiempo a creer en los duendecillos del bosque», afirma Rivera.

Manejando con soltura las cuatro palabras mágicas (ciencia, consenso, evidencia y negacionista), puede un ciudadano cualquiera resolver todos los misterios del mundo con cero horas de estudio sobre ninguno de ellos; lo cual, además, lo hace sentirse integrado en el grupo, buena persona, culto, posmoderno y con superioridad moral. Es la comida basura del alma: rápida, saciante en el corto plazo y disponible.

Creemos en una cosa porque alguien en quien confiamos afirma que es verdad, este fue el éxito de las primeras dosis en 2020, porque absolutamente todo el mundo tuvo a un médico de cabecera, un hermano, un hijo, un progenitor, un primo o un amigo sanitario a quien preguntó, y de quien recibió una respuesta que era pura creencia, nunca ciencia. En realidad, la mayoría no tenía ni idea de lo que había dentro de esos botecitos, pero creían firmemente que eran buenos… y resultó que no lo eran.

El tercer procedimiento que Rivera nos describe para llegar a la creencia es nuestra irresistible tendencia a creer lo que todo el mundo cree. Compartir un dogma produce una placentera sensación de pertenencia, oxitocina en vena; en redes se tiende a escribir siempre la frase «completamente de acuerdo» cuando alguien nos da el placer de decirnos lo que ya sabíamos. Sin embargo, que nos cuenten algo que no habíamos pensado nos produce inquietud, por eso se llaman «verdades incómodas». Una información que nos hace sentir que nos engañaron, por lo que la rechazamos visceralmente, como se hace con las creencias. Es exactamente lo contrario que le produce a un científico, quien se alegra de que lo saquen de un error, y la frase correcta sale de su mente: «Gracias por enseñarme eso, estaba equivocado, ahora lo sé».

En mi caso, después de cuatro años tras la plandemia durante los cuales la práctica totalidad de mis amigos, familiares y conocidos me volvieron la espalda, cuando ahora se acercan con las orejas gachas tras descubrir que yo tenía razón y ellos solo creyeron, los saludo con una sonrisa cordial diciendo: «Hace mucho orgullo que no nos vemos».

Y es que, cuanto más incomprensible es una creencia, cuanto menos justificable, más fuerte es el odio a los no creyentes. Por eso nadie quiere ser cancelado y excluido de su comunidad. Incluso cuando en su fuero interno ya se haya dado cuenta de su error, no dirá nada, dejará que otros vayan delante por si acaso. Y, cuando vea que el suficiente número de personas confiables ya se atreven a decirlo, se unirá a ellos, asegurando, además, que siempre lo supo. «Algo no me cuadraba desde el principio», me dicen presumiendo. Mi cara es un poema porque me consta que estuvieron años totalmente convencidos y colaboraron a cancelarme. No se moverán hasta que vean que hay más gente al otro lado que en este; y cuando lo hacen, cuando cambian de bando, como ya ha ocurrido hace poco en el mundo, uno sabe que ha ganado.

Mi frase favorita de Rivera es: «Creer en la ciencia es una forma de negar su esencia». Nada más cierto, la esencia de la ciencia es la llamada duda metódica, lo opuesto. No hay diferencia alguna entre creer en la ciencia y creer en la religión, con la salvedad de que la religión, al menos, reconoce desde el principio que se basa en la fe, mientras que el cientifismo nos engaña ocultando que no se diferencia en absoluto. Muchas personas no soportan la duda, las incomoda. Sin embargo, otras la buscamos con avidez para resolverla. Luis de Rivera escribió este libro en 2017, mucho antes de lo que pasaría más tarde; cuando almuerzo con él sufro mucho porque está feo tomar apuntes mientras se come. El día que lo conocí en persona, su obra ya me fascinaba desde hacía años. Me dijo: «Yo no soy negacionista», y yo respondí: «Sí lo eres, solo que todavía no lo sabes».

Se define cientifismo como la ciencia aplicada en exceso. Ernesto Sabato Rojas, físico, matemático y escritor argentino fallecido en 2011, dijo que la superstición de la ciencia es la más contradictoria de las supersticiones: «Es la superstición de que no se debe ser supersticioso. [...] La ciencia se ha convertido en una nueva magia y el hombre de la calle cree tanto más en ella cuanto menos la va comprendiendo» (Hombres y engranajes, 1951).

El biólogo celular estadounidense Dr. Bruce Harold Lipton va más allá cuando afirma en su libro Biología de la creencia que el conocimiento no es más que una ficción que ha tenido éxito. Uno de los grandes problemas que tenemos los humanos es que estamos convencidos de que nuestras vidas funcionan con las motivaciones, aspiraciones y deseos creados por nuestra sobrevalorada mente consciente; pero la neurociencia ha demostrado que esa llamada mente consciente está al mando nada más que un cinco por ciento del tiempo, mientras la mente subconsciente domina un noventa y cinco por ciento de nuestros actos (Szegedy-Maszak, 2005). Esto nos enseña la inquietante realidad de que nos creemos muy listos —y, con la edad, cada vez más—, pero lo cierto es que las imágenes que vemos y las palabras que escuchamos o leemos nos entran por ósmosis, induciéndonos a creer sin analizar. Los profetas de la Nueva Religión saben muy bien esto, y así nos manipulan. Veamos un ejemplo que me perturba desde hace tiempo, y espero que se entienda que hablo de manipulación del lenguaje y de percepciones erróneas dirigidas.

Cuando aparece en las noticias un deleznable caso de pederastia en el que los culpables pertenecen a dos colectivos concretos, se destaca uno culpabilizándolo, mientras se oculta el otro de forma sistemática, según una pauta ideológica interesada de la que no nos damos cuenta, pero que determina nuestras decisiones emocionales posteriores hasta el punto de poder hacernos, incluso, cambiar de religión.

En nuestro caso imaginario, si el pederasta protagonista es un sacerdote católico, inmediatamente se subraya esta condición, tratando de salpicar, generalizando, a todos, aunque los datos digan que los religiosos condenados por casos similares no llegan ni de lejos al uno por ciento de ese colectivo. Sin embargo, absolutamente nadie lo asocia al otro colectivo al que pertenece el delincuente pervertido, es más, ni siquiera se piensa; nadie cae en la cuenta de que, además de sacerdote católico, ese individuo es homosexual.

Pare aquí y lea dos veces. No hay el mínimo juicio en mi texto (salvo por un delito reconocido) hacia ninguno de los dos grupos humanos, solo describo una situación paradójica sobre la que reflexionar. El individuo es ambas cosas y, de hecho, aplicando las estadísticas fríamente, el cien por cien de los pederastas que agreden a menores de su mismo sexo son también homosexuales, es un hecho intrínseco, pues de otro modo atacarían a niñas. En cambio, mucho menos del 0,0001 % de todos los pederastas del mundo son curas católicos. Entonces, ¿cómo consiguen los medios que la población en masa asocie tan repugnante perversión a unos y no a otros? Este es el sesgo del que venimos hablando todo el libro, la asociación de ideas inducidas por imágenes y palabras repetidas una y otra vez que acaban decidiendo por nosotros. ¿Tienen la culpa los homosexuales y lesbianas del mundo de lo que haga una parte pequeña de ellos? Por supuesto que no, de la misma forma que no la tienen los sacerdotes católicos, ni los cristianos, ni la religión católica en su conjunto. Sin embargo, la realidad es que nunca en mi vida he leído ni oído a nadie esta reflexión tan contundente, indiscutible y científicamente impecable. El motivo es que hay un tabú propagado por la Nueva Religión profundamente implantado incluso en la mente de los católicos, cuánto más en sus odiadores, en los cristianófobos (una intolerancia tolerada), en los agnósticos, los ateos y los creyentes en otros credos. Al final, incluso sabiendo esto, no podemos evitar que nos vengan a la mente pensamientos injustos cuando vemos a un cura hacer una inocente caricia a un niño, pues nos han contaminado la mente, la tenemos sucia por inducción televisiva, y ha sido conseguido deliberadamente a base de ingeniería de control mental basada en ciencia del comportamiento y sociobiología.

Si fuéramos capaces de hacer un análisis frío de datos antes de actuar por emociones (unos lo tapan y otros lo generalizan), detectaríamos este sesgo de extender a un grupo humano lo malo que hacen unos pocos de sus integrantes. Nadie habla de los pederastas que son maestros de escuela, o monitores de campamentos, o profesores de deportes, o pediatras, o fontaneros, o arquitectos, o abogados; ni siquiera existen esos datos, a nadie le importan. Nadie acusa a estos gremios ni los mira con sospecha, pero a los pobres sacerdotes católicos sí. La industria del cine ha producido decenas de películas y series de televisión donde se ven escenas insoportables protagonizadas por actores repulsivos de cuyo cuello cuelga una cruz, jamás una estrella de David, y mucho menos una media luna o una mano de Fátima. Esta es una realidad creada, y hemos de preguntarnos por qué.

Si generalizar fuera bueno —que no lo es, salvo para entendernos—, deberíamos hacerlo con aquella opción a la que apuntan los datos. Pero he aquí lo que quiero analizar: en este ejemplo vemos que hay otro factor, que es que a las personas que en su justo ejercicio de la libertad religiosa no les gustan los curas, ni los católicos, ni los cristianos, ni el mismo Dios, aprovechan para generalizar de forma injusta a todos los religiosos, a cuya inmensa mayoría jamás se les ocurriría semejante barbaridad. Pero a nadie, nunca a nadie, y es la primera vez que yo lo publico, se le ocurrió acusar a los homosexuales de ser todos pederastas, lo cual sería una solemne barbaridad tan injusta como la otra.

Lo que me interesa no es este ejemplo, que hay mil, sino el hecho de contexto: ¿discutimos en el fondo para difundir ideas previas que ya teníamos? En el ejemplo que he planteado, los homosexuales son un colectivo favorecido por la ideología woke —por razones que explicaré más tarde— y, por tanto, los obviamos y los sacamos de la ecuación. En cambio, los curas son odiados y los metemos en el fango porque nos caen mal. Eso dista mucho de ser un análisis honesto, estamos introduciendo prejuicios en nuestros juicios.

Resulta que los gestores de la Nueva Religión disponen entre sus empleados de los mejores ingenieros sociales del mundo, psicólogos, psiquiatras, sociólogos, sociobiólogos, filósofos… ¡y todo esto lo conocen y lo manejan a través de los medios de comunicación que también son suyos!

Por tanto, estimulan a la población a sentir emociones inducidas que creen que son suyas, pero que no lo son en realidad. El resultado se resume en una frase que el ciudadano dice a menudo, y que acepta sin darse cuenta de la profunda injusticia que contiene. La frase es la siguiente: «Ese no me gusta porque no me cae bien». Cuando alguien no te cae bien, nada de lo que haga te va a convencer. Si canta, no te gustará su música; si escribe, no te gustarán sus libros; si dirige, no te gustarán sus decisiones, da igual que sean justas, geniales y convenientes… ¡El sentimiento te impide analizar con objetividad lo que haga, te cae mal y punto!

¿Ve por dónde voy? ¿Es usted capaz de descubrir dentro de sí inducciones que no detectó antes, cookies ideológicas que le instalaron sin su permiso? Por ejemplo, ¿a que Donald Trump le cae mal?, ¿cuántos libros sobre su gestión leyó?, ¿le ha visto reír en alguna imagen? Entonces, ¿por qué lo tiene usted tan claro?, ¿de dónde procede esa seguridad que siente profundamente? Se lo digo yo: entró por ósmosis, por permeabilidad, por capilaridad televisiva y radiofónica, porque «todo el mundo lo sabe». Y cuidado, lo que me interesa reflexionar no es el personaje citado, sino el origen de las decisiones que usted cree fundamentadas sin serlo. Me rebelo contra que me hagan sentir cosas que generen supuestas decisiones de mi propia soberanía personal que en realidad me vienen de fuera, incluso si son acertadas. Quiero decidir yo.

En el fondo, de lo que se trata es de que no entendemos bien qué son los grupos humanos, cualquiera de ellos, desde gremios hasta ideologías, partidos, colectivos de todo tipo o simplemente conceptos de clasificación que solemos emplear. Me refiero a cuando decimos «los socialistas», o «los católicos», o «los policías»… Se da un patrón claro, que es confundir la totalidad de las personas que componen el colectivo, sus valores y objetivos, con algunas de ellas o con sus dirigentes visibles. Por todos es sabido que desde hace muchos años el Nuevo Orden Mundial (NOM) está llevando a cabo un proceso de sustitución en todas las instituciones públicas y privadas importantes, colocando a la cabeza de todas ellas a individuos bajo su control. De este modo se produce una fractura descomunal entre los que dirigen las cosas y las personas de base que están dentro porque creen en ellas.

La misma suplantación se ha dado en los mandos de los Ejércitos, las Armadas, la Guardia Civil y las Policías, la Iglesia católica, los colegios profesionales, las asociaciones de jueces, etcétera; lo mismo en las grandes empresas, en las ONG y en las instituciones y ministerios de cada país, de Bruselas o de Washington. Ha sido un proceso largo, de años, en el que ha habido incluso asesinatos de quienes no accedieron. Llegados a este punto en el cual nos encontramos, el pueblo se enfrasca en discusiones acaloradas por lo que considero un error de conceptos. Es imprescindible acordar una definición exacta de lo que se va a discutir antes de hacerlo, porque la mayoría de las veces los dos bandos hablan de cosas distintas, o de lo mismo con diferentes nombres, hay una confusión retórica que impide llegar a acuerdos que funciona igual en una discusión de bar que en las Naciones Unidas. De modo que unos simpatizamos con algunas de estas opciones y otros no, eso es sano en principio.

El problema surge cuando nos enteramos de algo malo que ha hecho alguien individual de una de estas instituciones o ideologías, entonces tomamos uno de estos dos caminos: los partidarios lo justifican como un error puntual que no representa al colectivo, pero los contrarios se empeñan en generalizar diciendo con vehemencia que todos son iguales. De inmediato, esos «iguales» se sienten agredidos, cierran filas y reaccionan en bloque generalizando de vuelta contra todos los de la opción contraria. Así se van calentando las posturas hasta llegar a altos niveles de ofensa en ambos lados que ya no permiten análisis alguno del suceso que desató la guerra de opiniones. Nadie vuelve atrás, es un intercambio de descalificaciones emocionales convencidas.

Esta escalada impide resolver nada con un mínimo de objetividad, todo el mundo está ofendido —recuerde que esta es una premisa woke, estar ofendido a todas horas—. Los contrarios aprovechan para tratar de demoler, mientras los partidarios son incapaces de decir que estuvo mal, haciendo autocrítica. ¿Quién tiene razón? Creo que ninguno.

Llama la atención lo poco que aprendemos los humanos sobre nuestros propios errores. La última generación siempre se cree más lista que las anteriores, desprecia la experiencia de sus mayores y acaba por incurrir en los mismos fallos. Un síndrome de Casandra permanente porque, cuando estos jóvenes prepotentes averigüen la verdad, ya habrán nacido otros que los ignoren como ellos hicieron con sus padres. En el mito griego, Casandra poseía el don de saber lo que iba a ocurrir, pero Apolo la condenó a que nadie la creyera, por considerarlo la mayor de las torturas.

Los vendedores de paquetes ideológicos prêt-à-porter han metido al lobo en su oferta junto al Che Guevara, Frida Kahlo, la Pachamama y el andar descalzos por la selva cogiendo niguas. Me parece que les voy a dar un disgusto cuando les cuente que el inventor de su modernísima Nueva Religión laica animalista fue un monje cristiano y santo católico allá por la Edad Media.

En su enciclopédica incultura, los modernos woke de neurona fácil adoptan formas superficiales de supuestas ideas profundas que no saben de dónde salen. En esa onda, lo último que asocian a su adorado lobo/peludito/perrete es a un cura católico. Sin embargo, así fue. Un tal Francisco de Asís, italiano medieval y a la sazón santo fundador de la Orden de los Franciscanos, fue el brillante autor de la expresión «hermano lobo» que cualquier animalista atribuiría a algún moderno gurú de la New Age. No solo esa, sino que, anticipándose siglos a la muerte del famoso león Cecil, emblema anticaza, utilizó también la de «hermano león».

San Francisco de Asís fue el loboflauta fundador. En plena era de los prejuicios antianimales, va y llama hermanos a todos los seres vivos, incluso al agua. Se va en busca del lobo devorador de hombres de Gubbio, en Italia, y se lo trae a la ciudad convenciendo a los parroquianos de que lo alimenten para que no mate más ovejas, que el animalito tiene hambre, y que es mazo majete. ¡Todo esto hace seis siglos!

«¡Ven aquí, hermano lobo! Yo te mando, de parte de Cristo, que no hagas daño, ni a mí ni a nadie», le dijo Francisco de Asís al lobo de Gubbio.

Quizá ahora alguien me pregunte: «Pero ¿el lobo no representaba al diablo en el cristianismo, don Fernando?».

Y yo tendría que responderle: «No, amigo. El diablo no era el lobo zoológico, sino el hombre-lobo, es decir, el humano que se creía un cánido colmilludo».

¿Les suena? Va a ser que no ha cambiado mucho la cosa.

Giovanni di Pietro Bernardone, nacido en la ciudad italiana de Asís en el año 1182, en el seno de una familia acomodada de comerciantes, no era pobre; pero el siglo XII, del que ya hablé antes, gozaba del estupendo calentamiento global llamado Óptimo Medieval que hizo de Europa un vergel de cosechas, bosques y clima agradable en el cual la gente mejoró considerablemente su vida —tanto que el lujo en algunas ciudades empezaba a ser ostentoso; así de terrible es un cambio climático siempre que sea a más temperatura, y no a menos, como el que viene en 2030—.

Dicen las crónicas que era un muchacho alegre y dado a las fiestas, que gastaba sin remordimientos el dinero de su padre y al que le gustaban mucho los cantares. Después escribió sobre esa época suya diciendo que vivía «como si Dios no existiese».

Con unos dieciséis años, le tocó marchar a luchar contra los germanos al tacón de la península itálica llamado La Pulla, pero al parecer tuvo una visión y se volvió a Asís a vivir en una pobreza elegida; se entregó a cuidar a leprosos, a reconstruir capillas y a enfadar mucho a su padre, que no estaba nada contento con que su heredero le hubiera salido hippie —entonces no se usaba esta palabra, aunque el concepto era el mismo—. Ayudaba en monasterios, casas, granjas y hospitales mientras vivía de lo que pedía, porque ese fue el camino que eligió, y pronto tenía ya once apóstoles. Todos lo llamaban El Pobrecillo. Se le ocurrió la idea de mandarlos a predicar de dos en dos. Todo esto, que ahora nos suena tan familiar, entonces no lo había hecho nada más que Jesús de Nazaret doce siglos antes. Como emprendedor que era, se presentó ante el papa Inocencio III y le pidió permiso —«regla» se llamaba— para crear su propia orden de frailes. Con 33 años, Giovanni ya tenía muchos frailes incluso fuera de Italia, en España y Francia. En 1219 se decidió embarcarse hacia Egipto, encontrándose en el Delta del Nilo con un enorme campamento de caballeros cruzados a los que advirtió de que no se les ocurriera atacar a los musulmanes cuando lo tenían planeado porque Dios le había dicho que no lo hicieran. Se rieron de él, la batalla fue una gran derrota como había pronosticado, por lo que se ganó un gran respeto, consiguiendo incluso que algunos cruzados se unieran a él en eso que ya se llamaba «frailes menores». A Giovanni, ya convertido en Francesco, no había dificultad que lo desanimara, de modo que decidió ni más ni menos que tratar de convertir al cristianismo a los musulmanes. Intente usted hacer eso ahora, así de mala malísima era la Edad Media. Se personó ante Al-Malik, el sultán de Egipto y Siria, al que estuvo rondando durante meses, junto con sus ministros, con historias increíbles, hasta tal punto que, a pesar de no conseguir su conversión, le hizo mucha gracia al sultán este hombre tan atrevido, y lo despachó con sus bendiciones tras regalarle un colmillo de elefante tallado que le iba a servir como salvoconducto para atravesar los territorios en su poder sin peligro alguno. En lugar de volverse, se dirigió a Siria y Tierra Santa; le recuerdo que Francisco y sus discípulos iban sin dinero ni posesiones, parece que inventaron el Interraíl y los viajes de mochileros, además del animalismo. Que los jóvenes progresistas de este mundo veneren al Che Guevara —que era un asesino— en lugar de a Francisco de Asís demuestra su poca base. Unos años después creó otra orden donde también había mujeres, las clarisas, con su amiga Clara de Asís (después santa también), que fue la primera fundadora de una orden femenina. Después inventó los nacimientos, los que hoy ponemos en nuestras casas en Navidad, y además dejó una cantidad de obras escritas y doctrina que llenan cientos de libros y más de cuatro mil estudios, pero que, obviamente no nos caben aquí, porque lo que me propongo es dar unas pinceladas del fundador real de los perroflautas del mundo, al cual ellos no conocen porque les han dicho que el cristianismo es contrario a la naturaleza, los animales y la libertad. Poco antes de su muerte, por si a alguien le quedara alguna duda, escribió su obra llamada Cántico de las criaturas, también conocido como Cántico del hermano sol —los incas hubieran estado orgullosos, de haberlo sabido—, que es un hermoso texto de exaltación de la naturaleza, los animales e incluso los astros, en el cual le agradece a Dios Creador por todos los seres vivos, mencionando explícitamente también a los diferentes elementos: el hermano fuego, la hermana agua, la madre tierra… ¡Como se enteren algunos…! Incluso habla de la hermana muerte.

No me sustraigo a la tentación de añadir algunos de sus versos, de una hermosura radiante:

> *Alabado seas, mi Señor, en todas tus criaturas,*
> *especialmente en el señor hermano sol,*
> *por quien nos das el día y nos iluminas.*
> *[…]*
> *Alabado seas, mi Señor, por la hermana luna y las*
> *estrellas,*
> *en el cielo las formaste claras y preciosas y bellas.*
> *Alabado seas, mi Señor, por el hermano viento*
> *y por el aire y la nube y el cielo sereno y todo tiempo,*
> *por el cual a tus criaturas das sustento.*
> *Alabado seas, mi Señor, por la hermana agua,*
> *la cual es muy humilde, preciosa y casta.*
> *Alabado seas, mi Señor, por el hermano fuego,*
> *por el cual iluminas la noche,*
> *y es bello y alegre y vigoroso y fuerte.*
> *Alabado seas, mi Señor, por la hermana nuestra*
> *madre tierra,*

la cual nos sostiene y gobierna
y produce diversos frutos con coloridas flores y hierbas.
[...]
Alabado seas, mi Señor, por nuestra hermana muerte
corporal,
de la cual ningún hombre viviente puede escapar.

El Pobrecillo resultó ser un alma indómita que amaba a los lobos pero entendía perfectamente que eran lobos de Dios, no dioses lobo. Su orden es ni más ni menos que la de los franciscanos. Ningún otro podía estar en la portada de este libro, recreado magistralmente por el artista cordobés Fernando García Herrera.

En la historia del lobo de Gubbio, lo de menos es su veracidad, porque lo realmente fascinante es que en siglo XIII y posteriores se escribiera una historia en la que un santo cristiano trata a un animal que entonces era bastante peligroso como un amigo, no como una alimaña a la que hay que exterminar. Aunque la connotación metafórica es evidente, se rompió la tradición bíblica de los corderos, que en realidad en los sacrificios eran siempre carneros, el macho de la oveja, cambiándola por un tótem asociado desde siempre al inframundo. Si a Félix Rodríguez de la Fuente, mi padre biológico (estudie Biología por él), le costó enormemente limpiar la imagen negativa de los lobos en la España de los años 80 del siglo pasado, nos imaginamos lo que debió de ser para El Pobrecillo hacer lo mismo en plena Edad Media.

El gran poeta nicaragüense Rubén Darío (parafraseando al economista Carlos Rodríguez Braun) escribió hacia el año 1900 un poema maravilloso llamado Los motivos del lobo recordando a san Francisco de Asís:

En el hombre existe
mala levadura.
Cuando nace, viene con pecado. Es triste.
Mas el alma simple de la bestia es pura.

Si no supiera quién lo escribió, lo llamaría woke.

San Francisco de Asís transmitió a la religión cristiana las mitologías de varias culturas. En la Iglesia romana introdujo la asiria, la caldea, la persa de los aqueménidas y los orientes griego y árabe. San Francisco no estaba en la línea imperante en su tiempo que concebía una oposición entre Dios y la creación; identifica a Dios con el mundo, aceptando el universo como una suerte de panteísmo sentimental. El simbolismo animal de san Francisco forjó una mitología propia que ha llegado hasta nosotros, en la cual todos los seres formamos una familia bajo la paternidad de Dios, todos hermanos y hermanas (lo dice así El Pobrecillo). Si le quitamos esa «paternidad de Dios», nos queda una creencia vacía, que es la que impera ahora.

Creó una representación simbólica animal de lo sobrenatural, como escribe Ildefonso Montero Agüera. Todas las historias de san Francisco con los animales son de origen totémico, a tal punto que se llamaba a sí mismo «Fray Asno».

Durante siglos, la Orden de los Franciscanos ha dado grandes científicos en las mejores universidades de Europa, como las de Salamanca, Bolonia, Cambridge, París, Nápoles o Padua. Franciscanos fueron Guillermo de Ockham (1280-1349), el matemático de la navaja homónima; Ramón Llull (1232-1316), astrónomo mallorquín conocido como el Doctor Inspiratus; el economista Luís de Alcalá (1491-1549); Roger Bacon (1214-1292), pionero del método científico; Vincenzo Coronelli (1650-1718), fundador de la primera sociedad geográfica del mundo y creador de los primeros globos terráqueos; Bernardino de Sahagún (1499-1590), pionero de la antropología, escritor de la obra magna Historia general de las cosas de la Nueva España, sin la cual poco se sabría del México prehispánico; Ricardo de Middletown (1249-1308), físico y químico precursor de la ciencia moderna; Luis Galvani (1737-1798), biólogo, fisiólogo y médico descubridor de la naturaleza eléctrica del sistema nervioso (galvanismo); Roberto Grosseteste (1175-1253), matemático, meteorólogo, físico y uno de los primeros en incorporar la matemática a las ciencias naturales, fundador de la escuela experimental de Oxford y también descubridor del método de investigación de reducción al absurdo; o Francisco Jiménez de Cisneros (1436-1517), quien inventó el apellido fijo para todo el mundo. Estos son solo unos pocos de los más de treinta que son insignes, y los cientos que no conocemos. Ahora que sigan diciendo que la Iglesia es enemiga de la ciencia y que la religión es incompatible con ella. Y solo estamos hablando de franciscanos.

Pero la historia del cristianismo con los lobos es larga, basten algunas pinceladas.

San Patricio recorrió toda Irlanda montado sobre un gran lobo; Santiago Apóstol, el patrón de España, se convirtió en un lobo (¿Santiago licántropo?) en las montañas de Ibañeta para proteger a unos peregrinos; san Norberto obligó a un lobo a cuidar a unas ovejas; san Natalis condenó a una familia irlandesa a que uno de sus miembros se convirtiera en lobo cada siete años (de nuevo licantropía);

san Colombano amansó a varios lobos invocando a Dios; san Froilán castigó a uno que se había comido a un burro a cargar con su equipaje; a santa Quiteria la acompañó un lobo amigo en su camino…

Es decir, el simbolismo del lobo positivo abunda en el cristianismo, tan moderno que te lo han ocultado precisamente por eso. No vaya a ser que te caigan bien y la liemos.

Ironías aparte, el pensamiento de san Francisco de Asís y su doctrina de amor a los animales impregnó para siempre el pensamiento occidental. Los amantes de la naturaleza agnósticos deberían simpatizar bastante con el cristianismo, al que consideran de espaldas a los animales.

Hay registros de que Fray Asno intentó sacar adelante un edicto para impedir cazar o causar daño a las «avecillas que cruzan el aire»; y otro pidiendo que se dejasen granos en los caminos para que pudieran comer las hermanas alondras. Recomendó a sus seguidores que proclamaran la costumbre de que a los asnos y los bueyes se les diera mejor comida en Navidad en conmemoración del calor que le dieron al Niño Jesús en la gruta de Belén. Ninguno de los que desconocen esto lo averiguará jamás por las televisiones, ni por ningún medio de comunicación masiva, quedará en libros olvidados o tal vez para el placer de los eruditos. Aquí, al menos, hay uno más que lo cuenta.

Hace algunos años, unos arqueólogos encontraron el cráneo seco de un lobo enterrado en el mismo lugar en el que la tradición señalaba que estaba la tumba del lobo de Gubbio.

El neopaganismo moderno trata de apropiarse de la naturaleza con el fin de difuminar los conceptos del bien y el mal. Que el mal no exista es muy conveniente para los que no tienen la menor intención de ser buenos, por eso hacen todo lo posible por difundir el concepto de opinión. Si todas las opiniones son igual de respetables, además de no hacer ninguna falta ser bueno, tampoco es necesario cultivarse leyendo, estudiando o aprendiendo nada. Estas creencias favorecen la indolencia intelectual y empoderan al inculto.

Todas estas corrientes atávicas que se llaman reconstruccionismo se basan en el regreso a cultos precristianos, aunque yo las llamaría mejor deconstruccionismo, al tender a desactivar toda identidad humana. El ecologismo, el animalismo, el indigenismo y el feminismo encajan perfectamente en los cultos neopaganos, por eso sistemáticamente atacan al cristianismo, su formidable enemigo ancestral. Mucha gente cae en este deconstruccionismo debido al vacío que les ha quedado cuando les han extirpado sus creencias tradicionales mediante los medios audiovisuales, sobre todo.

No podemos olvidar que estos cultos arcaicos totémicos fueron en su mayoría abandonados por los pueblos porque eran muy crueles, favorecían la violencia e instigaban al dominio de los más agresivos. Cuando aquellos pueblos oyeron por primera vez las ideas más revolucionarias jamás escuchadas —que son el perdón, el amor por tus enemigos y la hermandad universal emanada de ser hijos todos del mismo Dios—, abandonaron en masa las creencias animistas previas, como les ocurrió a los normandos vikingos. Por tanto, los neopaganos modernos, creyendo que se encuentran en la culminación del pensamiento trascendental, no son conscientes de que están retrocediendo miles de años hacia creencias superadas por inconsistentes.

Pero son atractivas en las películas, donde la bruja es una hermosa actriz guerrera; el pagano, un modelo de gimnasio;

y el cristiano, un monje gordo, feo y torpe. Los niños son sencillos de manejar a través de los estereotipos visuales, así que no van a querer ser el cura sudoroso, sino el pagano ciclado. Es curioso que «animismo» y «animalismo» sean casi la misma palabra, que proviene de anima, «alma». Pensar que los cirrípedos tienen alma a lo que ayuda es a matar humanos sin remordimiento. Como decía el británico y, sin embargo, brillantísimo escritor Gilbert Keith Chesterton:

> *Donde hay adoración de animales, hay sacrificios humanos.*

Se trata de fusionar la naturaleza y la humanidad, pero de forma interesada, para igualarlas por debajo, no por encima. Detrás de la idea de humanizar a los animales solo hay una intención de animalizar a los humanos. Y todo ello ayudado por la tecnología, lo cual le da una falsa aura de avance, progreso y modernidad a ideas paleolíticas que nuestros antepasados abandonaron hace siglos. Ingeniería genética, nanotecnología, farmacología e ingeniería cognitiva, una convergencia letal para el alma humana, toda ella bajo el manejo de las LAIAS (la IA).

Buscan un híbrido, un nuevo ser humano, por eso hablo en este libro de una idea muy vieja, que es transhumanizar criaturas, incluso en el arte y las tradiciones. Tiene nombre, no es ciencia ficción, desde la década de los 90 del siglo pasado se conoce como CRISP, ensambladores capaces de cortar, eliminar, replicar ADN para modificarlo a través del ARN. Nanoensambladores moleculares desarrollados en el Instituto Tecnológico de Massachussets a partir de las ideas de Eric Drexler. Se trata de crear humanos enjambre conectados a un descomunal cerebro cuántico. Y los proyectos tienen nombre: Neuralink, Neurolife, Biohax, DSruptive, Proyecto Calico...

No hemos aprendido nada, estamos haciendo caso a la serpiente que nos seduce para morder la manzana del Árbol del Conocimiento del Bien y del Mal —no en vano es el emblema de Apple—, queremos ser dioses. Y de cómo acaba esta historia ya nos advirtieron hace mucho en el Génesis de la Biblia.

Estamos en el tiempo del científico espiritual. Los biólogos hemos descubierto hace mucho una enzima con nombre de señora, la telomerasa, que resultó ser la auténtica Fuente de la Eterna Juventud que tanto buscara el explorador Juan Ponce de León en La Florida. Su función es extender los telómeros, que son la puntita de ADN de los cromosomas de la cual depende la longevidad. La telomerasa los rellena, mejorando nuestra salud; pero resulta que las experiencias de nuestra vida, las palabras que oímos y recitamos, la violencia, el estrés y la falta de amor inhiben la actividad de la telomerasa. La mentalidad positiva, la felicidad, el cariño, la gratitud, el perdón, prestar ayuda a otros, tener contacto con nuestros bebés, la monogamia, el contacto con nuestros mayores, el diálogo... aumentan la telomerasa y alargan una vida sana (Blackburn y Epel, 2012; Stetka, 2014). Es decir, la religión bien entendida, en concreto todo lo que dice el cristianismo, ¡activa la telomerasa! Pero estar llorando la muerte de un peludito tras otro no ayuda a esta activación, porque algunos lo viven como enterrar a un hijo cada diez años; ni tampoco la favorece darse cuenta a los cuarenta años de que, tras infinidad de parejas, no quedó ninguna, y ahora con la pérdida de atractivo no queda más remedio que bajar el listón, todo por el convencimiento impuesto de que ¡hay que vivir la vida!, y por no haber leído la Fábula de la hormiga y la cigarra, ni el cuento de Los tres cerditos. Lo confieso: se me nota que me encanta cuando la biología y la creencia convergen, lo cual ocurre siempre que no rechazamos esta idea de antemano. De modo que la frase que deberíamos decir con ahínco cuando alguien nos incomoda debería ser: «¡No me toques la telomerasa!».

Cuando dicen que el físico es importante, deben de referirse a Brian Josephson, británico nacido en 1940 que recibió el Premio Nobel de Física en 1973. En una conferencia en 2004 dijo que las instituciones científicas padecen un «escepticismo patológico», para él una enfermedad que describió como «yo no lo creería ni aunque fuera cierto». Empezó su ponencia diciendo: «Los lectores podrían encontrar perturbadoras algunas de las ideas presentes en esta conferencia; estas ideas pueden entrar en conflicto con varias creencias firmemente arraigadas».

El biólogo molecular estadounidense Bruce Lipton ha estudiado lo que llama el «Efecto de las Creencias», al que Rob Williams denominó el «Efecto Ideológico». El motivo por el cual la mente ha sido extirpada de las facultades de medicina es económico. Si el poder de la mente puede curar enfermedades, ¿para qué íbamos a tener que ir al médico o comprar medicamentos? Sin embargo, se toca de soslayo algo fascinante que no quieren mirar demasiado por si acaso: los efectos placebo y nocebo, que no son otra cosa que el inmenso poder de la creencia sobre nuestros organismos. La cultura popular sigue manejando expresiones como «me pone enfermo escuchar eso», o «me muero de miedo», o «murió de amor»… A la industria farmacéutica le da pesadillas el efecto placebo, cuando hacen ensayos clínicos y se curan igual o incluso más los que no han sido medicados. Placebo significa «grato», y consiste básicamente en que alguien se cure solo por creer que se ha medicado, sin haberlo hecho en realidad. Es decir, que la sola creencia tiene efectos terapéuticos con cero efectos adversos; una ruina, por tanto, para los que venden salud. ¡A ver si ahora la gente se va a curar sola! A los médicos no se les enseña porque tampoco se les ha mantenido una asignatura que para ellos sería esclarecedora: la Historia de la Medicina, que bien podría llamarse Historia del Placebo, hasta el punto de que incluso una cirugía puede ser placebo. Irving Kirsch reveló en 2002 que el ochenta por ciento de los efectos de los antidepresivos descubiertos en los ensayos clínicos podían atribuirse al efecto placebo (Kirsch et al., 2002). Cuanto más se habla de que funcionan, más efectivos son. La creencia cultural en los antidepresivos es contagiosa: si lo toma mi amiga y le va bien, a mí seguro que también. El colmo es cuando se descubrieron los afectos adversos placebo.

El lado oscuro del poder de lo que creemos es el efecto nocebo, la fuerza de los pensamientos negativos que nos hace enfermar. Justo esos que nos inyectan en vena los informativos de radio y televisión sin parar, dándonos la sensación de que todo va fatal, de que hay muchas más catástrofes, asesinatos, violaciones, enfermedad y pobreza, cuando lo que realmente abunda hoy son las cámaras de los móviles. En la televisión de toda la vida, si no había imágenes, no había noticia. La mayoría de los sucesos, que así se llamaban, iban directamente al papel impreso porque los reporteros no podían estar en todas partes. Eso ha cambiado por completo, hoy se desmaya alguien y hay al lado catorce personas grabándolo que además se sienten orgullosísimas si sus imágenes son las elegidas por su cadena favorita para ilustrar la desgracia. Si cada ser humano es un reportero gráfico y cuanto ocurre en el mundo es grabado al instante, la sensación es que pasan muchas más cosas malas que hace años. Pero no es verdad —una vez más, es inducido por la Nueva Religión para hacernos efecto nocebo—. A menudo, las personas de cierta edad viven literalmente pegadas a su televisor durante todo el día, y, si no, tienen la radio encendida, así que las dosis de miedo nocebo que reciben son masivas, tóxicas… Ese fue el éxito de la campaña de publicidad más siniestra de la historia, ocurrida desde 2020 hasta 2023. Literalmente, millones enfermaron y murieron de terror.

Y, mire usted por dónde, esto es exactamente lo que enseñaban Jesús y Buda: que las creencias dominan nuestra vida. Cada vez la ciencia da menos importancia al determinismo genético tan de moda hace veinte años, y ahora la llamada «epigenética» prefiere hablar de que los genes se expresan o no según el ambiente, e incluso se está reinsertando a Lamarck, cancelado a favor de Darwin por decir que los caracteres adquiridos pueden heredarse. La epigenética conductual ha confirmado que las percepciones mentales del mundo que adquirimos son traducidas por las células de nuestro cerebro para crear perfiles químicos concretos que llegan a nuestra sangre y son distribuidos a los setenta millones de células del organismo. Escribió Steve Cole en 2013 que «una célula es una máquina que transforma la experiencia en biología».

Esto ya no son superficiales libros de autoayuda New Age, esto es bioquímica, es oficial: las percepciones positivas de la mente mejoran la salud. La soledad no buscada es tóxica, los abrazos y los besos curan, mirar paisajes infinitos sana, bañarse en el mar te revive, creer en Dios es medicina, la televisión y la radio te intoxican. La buena noticia es que los genes no determinan en absoluto nuestras vidas; como mucho, nos proporcionan ciertas tendencias, pero muy leves, pues somos nosotros los que creamos nuestra realidad a base de nuestras creencias. Por eso la Nueva Religión que llena de ira, tristeza, insatisfacción e indignación perpetuas a los jóvenes es tan tóxica para ellos y para la sociedad, que se queda sin relevo generacional para tirar del carro. Todo este libro se resume en una frase: todo estaba bien pensado desde hace siglos.

Resulta que el éxito no lleva a la felicidad, sino que es al revés. Los medios de comunicación wokizantes no nos permiten olvidar las cosas que nos entristecen, ya no solo nos narran las que acaban de ocurrir, sino que tienen la costumbre perversa de hacer reportajes retrospectivos que empiezan con frases como «hoy hace un año de la tragedia de...» ¡y nos vuelven a poner las mismas imágenes que nos deprimieron para envenenarnos de nuevo! «Se cumplen diez años de la catástrofe de...», «Hoy es el centenario de la matanza de...», «Tal día como hoy se perpetró la masacre de...». ¡Atención a esas palabras! Nos cambian la sangre literalmente. Una vez más, los dichos populares tenían razón: «No te hagas mala sangre». Interesante que todos los últimos descubrimientos científicos nos acerquen cada vez más a los que ya sabían los pueblos clásicos, pero que nos lo contaron a través de mitos y leyendas.

Un ejemplo de incongruencia zoológica que me encanta contar es lo que hacemos con los niños respecto al agua. Todos los Homo sapiens de la Tierra nacemos sabiendo nadar, todos. Sin embargo, la web de la Organización Mundial de la Salud (OMS) dice lo siguiente (las negritas son mías):

Se calcula que cada año mueren ahogadas 236 000 personas.

*Probablemente, las estimaciones mundiales no reflejan en absoluto la magnitud real del **problema de salud pública** que suponen los ahogamientos.*

*El riesgo de ahogamiento es mayor **para los niños,** los varones en general y las personas con **acceso fácil al agua.***

Es decir, que nacemos sabiendo de serie bracear, flotar y respirar en el agua, pero a la vez es un «problema de salud pública». El fascinante proceso es el siguiente: cada vez que un niño se acerca casualmente en su pulular infantil exploratorio al líquido elemento, escucha a sus padres gritar desencajados, gesticular, enseñar mucho el blanco de los ojos y correr como si hubiera trescientos cocodrilos dentro de ella; perplejo, el pobre infante coge un miedo atroz al agua porque su aprendizaje es por imitación y observación de sus progenitores; he visto a madres muy fuera de forma hacerse los cien metros lisos a una velocidad digna de Usain Bolt cuando se trataba de llegar al borde del agua antes que su niño, y tirarse después cayéndoles encima o haciéndolos zozobrar por el oleaje generado, una experiencia sin duda muy traumática para el rescatado. Pocos meses después, cuando el muchacho odia el agua con toda su fuerza hasta tal punto que cuando viene una ola echa a correr y se sale de la playa, aparece un buen día de verano su padre sonriente en plan Bay Watch portando unos manguitos espantosos de Bob Esponja y pretende meterlo allí, en el mismo sitio del que lo sacó hace nada. Creo que ahí se rompe algo para siempre.

No se extrañe, con el sistema inmunitario hacemos lo mismo.

10

EL DOLOR
DE LOS CIELOS ESTRIDENTES

> El orgullo es lo que convierte a
> los ángeles en demonios.
>
> San Agustín

Dentro de todo este espectro de intervenciones en nuestras vidas, que están amparadas por el contexto neorreligioso del Lupus Deus, hay una que levanta pasiones como pocas, porque se refiere a algo que vemos todos los días: los cielos arados, las líneas celestes que convierten la atmósfera en azul estriado. Consciente, como siempre, de que detrás de todo hay una modulación neurolingüística destinada a dividir las opiniones para hacerlas irreconciliables, propongo hacer un pacto nada más iniciar este capítulo. Los partidarios de teorías de la conspiración —no seré yo quien diga esta expresión con el más mínimo desapego— llaman a las extrañas nubes cirrosas que abundan en los cielos de gran parte del mundo chemtrails, que significa «estelas químicas». Mientras, los medios oficialistas, así como la ciencia climática convencional, las denomina contrails, «estelas de condensación». Solamente con emplear desde el principio una palabra o la otra, los lectores de uno u otro lado se sentirán incómodos. Dado que mi intención es avanzar en un análisis riguroso de lo que he conseguido averiguar tras años de leerlo e investigarlo todo al respecto, escuchando, razonando y buscando huecos en ambas retóricas, no me gustaría que nadie se me pase al siguiente capítulo sin haber acabado de leer este, porque creo que las conclusiones a las que he llegado son muy razonables; les sorprenderán a todos, lo cual equivale, quizá, a no contentar a nadie. Por eso he decidido hablar de estelas, para que, después, usted les ponga el apellido que quiera.

Partamos de cero, de la simple observación del cielo, una costumbre preciosa que aconsejo, sobre todo en estos tiempos de tanto forzar las vértebras cervicales hacia abajo. Toda mi vida de filmador de paisajes he estado observando las nubes para grabar mis imágenes en los documentales, porque un cielo blanco no contiene información visual, no es atractivo; por lo tanto, el encuadre de un paisaje con cielos albos sobreexpone el plano por el exceso de luminosidad y obliga al buen camarógrafo a eliminarlo en lo posible bajando el tiro hacia la tierra o el mar que están debajo. Sin embargo, si ese firmamento que queremos filmar sobre nuestro paisaje es azul profundo tachonado de borreguitos blancos y redondos, o bien de dramáticas nubes tormentosas grises a punto de explotar, sí que contiene elementos con mucha información estética deseable, en cuyo caso le daremos más protagonismo subiendo el cuadro hacia arriba. Ya que estamos aquí, le dejaré dicho que dejar el horizonte exactamente en el centro de una fotografía o vídeo se considera una aberración audiovisual de primer orden, jamás un profesional lo dejaría ahí. Pues bien, estas consideraciones nos obligaban a los equipos de rodaje a evaluar constantemente los cielos para elegir el plano perfecto. La otra circunstancia que jamás podríamos incluir en una imagen de paisaje es la estela de un avión, ya que distrae, es artificial. Por eso las evitamos activamente, y fue sencillo durante mucho tiempo, hasta que dejó de serlo.

Por tanto, es una evidencia empírica indiscutible que en estos últimos años, en concreto desde 1986, los cielos de gran parte del mundo están surcados por un número ingente de estelas blancas provocadas por el paso de aeronaves de todo tipo. Unos días, más; otros días, muchas más; y solo a veces, ninguna. Para muchos son simples estelas normales que se forman cuando el vapor de agua que sale de los motores a reacción a gran temperatura se encuentra con el aire muy frío de la atmósfera, dando lugar al fenómeno físico llamado condensación, que no es más que el cambio de estado de una materia desde el estado gaseoso hasta el estado líquido. Es decir, el vapor (agua en estado gaseoso que es normalmente invisible), junto con otra serie de gases que expulsa la aeronave, se condensa por el frío convirtiéndose en minúsculas gotitas líquidas tan pequeñas que, en lugar de caer, se quedan suspendidas en el aire.

Es indispensable saber que las nubes no son de vapor de agua, no son gases, están formadas por partículas de agua en estado líquido y sólido, son gotas diminutas de agua líquida o partículas de hielo. El vapor es el estado gaseoso del agua, y es totalmente invisible en condiciones normales, sale en nuestra respiración, está en el aire que nos rodea, no se ve. La percepción errónea de que las nubes son gaseosas es tan generalizada como falsa. Para que una nube produzca lluvia, sus gotas tienen que aumentar de tamaño lo suficiente para que se precipiten a través del aire; lo hacen juntándose unas a otras, aumentando su peso hasta que superen la ley de la gravedad.

La idea de la típica nube algodonosa de bordes redondos se llama «cúmulo», del latín cumulus, que significa «montón». Se forman a baja altura cuando el aire caliente y húmedo sube desde la superficie de la tierra —todo lo caliente tiende a subir—. En este caso, el aire absorbe el calor liberado por la superficie. Por encima suele haber aire muy frío. La mayoría de los cúmulos están formados por gotas con una temperatura superior a los cero grados centígrados, por lo que son partículas de agua líquida; son nubes calientes. Fuera de esos contornos redondeados como de coliflor gigantesca que vemos, el aire está frío y seco; por tanto, toda partícula que se salga del brócoli se evapora rápidamente y dejamos de verla.

Los estratos son las nubes en forma de capas que pueden ser enormes, los solemos llamar panza de burro, o cielo nublado. Son estables y alargados, se forman cuando la nube no puede subir como les pasaba a los cúmulos, y entonces se expande por los lados. A baja altura son también calientes y líquidos.

El tercer tipo básico de nubes es el que más nos interesa entender para lo que vamos a acometer seguidamente: son los cirros, del latín cirrus, que significa «hebra de cabello». Son puro hielo, cristales sólidos de agua congelada a menos treinta y nueve grados centígrados. La luz del sol se desvía cuando atraviesa esos cristales de hielo de los cirros, se refracta, por eso vemos un halo circular alrededor del Sol cuando hay un cirro entre él y nosotros. Un cielo nublado refleja la luz solar por encima enviando de vuelta al espacio algunos de los rayos solares antes de que entren en la atmósfera, provocando un enfriamiento de la Tierra. Esto se llama albedo, una palabra preciosa. Pero, por otro lado, el cielo nublado retiene el calor que ya estaba en la superficie recalentada terrestre, conservando y promoviendo el calentamiento. Hay que entender esto bien para seguir avanzando. Es sencillo, pero importante antes de lanzarse a opinar sobre contrails o chemtrails.

La biosfera es sabia —vea que huyo de deificar a la naturaleza, cosa que leerá usted en cualquier otro libro que hable de ella, porque es el mensaje New Age que conviene al Lupus Deus—, por eso se autorregula. Nos dicen que hay un cambio climático tendente a un calentamiento global, pero no tienen en cuenta ni nos explican cómo afectaría ese supuesto aumento de la temperatura media de la Tierra a los complicadísimos patrones de circulación atmosférica que apenas la ciencia ha llegado a entender. Deberían ser capaces de prever cómo se va a comportar la humedad en el contexto de la formación de nubes, algo que los meteorólogos no son capaces de predecir ni siquiera con el tiempo que va a hacer en un plazo de una semana en un área local diminuta como la de un solo país. Es imposible, literalmente, con los conocimientos actuales de las ciencias climáticas, saber lo que va a ocurrir en cinco, diez o veinte años, aparte de los ciclos solares. Y quien diga lo contrario miente por algún interés. Lo único que están haciendo es mostrarnos modelos de patrones climáticos ficticios generados por superordenadores, de nuevo ellos, lo de siempre, alimentados por programas matemáticos que, según los datos que les introduzcan, generan la tendencia que quieran. Escogiendo interesadamente los períodos de tiempo de los cuales se extraen los datos de temperaturas históricas, por ejemplo, el programa nos dará un «enfriamiento» o un «calentamiento», palabras ambas que lo único que tienen de verdad es el sufijo -miento. Si empezamos la serie histórica incluyendo el Óptimo Medieval (cálido), la tendencia resultante es opuesta a si lo obviamos y metemos los primeros datos a partir de la Pequeña Edad del Hielo que tuvo lugar justo después, en cuyo caso nos saldría una tendencia evidente de calentamiento progresivo, o progresista tal vez. Alimentando los programas informáticos de datos convenientemente seleccionados, determinan la predicción para el siguiente siglo que generará; esto es lo que, después, los científicos cuentan a las instituciones, estas a los periodistas y ellos a los políticos, la cadena de conceptos erróneos acaba llegándole a usted simplificada y desde un punto de vista sentimentaloide, para después convertirse en una orden política que le prohíbe entrar con su veterano vehículo diésel en la ciudad. Esto, una vez más, es creencia, no ciencia. Casi nadie cuestiona el proceso, y quien lo hace pagará el alto precio de la muerte social y profesional, acusado de negacionista climático.

Pero la ciencia de verdad es tozuda. Si las nubes ejercen una influencia natural de enfriamiento porque el albedo actúa como un filtro solar, y el calentamiento provocaría más producción de nubes, la atmósfera se enfriaría automáticamente sin que hiciéramos absolutamente nada; y esto, claro, a quienes no conviene es a los gurús de la Calentología, ni a los obispos de la Nueva Religión, ni a los actores del Nuevo Orden Mundial que basan su Agenda 2030 en el hecho indiscutible de que un cambio climático de calentamiento está teniendo lugar.

El plancton es el agente más activo en la formación de nubes, no quieren que sepamos esto. Que una masa descomunal de animalitos, vegetalitos, bacterias y hasta eso que ellos llaman «virus» —tan diminutos que ni siquiera tienen fuerza para nadar por sí mismos (esta es la definición de plancton)— sea la mayor fuerza viva del planeta, en la cual no interviene el ser humano para nada (la masa de agua marina es tan descomunal que como insignificantes monos de orilla no podríamos alterarla lo más mínimo ni a propósito), es una verdad incómoda para la Nueva Religión.

El plancton marino genera y libera al aire cantidades ingentes de sulfuro de dimetilo (DMS), que se convierte en la atmósfera en las partículas de sulfato que actúan como núcleos de condensación de las nubes. A más calor, más plancton; a más plancton, más nubes marinas que después llegan a tierra; a más nubes, enfriamiento progresivo, más lluvia y agua dulce... Podemos volver a entrar en las ciudades con nuestros diéseles sin problema y sin hacer absolutamente nada. Esto no van a permitirlo, porque se les acabaría el negocio de la extinción que tienen montado.

Para explicar por qué hay tantas estelas ahora y antes no, los defensores de esta idea alegan que, simplemente, hay muchos más vuelos que antes; del mismo modo que en una bahía de Ibiza en verano hay más estelas de motos de agua o yates que hace un siglo. Hasta aquí bien, pero hay algo más: parece que esas estelas son mucho más largas y persistentes que nunca, dibujando en el cielo enormes carriles o retículas nunca antes vistas; las cuales, además, parecen ir deslavazándose poco a poco, como si cayeran.

Desde hace unos cuarenta años, muchos observadores del cielo e investigadores sostienen que esas líneas blancas tan largas, resistentes y abundantes no pueden ser simple condensación, sino que son fruto de algo que las aeronaves están lanzando sobre nuestras cabezas con intenciones diversas, pero ninguna buena. Se habla de nanopartículas metálicas para cambiar el clima, de creación de nubes para tapar el sol, de destrucción de nubes para crear sequías, de compuestos químicos capaces de enfermarnos, de sustancias tóxicas e incluso de bacterias. Por eso insisten en denominarlas chemtrails, «estelas químicas». ¿Qué hay de cierto en estas hipótesis?

Si alguien está tratando de envenenar a la población llevando a cabo una suerte de fumigación como se hace sobre las plagas de insectos en los cultivos enfermos, esto sería extraordinariamente grave. Para averiguarlo, hemos de responder a las seis preguntas que yo les enseñaba a mis alumnos de Comunicación Audiovisual en la universidad, y que son la clave del planteamiento de guion de cualquier documental: ¿qué?, ¿quién?, ¿cómo?, ¿dónde?, ¿cuándo? y ¿por qué? Si dejamos sin resolver una sola de ellas, tenemos un problema de credibilidad.

Desde que medio mundo fue engañado en el año 2020, las posturas se han radicalizado mucho respecto a casi todo, en esto también. En mi molesta opinión, tan malo es no tener espíritu crítico pensando que los distintos poderes del mundo trabajan honestamente para nuestro bien como dar rienda suelta a la imaginación inventando pruebas falsas para demostrar algo, sobre todo si ese algo tiene visos de verosimilitud como es el caso. En mi investigación me he encontrado con vídeos del interior de grandes aviones donde se veían dos hileras de enormes depósitos de líquidos a ambos lados, cuyos denunciantes sostenían que eran para fumigar sustancias venenosas. En realidad, se trata de las pruebas con balance tanks que hacen los ingenieros antes de sacar al mercado modelos nuevos de aeronaves comerciales con el fin de simular y testar movimientos bruscos de carga en las bodegas y de resolver cómo compensarlos, no hay nada extraño en ello. También he visto decenas de mapas malinterpretando las trayectorias de avionetas que hacen censos fotográficos mapeando territorios, o que están fumigando legalmente grandes cultivos, o vídeos de cuando se hacen en los vuelos comerciales prácticas de vaciado de combustible antes de un aterrizaje forzoso para evitar que el avión explote. Todos los que quieren defender la existencia de los chemtrails utilizando imágenes engañosas de prácticas habituales acompañadas de textos sensacionalistas deben saber que esa actitud es sumamente irresponsable, porque están quitándoles credibilidad a los que investigan estos posibles envenenamientos masivos con objetividad y rigor. Un solo testigo mentiroso o prueba falsa puede arruinar un juicio haciendo que el culpable salga exculpado. Tampoco ayudan las personas que, con buena fe pero poco tacto, se exaltan en exceso para defender una creencia sostenida solamente en emociones y cuyo único argumento es gritar: «¿Pero no ves el cielo lleno de rayas, imbécil?».

Volvamos, pues, a la senda de la reflexión seria con las seis preguntas.

¿Qué ocurre en nuestros cielos? Ya hemos visto que estelas hay, y muchas; pero, para demostrar que están cayendo sustancias peligrosas sobre nuestras cabezas, ciudades y campos, lo mejor es analizar el agua y el suelo en su búsqueda. Se han hecho estos análisis en muchas partes del mundo y, efectivamente, se ha encontrado una gran cantidad de sustancias que no deberían estar ahí. Si se descarta que provengan de otras fuentes como volcanes o fábricas próximas, o que pudieran haber llegado allí desde industrias lejanas por borrascas o corrientes, es plausible que hayan caído del cielo procedentes de aeronaves.

Pero hay una forma muy eficiente de comprobar ciertos hechos, y es bucear en los estudios científicos publicados al respecto, en los informes de diversas agencias estadounidenses y en la hemeroteca de lo difundido en prensa al respecto desde hace tiempo. Y es aquí donde encontramos evidencias claras de que sí, hace muchos años que se implementan programas de algo a lo que llaman geoingeniería, que suena muy bien, pero que básicamente se trata de influir en la atmósfera de la Tierra soltando sustancias desde aviones o emitiéndolas desde tierra. Y, como siempre pasa, los proyectos que empiezan siendo militares acaban volviéndose civiles. Pero todo lo que es militar y secreto suele serlo por tener la consideración de arma, y ya sabemos quién las carga. Geoingeniería se define como la manipulación deliberada a gran escala del proceso medioambiental que afecta al clima de la Tierra, una palabra creada en 1977 por Cesare Marchetti para hablar concretamente del secuestro de CO_2.

La siembra de nubes la inventaron en 1946 los físicos Vincent Schaefer, Irving Langmuir y Bernard Bonnegut; desde entonces hasta hoy, científicos y militares no han cesado de gastar miles de millones de dólares intentando alterar el clima —provocando o impidiendo que llueva para utilizarlo como arma de guerra—. Documentos desclasificados describen al detalle cómo la Agencia Central de Inteligencia de los Estados Unidos de América (CIA) participó en el llamado Project Pop Eye, una operación de guerra meteorológica sobre Vietnam en 1966. Lo llamaron experimento operacional clasificado, y consistió en el intento de alterar los vientos monzones para aumentar la cantidad de lluvia y su duración con el fin de colapsar a las tropas vietnamitas bajo una manta de agua continua que les impidiera incluso desplazarse. Se probó en áreas de doscientas millas cuadradas en períodos de veinte días.

Poco después, la CIA también participó en la Operación Nilo Azul para acabar con los cultivos de caña de azúcar del dictador Fidel Castro. El 27 de junio de 1976, un alto cargo de la CIA declaró al periódico SF Examiner que la bioingeniería era «una buena idea».

En 2003, el Dr. Arnold A. Barnes, meteorólogo de investigación de la Fuerza Aérea de Estados Unidos (U.S. Air Force), reconoció la utilidad de crear artificialmente coberturas de cirros (cirrus cloud covers) para varios usos militares de guerra. Por ejemplo, para provocar tormentas de arena en Irak contra las tropas iraquíes de Sadam Hussein, para bloquear las ópticas de satélites espía chinos, para mejorar operaciones nocturnas o para oscurecer noches de luna cuando se tienen dispositivos de visión nocturna y el enemigo no.

Todas estas evidencias registradas en documentos oficiales desclasificados no son conspiraciones. Han ocurrido, tenemos estas pruebas del «cómo». Por tanto, técnicamente se puede hacer y se ha hecho. Se podría pensar que en casos de guerra estaría justificado el uso de estas tácticas de geoingeniería, pero hay documentos que hablan de operaciones mucho más espeluznantes en el propio territorio de los Estados Unidos.

El investigador y experto en clima Jim Lee, fundador de Climate Viewer, lleva muchos años investigando las alteraciones deliberadas del clima entre otras acciones humanas sobre los cielos, recopilando como parte de sus pesquisas más de novecientos artículos científicos e informes de agencias estatales de Estados Unidos. Uno de ellos detalla cómo entre 1950 y 1970 el Cuerpo de Ingenieros Químicos del Ejército de los Estados Unidos roció partículas radiactivas de sulfuro de cadmio y zinc por todo el país en varias operaciones diferentes. Una de las mayores fue la Operación LAC (Cobertura de Gran Área), en la que, literalmente, un avión voló de costa a costa rociando material radiactivo, incluso en el centro de Saint Louis y sobre escuelas en barrios negros pobres. Formaba parte de un gran estudio científico en el cual hicieron un seguimiento biomédico de las personas afectadas hasta su muerte; después exhumaron sus cuerpos para practicarles autopsias con el fin de evaluar sus glándulas tiroideas en busca de sulfuro de cadmio y zinc. Se trataba de estudiar los efectos de una posible futura guerra nuclear sobre las personas. Se llamó la Coalición Manhattan Rochester, y era una derivación del anterior Proyecto Manhattan del físico nuclear Robert Oppenheimer, el creador de la bomba atómica y director del Laboratorio Nacional de Los Álamos en Nuevo Méjico. La ejecución de este proyecto fue admitida públicamente en el año 2008, por eso lo sabemos. No es teoría de la conspiración, es un hecho reconocido.

Vamos avanzando en las respuestas razonadas a las seis preguntas; se puede hacer, y además lo han hecho ya contra la población civil por el bien de la Ciencia, recordemos que en la Nueva Religión lo que dice la Ciencia es palabra de los dioses del Consenso. Vale, bien, hemos comprobado que, técnicamente, se pueden provocar lluvias o sequías, tormentas de arena o intoxicaciones masivas soltando sustancias desde aeronaves. Pero eso no significa necesariamente que lo estén haciendo ahora, podrían ser momentos confusos de la ciencia afectada por la Segunda Guerra Mundial, la guerra de Irak o la de Vietnam. Veamos…

Una cosa buena que tienen tanto los científicos como las agencias gubernamentales es que, para conseguir financiar

sus iniciativas, deben escribir bien sesudos artículos científicos, bien gruesos dosieres de sus proyectos, a los que,
por ende, suelen bautizar con nombres muy rimbombantes. Gracias a ello, dejan tras de sí una ingente cantidad
de evidencias no solo de lo que pretendían hacer, sino
también de si lo consiguieron o no; esto es una mina para
los periodistas e investigadores capaces de brujulear por los
archivos. Además, el ego suele perderlos, pues, con tal de
quedar bien frente a sus colegas y filántropos, airean cosas
que más les valdría haber callado.

Eso fue lo que le pasó al Dr. David Keith, profesor
de Física Aplicada en la Universidad de Harvard
(Massachussets), financiado por William Henry Gates III,
más conocido como Bill Gates, pero al cual, como nunca
hemos almorzado juntos, no quiero denominar cariño-
samente Bill. El 7 de agosto de 2013, durante una mesa
redonda en Cambridge, dijo:

> *El calentamiento global es un punto moral importante,
> así que, si tomo la decisión de hacer un programa de
> geoingeniería, como poner alrededor de un millón de
> toneladas al año [de sulfuro de hidrógeno], digamos
> que **podría terminar matando a decenas de miles de
> personas al año**. Ese sería el resultado directo de esa
> decisión. Creo que tiene consecuencias morales. No
> lo oculto bajo la alfombra; ahora bien, es cierto que,
> como parte de ello, uno esperaría que los beneficios
> generales de la mortalidad humana fueran tales que
> **salvaran a muchas más personas**.*

Léalo dos veces, yo tuve que hacerlo, está grabado en
vídeo y se oye perfectamente. Supongo que este fue el

mismo argumento científico contundente que utilizaron cuando fumigaron y mataron a los negros de Saint Louis, solo que este señor está trabajando actualmente sobre nuestras cabezas con semejante honestidad moral. ¿Empezamos a entender?

El Dr. David Keith, a petición de su filantropófago de cabecera Gates, que quería saber cuánto le podría costar esta geoingeniería solar con inyección de aerosoles de sulfuro de hidrógeno en la estratosfera y cuántos aviones deberían utilizarse, presentó en 2010 su estudio en el Aurora Flight Sciences de la compañía Boeing con un resultado impresionante: solo harían falta entre catorce y cien Boeing 747 para hacer geoingeniería en todo el planeta. Si tenemos en cuenta que en el mundo recorren los cielos unos 130 000 vuelos cada día, iba a salir realmente barato si conseguían hacerlo aprovechando las rutas comerciales llenas de pasajeros. Pero ¿cómo? Muy fácil:

El presidente de los Estados Unidos Barack Obama decidió en 2016, junto con un grupo de países y organismos internacionales, cambiar el combustible de todas las flotas aéreas del mundo imponiendo el llamado biofuel —recordemos que son maestros poniendo nombres bonitos a cosas nefastas—. Para este tipo de decisiones siempre es necesario un apoyo científico, el cual, por supuesto, se encargan de buscar convenientemente entre los investigadores dispuestos a dar un gran empujón a sus carreras diciendo lo que conviene. En este caso fue el Dr. Rangasayi Haltore, físico del FAA Managing the Aviation Climate Change Research Program —también les encanta poner estos nombres larguísimos para impresionar y disuadir a los no iniciados—. En 2017 el investigador del clima Jim Lee le preguntó directamente al respecto y dijo:

«**Necesitamos** más nubes cirros inducidas por contrails por el día y ninguna por la noche». ¿Necesitamos?, ¿quiénes?, ¿para qué fin?

Siete años antes, en 2010, tuvo lugar el Coloquio sobre Cambio Climático de la ICAO (Organización de Aviación Civil Internacional) de la mano del mayor experto mundial en la física de las estelas de condensación: el Dr. Ulrich, del DLR alemán (Deutches Zentrum für Luft- und Raumfahrt, German Aerospace Center). ¡Atención! Al final de su conferencia dijo: «**Queremos** contrails menos cálidas y más refrescantes; predecibles para la planificación operativa». ¿Queremos? Igual que Haltore, se está refiriendo a «nosotros los científicos queremos... necesitamos...». Esto implica una determinación consciente de manipulación climática para conseguir un fin concreto, ya no se trata de consecuencias de actos mal hechos, contaminación inconsciente o errores: «queremos, necesitamos».

¿Para qué quieren y necesitan nubes tipo cirros generadas por aviones, predecibles, y en mayor cantidad durante el día y menor durante la noche? Recordemos que están hablando de los ciento treinta mil vuelos comerciales diarios en el mundo.

La respuesta está en un estudio que se hizo en el año 2001, justo después del famoso atentado a las Torres Gemelas de Nueva York el 11 de septiembre. Cuando, por seguridad aérea, se decretaron tres días sin vuelos, un grupo de científicos avispados del Langley Research Center pensaron que era muy buena idea estudiar qué pasaba en la atmósfera en ausencia absoluta de vuelos comerciales que generasen nubes de condensación. Los resultados fueron concluyentes: encontraron que en esas noches sin circulación aérea la temperatura media bajaba hasta 12 grados con respecto a las noches en las que había una circulación aérea normal. Es decir, que las nubes tipo cirros generadas por las estelas de los aviones comerciales estaban calentando el planeta por las noches.

Haltore lo explicitó después cuando dijo: «Los contrails durante el día causan enfriamiento porque reflejan la luz solar de vuelta al espacio. Sin embargo, durante la noche, atrapan el calor infrarrojo, causando calentamiento».

Todos los países de la Organización del Tratado del Atlántico Norte, más conocida como OTAN, se habían pasado ya de la gasolina al queroseno; ya se había impuesto el concepto global de «combustible único». Ello aumentó drásticamente la cantidad de nanopartículas metálicas en la atmósfera. Esto es importante porque supone un control que la gente no suele conocer, quizá le parezca a usted que cada compañía utiliza para sus aviones lo que encuentra en el mercado más barato, pero no es así. Esto implica que cualquier mínima decisión científica admitida por tratados internacionales determina de inmediato una variación concreta en los componentes químicos de lo que expelen los ciento treinta mil vuelos diarios del mundo, que suponen unos setenta y cinco millones de barriles de jetfuel al día; un inmenso poder en unas pocas manos. Son decisiones que se mueven entre empresas u organismos privados y científicos bien pagados para decir lo que a los primeros les conviene. Ni los pilotos se enteran, ni siquiera la mayoría de los ingenieros, ejecutivos y trabajadores de ninguna compañía aérea ni petrolífera; toda esta información se mueve muy por encima de todos ellos.

Cuando una aeronave reposta, llega un camión cisterna, carga y punto. No hay oscuros agentes malignos cargando los depósitos de los aviones con venenos secretos diciéndoselo en voz baja a los pilotos para que sepan que están envenenando a sus familias al volar, eso sería estúpido, poco práctico y muy caro. Es un proceso idéntico al que ocurrió con las vacunas covid: en realidad, ni los médicos ni las enfermeras tenían la más mínima idea de lo que había dentro de esos viales precintados que les ordenaron recomendar e inyectar. Se limitaron a obedecer y a creer en El Consenso; y las graves consecuencias ya las conocemos.

Insisto: basta con ponerles nombres bonitos o crípticos a las cosas para que todos las den por buenas: «Alguien que sabe más que yo habrá aprobado esto». Por supuesto, damos por hecho que todo se hace por nuestro bien, aunque en realidad nos debería hacer sospechar la censura que sufren los científicos disidentes de cualquier lugar del mundo cada vez que levantan su voz contra lo establecido. Sus teorías y conclusiones, en lugar de ser escuchadas, son sistemáticamente canceladas, lo cual constituye un atentado contra la esencia de la ciencia, justo lo contrario a la creencia. Por eso en este libro estoy demostrando que detrás de todo, en el fondo, lo que hay es una nueva creencia de índole religiosa que nada tiene que ver con lo científico, y sin la cual no conseguirían nunca que tanta gente no se haga preguntas.

En 1972 se habló por primera vez de un nuevo fuel llamado JP8. En América se está utilizando uno llamado Jet A; y en el resto del mundo, una variante denominada Jet A-1. ¿Les recuerda a los nombrajos de las inyecciones que nadie sabía lo que eran? Pues esto es igual: «¡Lleno, por favor, de Jet A-1!». Nadie sabe lo que hay ahí dentro.

Todas las sustancias químicas tóxicas que contienen estos combustibles para aviones utilizados en el mundo han sido descritas y admitidas por estudios revisados por pares publicados en prestigiosas revistas científicas. Y todos esos químicos son exactamente los mismos que se han encontrado en los análisis de lluvias y suelos. Esto significa que todos los tóxicos atribuidos a los chemtrails de los cuales se quejan los activistas se pueden encontrar en el combustible de los aviones y en sus aditivos. Un estudio científico publicado en la revista Nature y revisado por pares en 2022 admite que el 75 % de todos los metales fabricados por el hombre salen de los escapes de los aviones y están en los cirros formados por estelas; lo dicen abiertamente, lo reconocen.

Una vez más, los teóricos de la conspiración tenían razón, pero no está ocurriendo exactamente como ellos creían. Ni los sanitarios sacaban el líquido mortal de viales con una calavera y dos tibias cruzadas, ni las compañías llenan sus depósitos con jetfuel traído de oscuros polígonos industriales. Es todo mucho más grave, pues lo están haciendo oficialmente, con todas las de la ley. Basta comprar a un puñado de científicos de enorme prestigio pero mal pagados que estén hartos de no llegar a fin de mes. Ya lo narró la tradición alemana con la leyenda de Fausto, ¿no le vengo diciendo todo el libro que hay que prestar atención a las leyendas y mitos?

Las estelas de vapor han sido bien estudiadas por los Ejércitos desde la Segunda Guerra Mundial porque lo último que les interesa a los aviones de combate que realizan misiones en espacio aéreo enemigo es ir dejando una larga línea blanca que permita que los localicen. Si pilotas un F-117 Stealth Bomber sobre Irak, no te conviene que te vean por tus estelas. Por tanto, se conoce en qué condiciones se producen. Se sabe perfectamente a qué altitud las aeronaves producen más estelas o menos según las circunstancias de la atmósfera en un lugar determinado. Es decir, se pueden dirigir deliberadamente los vuelos comerciales a las bolsas de humedad atmosférica en las cuales producirán estelas mayores y más densas.

Otro estudio contribuyó mucho a lo que está pasando. El 15 de junio de 1991 entró en erupción el volcán Pinatubo, en la isla de Luzón, archipiélago de las Filipinas. Fue una de las mayores erupciones del siglo XX: envió hasta la estratosfera cantidades descomunales de sulfuros que duraron meses, alteraron la capa de ozono e hicieron que bajara medio grado la temperatura media de la Tierra al impedir que la luz del sol llegara hasta el suelo. Tres años después, en los Laboratorios Nacionales Lawrence Livermore se les ocurrió la feliz idea que se está utilizando hoy en día en la geoingeniería solar moderna, que consiste en imitar al volcán inyectando aerosoles de sulfuros en la estratosfera para bajar la temperatura.

En 2023 la compañía American Airlines anunció la firma de un convenio con la inteligencia artificial de Google para dirigir todos sus vuelos, por el cual se determina la altitud a la que deben volar con el fin de provocar más o menos estelas según convenga. Un superordenador como los que describimos en el otro capítulo, que contiene un programa llamado Aviation Environmental Design Tool (AEDT), Herramienta de Diseño del Entorno de Aviación. Consigue la llamada CoCiP (Contrail Cirrus Simulation and Prediction), y ha evolucionado hasta el proyecto NextGen (Next Generation Air Transportation System). Pongo los épicos nombres de todo esto para que se compruebe que existen. Hay miles de páginas en los pesados dosieres que los explican, no son imaginaciones de una web negacionista.

Obama dijo al respecto en su Clear Air Act:

Este documento se centra en enfoques atmosféricos para la modificación de la radiación solar (SRM), específicamente la inyección de aerosoles estratosféricos (SAI) y el aclaramiento de las nubes marinas (MCB). Siguiendo también el enfoque del informe NASSEM de 2021, este Plan de Investigación menciona el adelgazamiento de las nubes cirros (CCT), aunque este trabajo aumenta las radiaciones térmicas salientes y, por lo tanto, no es, estrictamente hablando, SRM.

Todo este lenguaje engorroso esta deliberadamente creado para que aquel periodista que ose investigarlo desista abrumado. De lo que no se dieron cuenta es de que están corroborando con documentos oficiales todas y cada una de las teorías de la conspiración. Otra vez idéntica estrategia a la utilizada por los laboratorios farmacéuticos, las agencias reguladoras de Europa y Estados Unidos y la OMS, para que bucear por los contratos, fases de ensayo y resultados de las vacunas fuera un laberinto indescifrable de palabras cruzadas. De hecho, tengo por seguro que la principal función de los miles de funcionarios que trabajan en esos enormes edificios de cristal de Bruselas, Washington, Londres o Zúrich, sedes de agencias internacionales, ONG y organismos reguladores, es generar tsunamis de papel inútil y engorroso de forma constante para ocultar las verdaderas intenciones de sus mandatarios en todo lo concerniente a la Agenda 2030, el medio ambiente y la gestión de los recursos mundiales. Como hacían los sacerdotes de los templos de la Antigüedad, se trata de crear un lenguaje críptico que solo entiendan los iniciados, es decir, ellos.

Recapitulando, nos dicen que, para reducir el calentamiento global, van a dirigir los vuelos comerciales de todo el mundo a través de inteligencia artificial hacia las altitudes donde generen más estelas con el fin de que estas se transformen en nubes cirros que hagan una pantalla solar que enfríe el clima. Como dijo la revista Forbes cuando William Henry Gates III anunció su proyecto de tapar el sol en 2021: ¿qué puede salir mal? Estas estelas se forman con las partículas tóxicas de los nuevos jetfuel, las cuales colectan, a su vez, las partículas de condensación para formar cirros que se expanden hasta juntarse, creando una descomunal pantalla blanca. Nos quieren convencer de que bloqueando el sol nos hacen un favor, y además lo están haciendo «por nuestro bien», sin consultarle a nadie qué nos parece semejante barbaridad.

Están haciendo una modificación deliberada de la radiación solar para, supuestamente, combatir un cambio climático antropogénico que no existe… ¡Un momento, van a tener razón! El cambio climático provocado por el hombre existe, solo que quienes lo producen son ellos.

La Indian Space Research Organization descubrió en 2017 que gran cantidad de carbono negro (black carbon) de los nuevos combustibles de los aviones se encontró a más de 18 kilómetros de altura, en la estratosfera. No debería estar ahí tan alto, se supone que los aviones vuelan mucho más abajo, en la troposfera, hasta los 15 kilómetros. Se pusieron a investigarlo en principio porque creían que perjudicaba a la capa de ozono, y descubrieron sin querer unas 10 000 partículas de carbono negro por centímetro cuadrado. La estratosfera es la capa superior a la troposfera. Se han encontrado tantos metales en la estratosfera que los medios de propaganda están intentando justificarlo diciendo que se trata de la basura espacial procedente de satélites en desuso que vuelve a entrar en la atmósfera —una solemne tontería—.

La troposfera es la capa de la atmósfera en contacto con la Tierra, llega hasta los 15 kilómetros de altitud en el Ecuador, pero va bajando según nos acercamos a los polos, hasta reducirse a solo unos 9 kilómetros. Todo lo referente al clima ocurre dentro de ella, y los aviones también deberían estar allí. Entonces, ¿qué hacen las partículas de carbono pesado de los aviones mucho más arriba? Parece ser que esos programas de inteligencia artificial están dirigiendo vuelos tan al norte que, literalmente, se están colando en la capa superior, la estratosfera. Y aquí está el quid de la cuestión: los químicos tóxicos del combustible de los aviones permanecen en la troposfera entre dos y cuatro meses, pero en la estratosfera están hasta cuatro años. Esto significa que, aunque se detuviesen todos los vuelos hoy mismo, la geoingeniería ya hecha con nanopartículas en la estratosfera estaría allí operando hasta el año 2028.

Entonces, ¿hay aviones rociadores específicos fumigando los cielos con sustancias venenosas? Existen aviones militares adaptados para soltar insecticidas con el fin de matar adultos de mosquito, los utilizó la EPA (Environmental Protection Agency) después del huracán Katrina en el golfo de Florida en previsión de una plaga. Ya hemos visto muchos experimentos terribles de este tipo, pero mantener eso con aviones especiales de forma constante por todo el mundo sería demasiado costoso, sobre todo cuando se puede hacer lo mismo simplemente manipulando los combustibles de todos los aviones comerciales del mundo y haciéndolos subir y bajar por inteligencia artificial a las altitudes que interesen tanto para tapar el sol como para dejar caer nanopartículas de metales pesados. Si queda algún lector sin convencer, les añado que para «fumigar» no sería necesario ni siquiera que las estelas químicas fueran tan visibles; la mayoría de los gases dispersados no se verían, sería estúpido que todo el mundo los viera. El objetivo es crear enormes pantallas blancas para provocar el calentamiento global que necesitan para que la Nueva Religión sea creíble. Obviamente, nos dicen que lo que hacen es lo contrario, lo mismo que ocurrió con las vacunas covid.

Hay muchas más estelas porque los vuelos son dirigidos para que las generen, los comandantes no preguntan, reciben órdenes de vuelo que creen que son debidas a necesidades del tráfico aéreo, la meteorología o las borrascas, y las cumplen, pues no es su trabajo cuestionarlas. Esto responde a otra de las preguntas que mucha gente se hace, acerca de cómo sería creíble que tantos pilotos accedieran a envenenar a sus propias familias y ciudades: no acceden porque no lo saben. Bastante trabajo tienen ya con pilotar su nave. El paralelismo entre médicos en pandemia y pilotos en geoingeniería es evidente.

La geoingeniería es el blanqueamiento del cielo, la modificación de la radiación solar con diversos fines. Todos estos objetivos han de ser explicados por las autoridades a la sociedad, no deberían ocultarlos bajo mares de documentos, como ocurre ahora. No somos los investigadores, escritores, divulgadores y periodistas los que tenemos que demostrar nada, porque son ellos los que están actuando para modificar el clima de todos sin haberlo sometido a la opinión pública. Tampoco es de recibo que sean las grandes empresas aeronáuticas y petrolíferas las que se autorregulen con la complicidad de entidades supranacionales financiadas por fondos de inversión con intereses en ellas.

Chuck Long, científico de la NOAA Earth Sistems Lab, publicó un paper en el que llamó a este cielo lechoso Clear-Sky Daylight Whitenig, al cual describió con estas palabras: «Se hace más blanco debido a una neblina de hielo subvisual generada por las emisiones de los aviones en la estratosfera». Las partículas llevan décadas acumulándose. No es simple contaminación emitida sin propósito, es un acto deliberado de geoingeniería.

Lo que han creado, con la excusa climática y la justificación de ciertos científicos con conflicto de intereses, es un gigantesco mecanismo de geoingeniería global que se autofinancia porque utiliza gratis las líneas comerciales. Controlado por las élites y sus políticos, puede ser usado fácilmente tanto para calentar como para enfriar, para intoxicar, envenenar o hacernos lo que quieran. Un instrumento global potencialmente peligroso fuera del control de la humanidad. Es perentorio exigir responsabilidades políticas a los artífices de todo esto e implementar organismos de verdad independientes que regulen los combustibles, las rutas y los fines.

Pero ¡cuidado!, que no sirva para culpar a los aviones y usarlo como excusa para privarnos de libertad restringiendo la movilidad de la gente. La solución es tecnológica, están surcando los cielos aeronaves con treinta años o más, con motores obsoletos y combustibles repletos de nanopartículas de metales que se pueden mejorar invirtiendo fondos en investigación e ingeniería en lugar de hacer un activismo ambiental estéril o malgastar en Gretas y nuevas capillas para la Nueva Religión. Hay fondos, tecnología y talento de sobra si la voluntad existiera. Pero no quieren enfriar nada, ni mejorar nada, buscan el control total en el año 2030.

Lo peor es que no tienen la menor idea de las posibles

consecuencias de lo que están haciendo al jugar a ser dioses, porque la atmósfera es un sistema dinámico impredecible. El Dr. Alan Robock, profesor de Ciencia Climática de la Universidad de Rutgers, entró en una reunión donde varios climatólogos estaban discutiendo sobre cómo controlar la temperatura del planeta, y notó que hacía mucho calor en la sala. Según le contó Jim Lee al periodista Del Bigtree en su programa The Highwire en 2024, dijo: «Estamos tratando de controlar la temperatura del planeta y no somos capaces de controlar ni siquiera la de la habitación en la que estamos ahora».

Al final la tremenda discusión de si se deben llamar contrails o chemtrails no deja de ser un problema semántico, porque la condensación del vapor de agua solo se produce sobre partículas, el problema está en determinar de qué son esas partículas. Para exigir a las autoridades que todo este horror de nuestros cielos veteados se aclare, hay que centrarse en las cosas que podemos demostrar ante los tribunales; todo lo que he contado es demostrable, porque está escrito por sus propios autores, se puede probar con documentos, estudios y datos que conseguirían pararlo, que es lo importante.

Los que, tratando de combatir los chemtrails, dejan escapar su imaginación afirmando sin probarlo que se lanzan virus, bacterias, morgellons o cualquier otra ocurrencia, en realidad, perjudican gravemente a la causa al crear una percepción en la sociedad de que se inventan cosas. Podría ser cierto, pero ya tendremos tiempo de investigarlo cuando hayamos conseguido parar la geoingeniería perversa con lo que es demostrable ahora.

La profesora Valentina Zharkova, matemática y astrofísica de la Universidad de Northumbria (Reino Unido), publicó en 2015 en la revista Astronomy Now y en Scientific Reports sendos artículos que sugerían que estamos entrando en una Pequeña Edad del Hielo provocada por un Mínimo Solar. La llegada de un intenso frío similar al que ocurrió en el siglo XVII y principios del XVIII, llamada «Pequeña Edad del Hielo», se espera que empiece en el año 2030. ¿De qué nos suena esta fecha?

Zharkova relaciona todos los cambios de las temperaturas medias de la Tierra con los ciclos solares; ¿por qué será que han dejado al sol fuera de todo esto, salvo para la ocurrencia de taparlo?

De modo que es cierto que han creado una poderosa maquinaria de geoingeniería a nivel mundial que funciona sola utilizando aditivos en los combustibles de los vuelos comerciales. Es cierto que están vertiendo a la atmósfera compuestos tóxicos que podrían evitarse. Es cierto que la formación artificial de cirros puede enfriar o calentar la superficie de la Tierra a nivel local como ellos decidan. Es cierto que pueden hacerlo y que lo están haciendo. Pero lo más grave de todo es que toda esta estrategia mundial no se implementa por los fines que nos cuentan; no quieren enfriar la atmósfera para evitar un calentamiento global porque, en realidad, nos dirigimos a un mínimo solar que conlleva algo mucho más peligroso: un enfriamiento. Y, aunque sus motivos fueran esos, tratar de influir en la atmósfera arrojando toneladas de sustancias en ella es extremadamente imprudente, cuando no suicida; pero lo es aún más si la humanidad no está siendo informada de decisiones que se toman, sin tenernos en cuenta, sobre el aire que respiran nuestras familias. No hace falta llegar a denunciar grandes conspiraciones como las que sostienen que arrojan nanotecnología o bacterias; con lo que ya en este minuto se puede demostrar ante un tribunal, se puede parar esta locura.

¿Cómo van a saber lo que pasará si liberan diez millones de toneladas de azufre, aluminio, titanio, polvo de diamante o carbonato de calcio, como anuncia el Proyecto CIRRUS? ¿O el programa SCoPEX (Stratospheric Controled Perturbation Experiment)? ¿Cómo van a saber el riesgo de la geoingeniería solar de David Keith, de Harvard? ¿O de expulsar carbonato de calcio diciendo que «destruirá la capa de ozono pero enfriará el planeta»?

Estoy convencido de que las teorías de la conspiración con hipótesis exageradas forman parte de la conspiración real, que muchas de ellas son promovidas e incluso financiadas por los servicios de contrainteligencia civil y militar de varios Gobiernos globalistas. Desvían atención de lo efectivo, alejan a la gente, hacen ruido innecesario. No hace falta ir tan lejos imaginando cosas que no puedo probar.

Si alguien tratara de envenenar a la gente de una ciudad soltando gases con elementos tóxicos, por ejemplo, no lo haría contratando a miles de conductores y coches para que den vueltas y vueltas soltando cosas raras; bastaría con incluir en los combustibles de los transportes públicos lo que quisiera fumigar. O, mejor aún, en todos los vehículos de la ciudad, pues de este modo el crimen se autofinanciaría y nadie tendría la tentación de hablar, porque no lo sabrían, solo se limitarían a conducir.

¿Para qué financiar costosísimos vuelos secretos contaminantes que pueden ser descubiertos, si pueden conseguir que todos los vuelos hagan ese trabajo gratis solo incluyendo lo que quieren en los combustibles convencionales de uso habitual y modificando las altitudes de vuelo por todo el mundo por inteligencias artificiales para tapar el sol?

De este modo nadie se entera, los pilotos no lo saben, nadie en las compañías lo sabe, salvo los muy altos cargos. No hay extrañas cosas que descubrir, es mucho más siniestro, mucho más práctico, mucho más sencillo. Durante los peores meses de la falsa pandemia de 2020 a 2024, cuando se prohibió viajar a las personas en todo el planeta primero y se restringió después, en un contexto de miedo cerval a los espacios cerrados, ninguna gran compañía aérea del mundo quebró. La misma retórica falaz oficialista que pretendió obligarnos a la inyección de sustancias experimentales peligrosas nos impidió salir al campo o a la playa completamente solos sin mascarilla, o salir de nuestra casa, región o país, defendió desde el primer minuto que pasar diez o quince horas en un cilindro metálico con cuatrocientas personas hombro con hombro era completamente seguro. Una joven fue detenida en una playa de San Sebastián (España) por hacer surf sin mascarilla completamente sola, la foto de ese momento es para mí la que más premios debería recibir del mundo; mientras tanto, millones de personas viajaban en aviones cerrados. Aquella compañía aérea que tuvo problemas por la falta de pasajeros fue subvencionada, salvada por su Gobierno de bandera, se implementaron ayudas millonarias en todo el mundo para salvarlas mientras cientos de miles de trabajadores, empresarios y autónomos de otros sectores igual de importantes se arruinaban para siempre. Ahora sabemos por qué: los aviones debían seguir rociando para crear un calentamiento del que se iba a culpar a la humanidad en general. Si hubiera parado, aunque fuera solo la mitad de los ciento treinta mil vuelos diarios que recorren la atmósfera cada día, se hubiera detectado un enfriamiento natural que hubiera destapado la gran mentira. Las flotas debían seguir arando los cielos, y así fue, porque había una causa mayor en la que nadie se estaba fijando entonces; bueno, casi nadie, algunos veníamos ya de años de lucha contra el dogma climático de la Nueva Religión.

Lo que estoy diciendo es que hay todo un programa mundial de inteligencia artificial que modifica las alturas de los vuelos y los enruta para que generen más cirros avanzado el día y por la noche. De este modo se genera un calentamiento.

Es una gran conspiración entre los científicos, las agencias y los organismos supranacionales con la complicidad de las grandes ONG, que, bajo la falsa intención de mitigar la contaminación por aviones, lo que tiene es una descomunal maquinaria de geoingeniería legal y oficialmente operativa. Simplemente hacen que los aviones pasen por las bolsas de humedad adecuadas para bloquear el sol durante el día, cambiando la altura de los aviones para que vuelen por donde generan más estelas. El área por donde decida el algoritmo que vuelen los aviones determina si las crean o no. Todas las sustancias químicas denunciadas como chemtrails ya están incluidas en los combustibles. Después, por la noche, volarán en diferentes patrones de altitud para evitar que se formen estas nubes. Esto es una forma de geoingeniería que lo único que hace es desviar a los aviones y dotarlos de combustibles generadores de partículas. Es modificación de la radiación solar. Intentan crear nubes durante el día y ninguna por la noche.

Y lo mejor de todo el plan es que termina en 2029, justo a tiempo para que sobrevenga el mínimo solar anunciado por Valentina Zharcova y otros muchos científicos honrados, el planeta se enfríe solo y nos digan a bombo y platillo que ha sido gracias a su Agenda 2030... Es un guion perfecto.

Para entonces ya nos habrán quitado los vehículos de combustión interna, restringido los vuelos internacionales, implementado las ciudades de quince minutos, arruinado al sector primario mundial, generalizado el dinero digital ligado a un pasaporte integrado con información sanitaria y de huella de carbono, censurado a toda disidencia científica y periodística, reducido la población mundial a base de falsas vacunas, cambiado el ADN de los que queden (ya arruinados y obedientes) y eliminado las soberanías de los países, que serán cedidas por el bien común a siglas rimbombantes de organismos supranacionales elegidos por nadie y financiados por grandes fondos de inversión controlados por las élites mundiales. Es su plan, no lo ocultan, lo publican constantemente, solo es necesario leerlo con atención.

La gran paradoja es que, finalmente, no están mintiendo al afirmar que «existe un calentamiento global de origen antropogénico»; es cierto que está siendo «provocado por el hombre», lo que pasa es que no somos las personas normales las que lo generamos, en realidad son ellos. Una vez más, los juegos de palabras, la retórica que tanto valoraban los antiguos griegos y romanos, son la clave.

Estaremos atentos mirando hacia arriba hasta que acabemos con el dolor de estos cielos estridentes.

11

LA VENGANZA
DE LOS PINGÜINOS

> No creas nada de lo que escuchas, y
> solo la mitad de lo que ves.
>
> Edgar Allan Poe

En octubre de 1593, el capitán John Davis había recalado
su barco en Puerto Deseado cuando fue atacado por unos
indios tehuelches ataviados con unas máscaras de guerra
que les daban el aspecto de perros.

Siete años atrás, el corsario inglés Thomas Cavendish
había descubierto ese bendito lugar de la costa atlántica
de Patagonia al resguardarse allí con su buque insignia, el
Desire, que le dio nombre a la ensenada. Desde ahí partió
hacia el sur para atacar y saquear las ciudades españolas
de la Patagonia atlántica, tratando de emular a su mayor
héroe, el pirata Drake.

John Davis capitaneaba ahora la misma nave, pero
él y Cavendish no se llevaban bien. Cavendish odiaba a
sus oficiales, y mucho más a su tripulación. Esta vez,
Cavendish iba al mando del Black Pinnace, pero ambas
naves se perdieron durante una tempestad frente a las
costas de Patagonia cuando intentaban saquear la ciudad

brasileña de Santos. Como estaba convenido, se reunieron en Puerto Deseado. Continuaban viaje hacia el Estrecho de Magallanes, cuando otra tormenta los arrastró a un archipiélago hasta entonces desconocido: las islas Malvinas. El Black Pinnace naufragó, pero Davis consiguió regresar a Puerto Deseado en unas condiciones lamentables. La tripulación, devorada por los piojos y el escorbuto, se recuperó en esta costa a base de comer gaviotas, cachorros de lobo marino, mejillones, huevos y peces.

Antes de zarpar de nuevo, decidieron acudir a la conocida como isla de los Pingüinos para abastecerse de provisiones. Allí, los marineros ingleses mataron a garrotazos a más de veinte mil estoicos pingüinos de Magallanes y de penacho amarillo, que secaron y salaron para almacenarlos en la bodega del Desire.

Pero entonces su problema era otro. El 11 de noviembre los guerreros de cara de perro les estaban atacando de nuevo; corrían más que los caballos y arrojaban polvo al aire mientras lanzaban alaridos espeluznantes. Al principio, los ingleses creyeron estar siendo atacados por auténticos diablos con facciones de cánido sobre cuerpos humanos, hasta que se dieron cuenta de que se trataba de máscaras. Tras perder nueve hombres en la reyerta, el Desire zarpó hacia Brasil en el anochecer del 22 de diciembre para aprovisionarse de frutas y hortalizas robadas a los indios en la isla de Plasencia, frente a Río de Janeiro.

Pero, una vez más, fueron atacados, viéndose obligados a regresar mar adentro sin hacer aguada (aprovisionamiento de agua fresca). Cuando llegaron al Ecuador, de los cuerpos de los pingüinos muertos comenzaron a brotar como ánimas miles de gusanos de más de dos centímetros de longitud que se aplicaron a devorar con fruición invertebrada cuanto caía en sus quelíceros. Ropas, correas de cuero, incluso el casco de la nave, se lo comían todo menos el hierro. Mientras esas larvas del demonio deglutían literalmente al Desire, la tripulación volvió a caer presa del terrible escorbuto. Con las encías sangrantes, la lengua hinchada y los genitales tan inflamados que no podían hacer absolutamente nada, la situación se tornó dramática… Mientras, aquellas criaturas reptantes que nacieron de las entrañas de los pingüinos de la isla inundaban toda la nave. Solo Davis y un grumete se mantenían sanos, de los setenta y seis que habían zarpado de Inglaterra. Finalmente consiguieron llegar a Bantry Bay con un barco tan pestilente que su hedor se podía percibir en varios kilómetros de costa.

Este mítico viaje del horror fue inmortalizado en los versos de Samuel Taylor Coleridge titulados The Rime of the Ancient Mariner:

> *¡Tantos hombres y tan bellos!*
> *Y todos yacían muertos,*
> *Y un millar, un millar de seres viscosos*
> *Siguieron vivos, y yo también.*

Este episodio histórico ocurrido hace más de cuatrocientos años, de haber ocurrido hoy, hubiera aparecido en los titulares de todo el mundo con un claro culpable, al que llaman «cambio climático», y voy a evitar invocar estas palabras en lo posible, porque son, para variar, programación neurolingüística. Empezando por el singular, que ya sabemos que se utiliza siempre en retórica para darle una importancia casi divina a cualquier concepto; tanto es así que, con solo mencionarlo en plural, se desactiva absolutamente: cambios climáticos. De hecho, este capítulo sobra, porque solo con el título queda todo dicho. Repitamos: «cambios climáticos, cambios climáticos, cambios climáticos…». Si no hay uno, único, impar, que suponga algo diferente, el encantamiento no funciona.

Todo sujeto destinado a provocar impacto debe decirse en singular. Da mucho menos terror cuando se menciona en plural; le quita toda el aura épica. Igual ocurrió en el relato de la plandemia, decían EL coronavirus, EL COVID-19, EL colapso hospitalario, LA muerte, LA evidencia científica, LA comunidad médica… como expliqué en mi libro anterior Yo, negacionista.

Todo lo que esté creado para infundirnos impresión perceptiva de impacto, de respeto o de miedo debe ser tratado con una palabra en singular. Es uno de esos poderes de los nombres que tienen un efecto subliminal del que no nos damos cuenta, pero nos afecta.

No menosprecie el efecto de esto, es subconsciente, automático y efectivo. Por ejemplo, si alguien dice «que Dios me ayude», de inmediato inferimos que es creyente de una religión monoteísta, pero si usa la fórmula «que los dioses me ayuden» deducimos que es neopagano o politeísta. Incluso los animalistas, al hablar de sus tótems, los citan en singular: dicen «EL lobo», pero no «la hormiga». Pues bien, la expresión «el cambio climático» personifica, ensalza y deifica un concepto que, tal y como viene formulado, es falaz.

Esta técnica de la singularización la utilizan también con lo que sería el «espíritu santo» de la Nueva Religión: la «inteligencia artificial» (IA), que también es una y trina, indivisible pero omnipresente. Lea con fuerza: «¡LA INTELIGENCIA ARTIFICIAL!». Para no caer en la invocación, lo voy a pasar al plural, que es lo correcto, y lo voy a llamar las LAIAS, es decir, un acrónimo formado por IA en plural. La programación neurolingüística a la que nos someten es constante en los medios que sirven al globalitarismo, que es lo que hay detrás de todos los mandamientos de la creencia Lupus Deus.

Otro ejemplo es mucho más antiguo, de los primeros que funcionó tan bien que ha sido asumido incluso por los detractores de la idea que hay detrás. Que cale en los no creyentes es el mayor éxito de un neologismo ideológico. Se trata de la expresión «feminista» —un escalofrío de inquietud acaba de recorrer el espinazo de muchas lectoras— que viene, obviamente, de «femenino», cuyo antónimo es «masculino», y no «macho». Por tanto, si existe la expresión «feminismo», su contrario debería ser «masculinismo», palabra que ni siquiera existe. Pero hábilmente implantaron un término desagradable, «machismo», de tal suerte que, o se es una cosa, o se es la otra (la dicotomía, el otro gran engaño dialéctico), y claro, esta última suena fatal. En justicia semántica debería ser feminismo versus masculinismo, o machismo versus hembrismo. Cuando se me ocurrió proponer el uso de «hembrismo» hace muchos años en Facebook, donde empecé con esta cruzada de palabras, todas mis amistades femeninas de izquierdas, derechas y centro se me echaron encima. De hecho, este término se ha convertido en tabú a pesar de que es el adecuado para contrarrestar la palabra «machista». La gran victoria dialéctica de la Nueva Iglesia ha sido consolidar que feminista es una virtud que emana de ser lo contrario a machista, sin tolerar ningún término intermedio para que la mayoría pueda sentirse a gusto sin tener que elegir truco o trato. En su momento propuse «humanista», pero no cuajó. Al final han ganado, e incluso los mayores machistas dicen en público que son feministas, como si fuera una virtud. Perdimos esa batalla discursiva. De todas formas, como zoólogo, exijo que alguien avise a la naturaleza del fin del matriarcado, porque me parece que no se ha enterado.

En palabras que parecen más inocentes se hace lo mismo; pido disculpas de antemano porque me veo obligado a usar términos malsonantes en la próxima reflexión, pero es obligado para que se entienda el mensaje.

Hace años que la expresión «imputado» fue oficialmente eliminada por los jueces, para ser sustituida en el lenguaje judicial por «investigado», que es lo mismo pero no suena tan sumamente mal. Se dieron cuenta de que los medios de comunicación estaban usando esa expresión como si implicara culpabilidad, cuando en realidad le pueden investigar a uno por muchas razones siendo completamente inocente. «Investigado» puede ser cualquiera: usted, yo y mi prima. El periodismo woke se ha negado a dejar de utilizarla, asumiendo, sin embargo, la otra expresión solo para los que son de los suyos; es decir, si se trata de alguien del sistema, es investigado, pero si es un disidente, sin duda es imputado. El motivo no es otro que la sonoridad de la palabra. «Imputado» suena a «puteado», como a algo malo, sucio y peyorativo en nuestro inconsciente. «¡Está IM-PU-TA-DO!» es casi un insulto. Ser un reputado imputado es una putada. Pero funciona, nadie se da cuenta. Menospreciamos constantemente el poder inmenso de las palabras que los medios de comunicación nos instalan en la cabeza, y en las de nuestros hijos que escuchan la radio sin querer mientras juegan. La radio, en la que nadie se fija, es mucho más peligrosa para la programación neurolingüística que la televisión, porque se cuela en nuestras vidas más tiempo, mientras conducimos, cocinamos, trabajamos o hacemos otras actividades. En cambio, la televisión exige que nos sentemos a verla. Mucha gente, como prueba de pensamiento disidente ejemplar, me dice con orgullo: «¡Yo no veo la televisión!». Pero, cuando les pregunto si oyen la radio, suelen admitirlo. Entonces les imputo colaboracionismo inconsciente. Si no estamos muy atentos, nos cuelan sensaciones a través de estas técnicas conocidas y que se enseñan en academias de inquisidores llamados fact checkers.

Al final, lo único que quiero contarle es que las palabras que usamos a diario conforman nuestras ideas, y que esos conceptos se convierten en decisiones, en votos, en opiniones que creemos propias porque nos han sido inducidas por los medios de comunicación a base de repetirlas. Ni hablar del término más falaz, inapropiado y malévolo jamás inventado: «Latinoamérica». Años de lucha personal que esta vez sí veo que está calando. Un latino es alguien italiano. No entro ahora en esto porque ya lo escribí hace mucho hace años. La Iglesia de la Calentología nos inyecta continuamente sus términos envenenados, que a menudo adoptamos sin darnos cuenta de que tienen truco. Es como cuando queremos medicar a una mascota sin que se entere e introducimos una pastilla en el interior de una chuchería para que se trague una dentro de la otra. El eufemismo es otro de los milagros de la nueva creencia.

Fíjese en que, cuando quieren ver a alguien en un entorno formal, siempre le propondrán quedar a «tomar un café», jamás «un vino», aunque sea a mediodía; proponer tomarse «unas cañas», «unas cervezas» o «unos vinos» no queda bien; incluso cuando no hay confianza, utilizamos el eufemismo «tomar algo». Y hacemos esto de forma natural, sin pensarlo mucho, porque estamos preprogramados por las palabras que pronunciamos y que escuchamos. Por eso es importante rezar, o los mantras, o cualquier repetición de palabras que toda creencia religiosa usa desde hace siglos. Repetir algo lo hace estar presente, lo convierte en real. Algo está si lo nombras.

Por tanto, me niego a escribir mil veces «la Inteligencia Artificial (IA)» como si fuera una nueva diosa, porque lo que se menciona existe. Para mí son LAIAS, que suena un poco a las lamias, criaturas monstruosas de la mitología grecolatina (ahora sí), que el folklore revisado woke quiere reivindicar como nuevas criaturas maravillosas.

El 26 de marzo de 2024 leí un titular que me dejó sin aliento: «Los granizos gigantes que **mataron a un bebé** en Girona fueron **culpa del cambio climático y cada vez habrá más**». La redactora —muy joven, como era de esperar— dice ser biotecnóloga, «empoderada», «divulgadora científica» e «influencer» en su perfil de una conocida red social. Su nombre no importa. Hay un millón como ella pontificando por el mundo, pero sí su perfil, es el prototipo woke de ideobiología, monja de la Nueva Religión de la Calentología, tratando de medrar a base de escribir lo que cree que les gustará a los de arriba. El titular es uno de tantos, llenaríamos una librería entera de ellos; pero, sobre todo, es un claro ejemplo de la manipulación emocional que usan estos proselitistas.

Después del uso del singular, la otra trampa semántica es la palabra «cambio». Un cambio es la transformación de algo que previamente era diferente, y sumado al singular induce al inconsciente a fijarlo como una novedad nunca acaecida y, si es para mal, alarmante. Pero si además es culpa tuya y mata bebés, la wokización mental culmina en lo que la fe cambiática más busca: indignación. Ya expliqué antes cómo, cuando esto se instala en nuestro cerebro, queda marcado a fuego e impide el paso de la racionalización, los datos o la argumentación, e induce a la respuesta automática y agresiva de «¿acaso estás a favor de que mueran bebés?» ante el apóstata que tan solo ose preguntar. En realidad, ellos sí que lo están, como después veremos, pero al común de los mortales eso le parece aberrante.

Una vez que conocemos las técnicas habituales de la cienciología climática, volvamos a otro titular alucinógeno. En este caso, para más inri, lo publicó un medio supuestamente de divulgación científica climatológica, de nombre Meteored, en el mes de julio del año 2023. Atención:

«El cambio climático podría reducir el cerebro según un reciente estudio».

En este caso estoy de acuerdo.

En febrero de 2024 volaba desde el Reino de España hacia Los Ángeles, en California, dos localizaciones que se encuentran aproximadamente en el mismo paralelo, entre los 30 y los 45 grados latitud norte; sin embargo, el vuelo de Iberia estaba sobrevolando la banquisa de hielo en crucero a más de 65 grados norte. El comandante y los dos segundos, uno de los cuales conocía mi trabajo, me permitieron acudir a la cabina de mando del Airbus A350-900 de vez en cuando para preguntarles por dónde íbamos y por qué. Nuestra trayectoria desde la península ibérica iba hacia el noroeste hasta llegar a Groenlandia, después sobrevolamos a la altura de Kimmirt, la punta de Nuuk y Kangiqsujuaq, un asentamiento inuit en pleno océano Ártico (Alaska). Empecé a preguntarme si no me habría equivocado de vuelo, pues iba de una tierra de clima mediterráneo a otra con el mismo clima (California es clima mediterráneo, igual que el de una buena parte de España). Me explicaron que hacia este destino los vuelos suben hasta el Ártico en lugar de tomar una trayectoria que en un mapa consideraríamos recta; en otros planes de vuelo hacia el este, como en el caso de Tokio, llegan a subir hasta los 70 grados norte sobre el Ártico ruso.

Los motivos son que la Tierra es muy ovoide y, cuanto más hacia los polos, más corto es el camino, pero también que se intenta volar lo más posible sobre tierra en lugar de sobre el mar, y siempre a menos de tres horas de un aeropuerto utilizable en caso de emergencia. En mi vuelo de 12 horas hasta Los Ángeles estuve muy atento al mapa digital de a bordo, a los comentarios de los amables pilotos y a lo que veía por las diversas ventanillas de la aeronave, cotejando toda esa información para obtener conclusiones interesantes. Sobrevolamos varias horas Groenlandia, Canadá y parte de Alaska a cuarenta mil pies, unos doce mil doscientos metros sobre el nivel del mar a pleno día. Mientras los otros quinientos pasajeros dormían o veían vídeos con las ventanillas bajadas, yo parecía estar buscando colonias de morsas allí abajo. Pues bien, en el mismo instante miraba los mapas digitales de a bordo, incluso los de los pilotos, y se veía mar azul marino, pero mirando hacia abajo era una inmensidad de hielo inabarcable, océano totalmente congelado, puro hielo grueso. Nos condicionan visualmente también con la cartografía: la calentología dice que todo ese hielo no existe, que es agua azul, pero no es verdad. Banquisa blanca de miles de kilómetros.

Otro pensamiento que se evidencia observando desde la ventanilla de un avión tantas horas es lo inmensamente descomunal que es nuestro planeta, tan grande que cambiar su clima totalmente, o contaminarlo a nivel global, parece imposible. La idea de que la Tierra es pequeña, sucia y sensible es una sensación interesada, creación de la Nueva Religión. Es verdad, uno puede encontrar la playa de su niñez con algunos plásticos deprimentes que no deberían estar ahí, pero entre eso y la creencia de que los océanos y las titánicas selvas del norte sin camino alguno durante horas pueden ni siquiera ser tocadas, hay solo dos telediarios. Somos mamíferos insignificantes. Si no hubiera sido por nuestra alianza con los lobos y los caballos, no hubiéramos prosperado, al menos no tanto. Es considerable la soberbia de algunos de nuestra especie, que quieren jugar a ser Dios: «Probad de esta fruta y seréis como Él».

Uno de los pilotos me dijo que sentía esa misma sensación al sobrevolar la cuenca del Amazonas, que aquello era demasiado extenso para ser mancillado seriamente. Gracias a Dios, la Tierra es hermosa, enorme y fuerte.

Allí abajo, probablemente, no estuvo humano alguno nunca. Dejemos de pensar en pequeño, el mundo es maravilloso. Por desgracia, la mayoría sigue viajando por la vida con las ventanillas bajadas.

Créame que esto que sigue es cierto. Cuesta creer hasta qué punto la ciencia de algunos puede pervertirse de ideología woke, pero no olvidemos que detrás de todo estudio hay un presupuesto que alguien pone: revista científica PLOS ONE, 13 de diciembre de 2023, estudio de Ben Dawson, Julia Drewer, Toby Roberts y colaboradores, del UK Centre for Ecology and Hydrology, y la University of Edinburgh (Reino Unido). El titular es este:

La respiración humana aumenta el cambio climático.

Y sigue:

Los humanos contribuyen al calentamiento global al respirar, advierte este nuevo estudio. Investigadores británicos analizaron 328 muestras de aliento de 104 participantes y encontraron concentraciones de metano y gases de óxido nitroso, que se consideran más dañinos para el medio ambiente que el dióxido de carbono (CO_2). [...] Nosotros instamos a tener precaución al suponer que las emisiones de los seres humanos son insignificantes. En este estudio solo reportamos emisiones en el aliento, y es probable que las emisiones de flatos aumenten estos valores significativamente. Los investigadores recomiendan realizar más estudios sobre regímenes dietéticos rígidos.

No me atrevo a comentar este estudio porque todo lo que diga es menos fuerte que sus propias palabras: «flatos». Este es el famoso consenso.

Pero vayamos al grano: ¿por qué afirmo con absoluta y total rotundidad que no hay ningún calentamiento global de origen antropogénico que estemos ocasionando las personas normales? Lo primero que quiero decir es que la carga de la prueba debe estar en los que aseguran que el mundo se está calentando y que ello es debido al exceso de CO_2 provocado por la actividad humana. Son ellos los que deben demostrarlo en un debate científico abierto a todos los investigadores del mundo —disidan o afirmen—, para que las personas puedan decidir o al menos elegir de quién se fían. Luego no nos toca a los investigadores, divulgadores o periodistas que albergamos dudas razonadas o certezas contrarias demostrar nada, pues no somos nosotros los que pretendemos quitarle a la gente su coche de motor diésel, subir los precios de los productos primarios y la energía o cambiar la vida de las personas, ni gastar miles de millones anuales en convencer a quien se deje de que esto es verdad.

Vamos a ver que es bastante sencillo desmontar el relato del clima cambiántico con relativa facilidad y solo haciendo las preguntas adecuadas, sin complicaciones técnicas de las que les encantan a ellos para confundir a la gente sin preparación científica. Suelen intentar abrumarlo a usted con palabros para que desista de investigar y confíe, pero para evitar eso estamos los divulgadores científicos de los de antes.

Para medir temperaturas se usan termómetros. Pero los modelos de termómetros han variado tanto en los últimos cien años que sus datos no pueden ser comparados, sería como sumar peras y botijos. Además existen las llamadas «islas térmicas urbanas», que falsean los datos incluso si esos termómetros fueran compatibles. Con el crecimiento de las urbes, cientos de las antiguas estaciones de medición de datos atmosféricos que fueron instaladas en su momento en el campo se han quedado ahora rodeadas de edificios, asfalto, aires acondicionados y toda suerte de actividades humanas que generan calor; por tanto, evidentemente, sus registros de temperatura van en aumento por esa razón, y no porque el clima cambie.

Y aunque las temperaturas hubieran cambiado en estos últimos cien años, ¿cómo saben que eso seguirá ocurriendo? No lo saben, ni lo pueden saber, pero cuentan con aliado muy útil llamado «modelos informáticos», que no son más que simplificaciones bastante toscas de la infinidad de complicados procesos que ocurren en la atmósfera y en los océanos. Por muchas LAIAS con nombres preciosos que utilicen, si no se los alimenta con datos de campo correctamente tomados, no sirven para predecir nada —o, mejor dicho, pueden predecir cualquier cosa que queramos—. Obvian constantemente decirnos que absolutamente todas las predicciones que nos dan provienen de estos modelos que jamás en la historia han predicho absolutamente nada. Las simulaciones por ordenador no son datos del mundo real, se parecen más a videojuegos. Los modelos presentan oscilaciones de un cuatrocientos por ciento, de las cuales siempre eligen la peor de la hipótesis para ponerla en sus informes ladrillo, obviando la media y, por supuesto, el escenario menos favorable a su tesis previa. Alteran la alteración previamente alterada, alimentada por datos alterados, y eso le llega a usted en un titular. Llevamos doscientos años de falsas alarmas que no se han cumplido, pero que han servido para asustar a cada generación que las escuchó; cumplieron su función propagandística.

En noviembre de 2009, en New York Times, Washington Post y Die Welt, entre otras muchas publicaciones, saltó el escándalo llamado Climategate, calificado como el mayor del siglo. Un hacker informático sacó a la luz correos electrónicos de los científicos del llamado Panel Intergubernamental sobre Cambio Climático de la ONU, más conocido como el IPCC; el cual, para entendernos, sería como la OMS del clima. Esos correos e informes demostraban que había habido acuerdos para ocultar y manipular datos, así como destruir pruebas y movimientos para que los científicos escépticos no pudieran incluir sus puntos de vista en los informes finales que llegan a políticos y periodistas. También sacaban a la luz conversaciones en las que se ven claramente las dudas y remordimientos de muchos de ellos sobre lo que están publicando, y el ocultamiento deliberado del período cálido llamado Óptimo Medieval —¿recuerda?—. El núcleo de la filtración fue la Unidad de Investigación del Clima, CRU, de la Universidad de East Anglia, en Reino Unido, que ya había sido acusada meses antes por científicos estadounidenses de borrar datos originales de toma de temperaturas por «falta de espacio» en sus ordenadores. En definitiva, cocinando los datos que aportan a los modelos informáticos y al resto de los investigadores, sesgan absolutamente todos los estudios contaminados por ellos; así se crea el consenso científico que tanto se cita. Otra alarmante evidencia que trasluce de los correos de algunos de estos científicos es que son fanáticos del cambio climático; es decir, algunos lo creen tan de verdad que se alegraban de la muerte del escéptico John Daly.

En un correo del 28 de septiembre de 2009, uno de estos investigadores se vanagloria de su intención de bajar 0,15 grados centígrados la temperatura registrada del océano para que se ajuste a sus modelos climáticos. David Parker, otro de los implicados, propone en otro e-mail la posibilidad de cambiar el período de referencia para elaborar el índice de temperatura global; esta es una práctica habitual en la que los hemos descubierto ya varias veces, como expliqué antes. El mismísimo Michael Mann, uno de los climatólogos líderes del IPCC, afirma en otro e-mail que sería bueno «contener» la temperatura del «Período Cálido Medieval». El ocultamiento de las islas de calor les preocupa mucho, porque lo vieron en la comparación de temperaturas en la tierra y en los océanos, mucho menor en estos últimos, donde no se da ese fenómeno urbano. Otro correo comenta que el director del CRU ha recaudado 13,7 millones de libras desde 1990, tras sospechosos contactos con la compañía Exxon. ¿Compañías petrolíferas implicadas en apoyar el relato del calentamiento? Sí, por paradójico que parezca, porque controlando la narrativa le pueden dar la vuelta cuando quieran, aparte de favorecer a sus filiales de las llamadas «renovables». La banca siempre gana, perdemos los ciudadanos. Si la Tierra no tiene fiebre, el termómetro está roto.

Uno de los argumentos más manidos por los climatólogos oficialistas consiste en airear que los científicos disidentes no publican en las mejores revistas científicas pero ellos sí. Se oye mucho este argumento entre la gente que cree sin analizar; no se miran tanto los datos y las evidencias como el medio en el que se han publicado. En varios de estos correos se trasluce que hay un esfuerzo concertado entre ellos, una colusión, para que quienes no comulguen con ellos no sean publicados, e incluso para que, cuando una revista acceda, sufra un boicot. Recordemos que tanto los científicos como las instituciones, sus estudios y las revistas viven de los fondos públicos y privados que pueden entrar o no según sean de obedientes con la narrativa impuesta.

El IPCC elabora cada cierto tiempo uno de esos macroinformes ladrillo de cientos de páginas engorrosamente redactadas a propósito, que literalmente nadie lee, pero que van hábilmente acompañados de un resumen corto y nada inocente, que es el que saben perfectamente que miraran por encima periodistas y políticos; el viejo truco del extracto para prensa del que, casualmente, se suelen caer los informes que contradigan el relato. Lo peor es que el planeta entero está convencido de que ahí dentro está toda la evidencia científica sobre el clima. En otro correo, estos científicos indican que harán todo lo posible para evitar que un estudio contrario a sus teorías llegue al IPCC, incluso aunque sea a costa de «redefinir lo que significa un estudio revisado por pares». En general, todos estos investigadores se dedican con saña a delatar, perseguir, tratar de cancelar y denunciar a todos sus colegas que pretendan introducir el mínimo debate, así como a las revistas e instituciones que por lealtad o descuido les den la mínima difusión. Parece que el clima enrarecido no es el del planeta, sino el de los expertos en climatología que se supone que nos tienen que ilustrar a todos sobre lo que está ocurriendo. Hay fuertes intereses económicos, académicos e ideológicos en la ciencia del clima que empujan siempre en la dirección de la retórica implantada que a su hijo le llega a la escuela.

No dejaré colgando ahí arriba el término colusión, que debería oírse o leerse más a menudo: se define como un acuerdo secreto e ilegal entre dos o más partes, y por medios fraudulentos, para limitar la competencia de terceros.

Philip D. Jones, climatólogo de la Universidad de West Anglia, en Reino Unido, dimitió por este escándalo, aunque después salió bien parado con la condición de que se retirara. Ni que decir tiene que se fueron todos de rositas y que el montaje ha seguido adelante, nadie se acuerda de esto.

Philip D. Jones reconoció en 2010 que la pérdida de datos meteorológicos fue inaceptable, había declarado al Sunday que había pensado en suicidarse a causa de la polémica de los correos filtrados. Pero negó haber intentado injustamente apropiarse del proceso de revisión por pares, como dicen sus detractores, que aluden a un correo electrónico en el que escribía: «No veo que ninguno de estos documentos figure en el próximo informe del IPCC. Kevin [Trenberth] y yo los mantendremos fuera de alguna manera, ¡incluso si tenemos que redefinir lo que es la literatura de revisión por pares!».

El director de Nature, Phil Campbell, se vio obligado a retirarse de uno de estos paneles de revisión después de que saliera a la luz que había defendido a los científicos implicados. Una de las acusaciones con mayor carga política es que Jones, junto con colaboradores científicos, intentó sistemáticamente restar importancia al Período Cálido Medieval, una breve fase de calentamiento natural preindustrial que pudo haber ocurrido alrededor del año 1000 d. C.

En uno de los correos electrónicos filtrados, Jones escribió que «acababa de completar el truco de Mike Nature de agregar las temperaturas reales a cada serie durante los últimos 20 años para ocultar el descenso».

Los paleoclimatólogos confían en que la anchura de los anillos de los árboles dé información fiable sobre temperaturas pasadas porque concuerdan con datos de termómetros tomados desde el siglo XIX. Después de la década de 1960, sin embargo, hay una divergencia: la mayoría de las temperaturas sustitutivas de los anillos de los árboles parecen ser más bajas que las de los registros instrumentales en todo el hemisferio norte. Se desconoce la causa exacta de este problema y los científicos aún la están investigando.

Otros métodos indirectos, como los marcadores de temperatura de muestras de núcleos de hielo, tampoco coinciden con los datos directos. La reconstrucción de Jones terminó en 1960 debido al problema con los datos divergentes de los anillos de los árboles. Un caos.

Pero nos interesa de Jones que ha sido el mayor experto en registros paleoclimáticos, y que, antes de que comenzara toda esta caza de brujas, era más bien escéptico. Me gusta bucear en estudios e informes de climatólogos de hace quince o veinte años, cuando todavía no había censura y publicaban tranquilamente lo que pensaban; veinte años en climatología no es nada, se supone que todo lo que afirman proviene de conocimientos de muchos más años. Es decir, si hace tan poco reconocían no tener la menor idea, no es posible que ahora aseguren lo contrario —al fin y al cabo, estamos hablando ni más ni menos que de un planeta entero y de su comportamiento térmico durante los últimos siglos—.

Jones publicó que entre 1940 y 1970 no hubo aumento alguno de temperatura. También que el clima depende sobre todo de las erupciones volcánicas, las corrientes marinas y el sol; que los registros históricos de temperaturas son prácticamente imposibles de obtener con el mínimo rigor; que las investigaciones de los siglos precedentes las llevaban a cabo investigadores aislados sin coordinación alguna entre ellos —todos los datos que nos han llegado de los siglos XVIII y XIX, por ejemplo, son escasos, incompletos y discrepantes—; y que apenas hay trescientos años de observaciones meteorológicas deficientes. Solo había algunos registros aislados en Europa occidental que se han perdido en su mayoría, pero nada del resto del mundo.

El más brillante fue el meteorólogo alemán Wilhem Heinrich Dove, ¡que recogía los datos por correspondencia! Ni siquiera Dove tenía ningún dato en absoluto de los interiores de África, Asia, América del Sur ni Australia. Conclusión: antes de 1850, no se tenía nada, los modelos informáticos los están alimentando con datos caóticos de solo 174 años, además de suposiciones extraídas por otros métodos que veremos enseguida. Da seguridad, ¿verdad? Le están quitando a usted el coche por ciencia como esta.

Y luego los supersticiosos eran los de la Edad Media. Es más creíble un unicornio que el clima cambiántico.

En 1950, por fin instalaron un termómetro en la Antártida. ¡Albricias! Pero se le congelaba el mercurio, igual que a los de Canadá y la Unión Soviética. En 1970, yo tenía seis años, había un escaso número de estaciones de medición, unos centenares en todo el planeta, ridículo. No sabían ni dónde colocarlas, se rompían, se sustituían y las cambiaban de sitio, mezclando datos de valles con los de montañas, un caos absoluto. Pero lo más sorprendente es que todas las estaciones estaban en tierra, ninguna en el mar —y esto en un planeta en el cual dos tercios son agua—.

En 1853, gracias a los esfuerzos denodados de un capitán de navío de la Armada de los Estados Unidos llamado Mathew Fontaine Maury, todos los buques de Gran Bretaña, Francia, EE. UU. y otras naciones empezaron a medir de forma habitual la temperatura del aire y el agua en el mar, la cual era anotada en sus cuadernos de bitácora. Para obtener estas mediciones, tiraban por la borda un balde, el cual izaban a cubierta con agua, y esperaban unos minutos a que el termómetro se atemperara. Me imagino al grumete de turno saliendo con cara de pocos amigos a cubierta en pleno temporal a tirar el cubito a las olas y subirlo a pulso —método científico fiable—. Pero no se queje, pues, gracias a esos miles de grumetes, su hijo luce hoy en su libro de texto el logotipo del esfínter del arcoíris de la Agenda 2030.

Para más inri, los baldes eran primero de madera, después metálicos y más tarde de lona; y, en medio, durante unos años se tomaron mediciones en los conductos de refrigeración de la sala de máquinas del buque. No se preocupe, son datos fiables siempre que se metan en el modelo informático adecuado doscientos años más tarde.

Hay tantas variables implicadas en el clima de la Tierra de las que jamás hablan al público que esta actitud resulta sospechosa. Se trata, sin duda, de que en el inconsciente colectivo solo haya dos conceptos aparejados: «CO_2» y «calentamiento». Hay factores internos y externos al planeta; entre los primeros están las variaciones en el albedo de la Tierra, es decir, el porcentaje de radiación solar que entra y sale, que se refleja, es rechazado o al que estas impiden escapar fuera de la atmósfera. El albedo depende directamente de la cobertura de nubes y de las características de cada superficie, como ya vimos. En cualquier momento hay unas mil quinientas tormentas descomunales en el mundo, todo el tiempo, ¿lo saben? Caen once rayos por segundo, hay un tornado cada seis horas y una tormenta ciclónica gigantesca cada cuatro días. ¿Lo tienen controlado?

Después tenemos la circulación atmosférica y la oceánica —determinadas por los flujos horizontales y verticales del calor—, las cuales fluctúan de forma natural en períodos de tiempo desconocidos, a causa de la proverbial falta de datos con perspectiva histórica de la que adolecemos. Entre los factores externos naturales que afectan al clima, encontramos los cambios de luminosidad solar, entre los cuales están las variaciones de la fracción de onda corta que llega a la troposfera, justo allí donde se dan los fenómenos del tiempo. La inyección natural de polvo y sulfatos en la estratosfera proveniente de las erupciones volcánicas sería otro de estos factores. Hay en el mundo más de quinientos volcanes activos, con una erupción cada dos semanas de media: uno solo de ellos es capaz de alterar por completo el clima de la Tierra. ¡Una sola erupción!

¿Alguien puede creerse que estos señores tienen esto controlado introduciendo en ordenadores datos de baldes de agua de los barcos? Es imposible, y lo peor, es increíble. ¿Cómo han conseguido que media humanidad se crea la falacia climática?

Las variaciones climáticas de cada año, que son grandes, provienen en su mayor parte de la circulación atmosférica, pero las que se producen cada dos a ocho años se deben a la circulación vertical de los océanos y las temperaturas de la superficie del mar, como los fenómenos llamados El Niño y La Niña, que son oscilaciones del Pacífico oriental cíclicas y absolutamente erráticas que conducen a aumentos o disminuciones mundiales del número de borrascas, así como a un descenso de la temperatura media mundial. Nadie tiene la menor idea de su comportamiento en el pasado, ni en el presente, y mucho menos en el futuro. El nombre de El Niño se lo pusieron los pescadores del pueblo de Paita, en el norte de Perú, hoy una ciudad, porque era una corriente marina que tenía lugar en Navidad. Cada tres meses un tsunami atraviesa el Pacífico, y eso ocurre desde siempre —de hecho, han ido a menos—. En el mundo hay un terremoto cada seis horas y uno muy grande cada diez días, los cuales siguen siendo detectados mucho antes por animales salvajes que por modelos informáticos.

Pero, sobre todo, quien determina inexorablemente el clima de la Tierra es el Sol, sobre el cual no tenemos la más mínima influencia ni para bien ni para mal. La emisión del Sol fluctúa en un 0,1 por ciento, que es una barbaridad de energía liberada, en concordancia con el ciclo de once años de las manchas solares. Una mancha solar no es sino una parte del Sol que se ha apagado parcialmente, es decir, tiene menos temperatura que sus alrededores, pero, en cambio, genera una gran potencia magnética. Se han detectado manchas solares tan grandes como la Tierra. Se tiene noticias de ellas desde el siglo iv antes de Cristo. Pensemos en que el Sol no es un cuerpo rígido. Los registros históricos de estas manchas señalan que, tras su descubrimiento en 1611, hubo dos máximos separados por treinta años, y después la actividad declinó a un nivel muy bajo en 1640, manteniéndose hasta 1715. Edward Walter Maunder fue el astrónomo británico que descubrió algo muy importante de estos fenómenos en el Sol allá por el año 1900: se dio cuenta de que entre 1645 y 1715 hubo un período sin manchas que coincidió con una bajada de temperaturas en el clima en la Tierra; lo llamaron Mínimo de Maunder. Durante un período de 30 años dentro del Mínimo, los astrónomos observaron solo unas 50 manchas solares, cuando lo normal es entre 40 000 y 50 000.

Ha habido dieciocho mínimos solares con períodos fríos similares en los últimos ocho mil años de la historia, desde el Mínimo Egipcio del 1300 a. C. hasta ahora. Se dan irregularmente, en períodos de entre 180 y 11 000 años. Duran unos ciento quince años, repitiéndose más o menos cada seiscientos. No perdamos de vista que hablamos de una actividad solar en la cual no tenemos ninguna participación, y mucho menos culpa, y que, además, ni siquiera somos capaces de predecir y apenas de estudiar —ni siquiera las que han tenido lugar—. ¿Cree que la ciencia climática está en disposición de adivinar absolutamente nada al respecto? ¿Cree que prohibiéndonos salir a quince minutos de nuestra casa pararemos al Sol? Es todo tan sumamente ridículo que hasta me planteé si escribir este capítulo o hablar de elefantes voladores, y casi me inclino por Dumbo.

La pregunta es: ¿y ahora en qué estamos? Pues en el llamado Máximo Moderno, que comenzó en 1780. Debería empezar otro mínimo solar cerca de 2300, con su correspondiente período glaciar, y su adelanto en 2029, que ya señalé antes. El supuesto y leve calentamiento global no solo no tiene nada que ver con nosotros, sino que, además, sería algo positivo, como ya se vio en el óptimo medieval y en el del Imperio romano: prosperidad, cosechas y felicidad. Lo que realmente es una amenaza es el frío.

El origen antrópico del calentamiento global, que sería un ciclo natural, es una hipótesis nunca probada, sacada exclusivamente de algunos programas creados por matemáticos, programas informáticos complejos llamados Modelos de Circulación General. Estos modelos de simulación climática no reproducen la variabilidad natural observada del clima ni siquiera del pasado; no encajan con los períodos cálidos de los últimos diez mil años. Como he dicho, estos se repitieron aproximadamente cada mil años —Período Cálido Medieval, Período Cálido Romano y los períodos cálidos del Gran Holoceno—. Estos períodos del pasado también han sido más cálidos que el período actual, a pesar de que la concentración de CO_2 era más baja, y están relacionados, por tanto, con los ciclos milenarios de la actividad del Sol.

El calentamiento que muchos dicen observar desde 1900, porque les conviene relacionarlo con la Revolución Industrial para que cuadre la narrativa, en realidad comenzó en el siglo XVIII, es decir, en el mínimo de la Pequeña Edad de Hielo, el período más frío de los últimos diez mil años. Referenciando la progresión desde una glaciación, lógicamente todo parece calentarse, porque que se enfriase sería imposible. Son muy listos cortando la tela por donde interesa. Desde entonces, la actividad solar, siguiendo su ciclo normal de milenios, ha aumentado al calentar la superficie de la Tierra.

Estos modelos videojuego que tanto gustan a los profetas de la catástrofe no reproducen ni siquiera las oscilaciones climáticas conocidas de sesenta años, que fueron responsables, por citar algunas, de un período de calentamiento entre 1850 y 1880, seguido de un período de enfriamiento desde 1880 hasta 1910, y otro calentamiento en 1910 hasta 1940, seguido de un enfriamiento de 1940 a 1970 y un nuevo período de calentamiento de 1970 a 2000, similar al observado sesenta años antes. ¿Alguien le contó esto antes?

Desde el año 2000 hasta el 2019, no se observó una estabilidad climática considerable que se interrumpió esporádicamente por las rápidas oscilaciones naturales del océano Pacífico ecuatorial, el ya conocido por nosotros fenómeno de El Niño, similar a otra oscilación de calentamiento temporal que hubo entre 2015 y 2016. Soy prolijo hasta la extenuación porque me interesa que se perciba la enorme complejidad de lo que la Nueva Religión quiere simplemente que creamos sin pensar.

Los medios de comunicación de todo el mundo, que pertenecen literalmente a los mismos fondos de inversión que lo poseen todo, afirman que los eventos extremos, como huracanes y ciclones, han aumentado de manera alarmante. No es cierto, es al revés: estos eventos, como muchos sistemas climáticos, han sido modulados desde el ciclo de sesenta años antes mencionado. Los datos oficiales de 1880 sobre los ciclones tropicales del Atlántico que azotaron América del Norte parecen tener una fuerte oscilación de sesenta años, correlacionada con la oscilación térmica del océano Atlántico llamada Oscilación

Multidecadal del Atlántico. De 2005 a 2015, el número de ciclones disminuyó precisamente después del ciclo mencionado. Así, en el período 1880-2015, entre el número de ciclones que oscila y el aumento monótono de CO_2 no hay correlación alguna. Si bien es cierto que el CO_2 es un gas de efecto invernadero, de acuerdo con el propio IPCC (en la letra pequeña del dosier ladrillo que nadie lee, recuerde), la sensibilidad del clima a su aumento en la atmósfera sigue siendo extremadamente incierta.

Muchos estudios recientes basados en datos experimentales evalúan que la sensibilidad del clima al CO_2 es considerablemente más baja que la estimada por los modelos del IPCC. Entonces es absurdo atribuir a los humanos la responsabilidad del leve y más que dudoso calentamiento observado desde el siglo pasado hasta nuestros días. Los pronósticos alarmistas avanzados no son creíbles, ya que se basan en modelos cuyos resultados contradicen los datos experimentales. Toda la evidencia indica que estos modelos sobrestiman la contribución antrópica y subestiman la variabilidad climática natural, especialmente la inducida por las oscilaciones del Sol, la Luna y el océano.

Los medios de comunicación difundieron, como en el caso de la covid, el mensaje interesado de que existía un consenso científico generalizado que cerraba todo debate al respecto, como si la ciencia se basara en el número de científicos que firman algo y no, como ha sido siempre, en uno solo que rubrica un estudio riguroso disidente. A partir de una conjetura ni siquiera plausible, han creado una teoría científica consolidada. Fue el presidente de los Estados Unidos, Barack Obama (por cierto, en Turquía llaman baracks a los hombres lobo), quien en 2013 lanzó por primera vez ese bulo en Twitter diciendo: «97% of climate scientists agree: Climate change is real, man-made and dangerous» (El 97 % de los científicos del clima están de acuerdo: el cambio climático es real, provocado por el hombre y peligroso). Me parece muy ilustrativo de cómo funciona la cadena de falacias el cómo llegó Obama a esa afirmación, que desde entonces recorre el mundo como dogma de fe.

El analista de datos de ciencia y bioquímico José Gefaell nos cuenta lo que pasó cuando Barack Obama hizo esta declaración en la cual estaba refiriéndose a un estudio que el activista climático John Cook escribió en 2013 y que es el más citado del mundo sobre el cambio climático. Fue lo que se llama un «metaanálisis», es decir, que estudió casi doce mil artículos revisados por pares sobre ciencia climática publicados desde 1990, de los cuales poco más de cuatro mil expresaron una opinión sobre la causa del calentamiento global reciente. Pero Cook cocinó. Solo entre el 0,54 % y el 1,6 % de los estudios científicos analizados por John Cook sostenían explícitamente esa hipótesis. Solo si incluimos aquellos que sostenían que el hombre juega «algún» papel, podremos elevar el consenso hasta el 7,72 %. Veamos en detalle cómo se construyó esta mentira estadística. Analizó todos los papers que contenían los términos «cambio climático» o «calentamiento global» y los subdividió en 7 categorías:

(1) Estudios que aseguran que el cambio climático existe y está en un 50 % o más causado por el hombre: 64 papers, el 0,54 % del total.

(2) Estudios que dicen que el hombre juega «algún» papel en el calentamiento global, pero sin cuantificarlo en absoluto: 922 papers, el 7,72 %.

(3) Estudios que dicen que el incremento del CO_2 «en general» juega un papel en el calentamiento global: 2910 papers, el 24,36 % del total.

(4) Estudios que no comentan nada en absoluto sobre el papel del hombre en el calentamiento o que no marcan ninguna posición porque dicen que no está claro cuál es el rol de las emisiones humanas. Era el grueso de los estudios analizados: 7970 papers, ¡el 66,73 % del total!

5) Estudios que dicen que el hombre tiene un impacto mínimo en el clima: 54 papers, el 0,45 % del total.

(6) Estudios que dicen que las emisiones del hombre «probablemente» no tienen ningún impacto en el calentamiento global: 15 papers, el 0,13 % del total.

(7) Estudios que explícitamente dicen que las emisiones del hombre tienen un impacto «menor» del 50 % en el calentamiento: 9 papers, el 0,08 % del total.

En resumen, el 66,73 % de los estudios (7970) no marcan ninguna posición, y el 33,27 % (4028) mencionan al menos implícitamente al hombre como causante en parte.

Solo 64 estudios, el 0,54 % del total o el 1,61 % de los 4028, apoyan explícitamente la tesis del origen antropogénico del cambio climático. Pero ni siquiera estos dicen que el 100 % se deba al hombre, sino que el hombre es el causante «como mínimo» del 50 % del calentamiento global.

Como no le salía el resultado que buscaba, John Cook sumó entonces los grupos 1, 2 y 3 en un subgrupo que consideró que eran los papers «pro cambio climático antropogénico», aquellos que mencionan, aunque sea implícitamente, que el hombre es el origen del cambio climático. Este subgrupo «Pro» representaba el 32,6 % del total. Esta es la primera gran mentira estadística, porque el grupo 3 no dice que sea el hombre el causante, sino que el CO2 «en general» juega «algún» papel.

En el ciclo anual del CO2, las emisiones naturales de la descomposición de la materia orgánica en los océanos y en la tierra, los volcanes, la respiración nocturna de las plantas, etc., son más de 96 % del total.

Los que apoyan la tesis del cambio climático antropogénico dicen que es precisamente ese 4 % de emisiones humanas las que desajustan el ciclo natural.

Pero no solo no se ha demostrado empíricamente cómo un gas traza en la atmósfera, como es el CO2 (el 0,06 % de esta), puede incrementar tanto la temperatura del planeta. El hipotético desajuste que el hombre provoca en el ciclo natural del CO2 solo se ha argumentado en base a modelos matemáticos como los que he comentado antes y nadie lo ha demostrado aplicando el método científico, porque no se puede medir cómo fluctúa el 96 % de las emisiones naturales ni a dónde van, porque el CO2 no lleva una etiqueta que lo identifique como humano, vegetal o volcánico.

El pirata Cook aplicó entonces una cocina estadística que rebajaba el peso del grupo 4 (los 7970 estudios que no marcan ninguna posición): del 67 % a menos del 3 %.

De este modo, la suma de los grupos 1, 2 y 3 pasaba de representar el 32,6 % al 97 % del total de los papers. Y voilà, concluyó que el consenso científico era del 97 %.

Ese es el origen de la gran mentira estadística de que el 97 % de los científicos apoya el origen humano del cambio climático. Posteriormente, surgieron muchas críticas y revisiones del estudio del Cook, y muchas destaparon estas manipulaciones, pero ¿quién se ha enterado? «Miente, que algo queda» debería ser el lema de IPCC.

Así es como actúan casi siempre: un científico corrupto

altera datos, una institución corrupta los apoya, una revista corrupta los publica y, a partir de ahí, eso es creencia, evidencia científica, hasta que usted lee a Gefaell o compra este libro.

Muy al contrario de esa falsa unidad científica que nos quieren vender, existe una gran diversidad de hipótesis entre los climatólogos, meteorólogos, geólogos, geofísicos, astrofísicos... Muchos de los cuales reconocen una importante contribución natural al calentamiento global observada desde el período preindustrial e incluso desde la posguerra hasta hoy.

Ha habido peticiones firmadas por miles de científicos que han expresado su disconformidad con la conjetura del calentamiento global antrópico, que han sido ignoradas por la prensa, dedicada a la propaganda machacona de que el CC es indiscutible, y que quien quiera añadir algo es un «negacionista climático». Vaya, otro negacionismo del que me enorgullezco. Estas iniciativas incluyen la de 2007 del físico F. Seitz, expresidente de la Academia Nacional de Ciencias de Estados Unidos, y la promovida por el Panel Internacional No Gubernamental sobre Cambio Climático (NIPCC) cuyo informe de 2009 concluye que «la naturaleza, no la actividad del hombre, gobierna el clima».

Un apunte interesante: la familia Rothschild adquirió en 2011 el setenta por ciento de la mayor estructura meteorológica mundial, la Weather Central, afiliada a Microsoft, Apple y Google. Tienen más de un centenar de meteorólogos en nómina diciendo lo que ellos quieren. De sus informes diarios bebe su meteorólogo televisivo tan simpático, que en realidad es solo un actor que lee un guion, y que usa su atractivo para que usted se lo crea.

El calentamiento es finalmente antropogénico, en efecto, lo hacen ellos. ¡Tienen razón! Terminará cuando el Sol lo diga, pero necesitan esta excusa argumental como marco general para someter a la humanidad antes de 2030 sin que la gente se rebele, haciendo que lo acepten, sobre todo los niños y los jóvenes que entonces serán adultos, y que vivirán el resto de sus vidas aceptando una biodictadura convencidos de que fue necesaria para salvar al Lupus Deus, al que verán en sus peluditos cada día.

Pero no se trata en modo alguno de un destino inexorable, son solamente los planes de un puñado de iluminados dominados por el mal. Todo este plan siniestro dejará de funcionar si conseguimos revertir la magia negra explicando que no se trata de un nuevo Dios Lobo —Lupus Deus— que representa la naturaleza deificada, en el nombre del cual cambiaremos el planeta a costa de enormes sacrificios en su altar climático, sino que podemos disfrutar plenamente de la obra del Creador concibiendo a los lobos simbólicos como obra suya, Lupus Dei, los lobos de Dios.

Ya apareció en el Boletín Oficial del Estado de España (BOE) la participación del Reino en un nuevo organismo de esos que crean para pontificar y manipular la ciencia libre con el fin de convertirse en el oráculo de Delfos en asuntos atmosféricos.

Suena a una nueva «OMS» de las estelas, para redirigir toda la financiación científica exclusivamente a los que digan lo que la Agenda 2030 ordene. Pronto oiremos hasta en la sopa frases con la palabra «ACTRIS» —«según la ACTRIS...», «dice la ACTRIS...»— con el fin de dar soporte «científico» a medidas que probablemente acaben por restringir los vuelos comerciales. Se llama Aerosol, Clouds and Trace gases Research Infrastructure (ACTRIS) y su finalidad confesable es «estudiar los componentes atmosféricos de vida corta (aerosoles, nubes y gases traza reactivos, de gran variabilidad en el espacio y el tiempo) y sus interacciones, haciendo posible realizar predicciones atmosféricas fiables que comprenden desde alertas meteorológicas y sanitarias a corto plazo hasta evaluaciones a largo plazo del cambio climático»… ¿Meteorológicas y sanitarias?

Es decir, una cantidad indecente de dinero para el organismo que se va a inventar lo que le dé la gana y que, por descontado, acumulará a todos los científicos dispuestos a adaptar sus conclusiones a quien les pague, y cancelará a los que osen dudar.

Les encanta crear paneles y organizaciones, ahí se va nuestro dinero, en este caso a Helsinki. Para que les den a los periodistas y los Gobiernos (también en nómina) los datos cocinados para crear relatos de justificación de medidas de pérdida de libertades.

Pagamos a nuestros propios carceleros. Van a investigarse a sí mismos con el fin de declararse inocentes.

El 30 de diciembre de 2023 mandé un mensaje a la Agencia Estatal de Meteorología (AEMET) —observe que la «E» no la usaron para decir «España» en el acrónimo, sino «Estatal»— porque me di cuenta de que, cuando daban datos alarmantes de temperaturas, repetían una y otra vez la expresión «desde que hay registros», sin jamás especificar cuánto tiempo es eso. Conociendo como conozco la ingeniería neurolingüística que las agencias estatales utilizan habitualmente para inducir sensaciones en el público, les puse este mensaje en la red social X:

La clave de vuestra enorme mentira está en la expresión «desde que hay registros», que da a entender que son milenios, y resulta que fue hace poco que cambiasteis todos los protocolos para que salga lo que queréis ¿podéis explicarnos a qué lapso temporal os referís EXACTAMENTE?

La respuesta de la AEMET fue sorprendente por lo sincera:

Efectivamente, en 2020 cambiamos la forma de analizar los datos climáticos, para obtener una imagen más fidedigna de la evolución de nuestro clima.

Es decir, cuando oiga o lea usted «desde que hay registros» antes de un dato apocalíptico sobre el clima, sepa que le hablan de una referencia tan exigua como el año 2020 —en la publicación de este libro, ¡cuatro años!—. Es imposible sacar conclusión o predicción climática alguna con un rango temporal tan pequeño. Después averigüé que el truco retórico es igual en todas las agencias del mundo.

Lo cierto es que, ante el clamor popular de un mundo que se está dando cuenta del engaño cada vez más, han decidido coger al toro por los cuernos y crear una enorme cortina de humo, nunca mejor dicho, para vehicular toda investigación evitando que sea independiente. El Cambio Cromático es poner rojos los mapas que eran azules. Por fuera son hermosos pingüinos, pero dentro están los gusanos.

12

EL ACEITE
DE ROCA

> Agua del infierno llamaban en la Edad
> Media al petróleo. Razón llevaban.
>
> Fernando Sánchez-Dragó

Todo este plan genial termina en el año 2029, justo a tiempo para que sobrevenga aquel mínimo solar anunciado por Valentina Zharcova, en el cual el planeta se enfriará solo, para vendernos que ha sido gracias a su Agenda 2030. Me recuerda al viejo truco de aquel que aparentaba que su perro lo obedecía diciéndole ¡sit! justo cuando lo veía dar vueltas sobre sí mismo. O a lo que hizo el astuto español Cristóbal Colón el 29 de febrero de 1504, en la isla de Santiago, hoy Jamaica, durante su cuarto viaje a América.

Encalló el almirante en junio de 1503 las dos naves que le quedaban de las cuatro con las que partió del puerto de Sevilla, las carabelas Santa María y Santiago de Palos, además de los navíos Vizcaíno y Gallego. Eran un centenar de marineros y colonos en una situación delicada, montaron un campamento con los cascos de los barcos y envió a Diego Méndez con un grupo de hombres en canoa a la isla de La Española en busca de ayuda. Mientras esperaban, entablaron comercio con los nativos arahuacos para poder mantenerse, intercambiando víveres y vituallas con ellos. Seis meses más tarde allí seguían, pero las relaciones con los indígenas se habían deteriorado y se negaban a darles más comida. Entonces, Colón hizo lo que creo que quieren hacernos a todos: les dijo a los arahuacos que el 29 de febrero por la noche la luna se oscurecería y después se pondría roja de sangre, porque Dios estaba enfadado debido a que no les daban comida. Y así ocurrió. Los nativos, impresionados, volvieron a ayudarlos. Colón ya sabía que esa noche habría un eclipse lunar porque portaba a bordo el Almanaque Regiomontano escrito por el astrónomo y matemático alemán Johann Müller.

Estoy convencido de que entre los años 2029 y 2031 va a ocurrir algún fenómeno estelar relacionado con el espacio exterior que no nos están contando, pero que saben perfectamente; nosotros somos ahora los arahuacos de Colón que debemos seguir alimentando a la élite. Están diciéndole al perro que se siente cuando ya saben que se sentará de todas formas, para consolidar un relato en el cual ajustar sus medidas de control de la humanidad.

Todo este cientifismo no se sostendría sin ese marco narrativo que se inició con nuestro pacto con los lobos, nos conocen muy bien, saben qué mitos nos despiertan viejas creencias, saben qué genes tocar para que se expresen; transformar nuestra predilección psicológica ancestral por los lobos en amor a las mascotas para que no tengamos hijos es absolutamente genial. Se llama shock de reconocimiento, algo a lo que damos credibilidad inmediata porque nos resulta genéticamente familiar. Igual que hizo don Cristóbal Colón, van a aprovechar lo que saben que ocurrirá de todas formas para que creamos que tenían razón. Viene un enfriamiento natural que se atribuirá a las medidas que tomamos «gracias a ellos», pero para entonces ya no habrá libertad en el mundo y estaremos gobernados por instituciones globales no democráticas. Mas tengo por seguro que no lo van a conseguir.

Muchos me preguntan para qué necesitan crear esta narrativa, por qué no nos dominan directamente si tanto poder ostentan, qué sentido tiene que nos intenten seducir con tanto esfuerzo. La razón es sencilla: no pueden subyugar a toda la humanidad sin la colaboración de al menos la mitad de ella, necesitan la participación activa o pasiva de millones de personas para que su plan salga adelante, no pueden contra todos. Por eso es tan importante para ellos instaurar por encima de todas sus acciones una leyenda fundacional del Nuevo Orden Mundial que se mantenga durante decenios. Cuando muchas personas del futuro se pregunten por qué perdieron libertades con respecto a generaciones anteriores, se les responderá que porque tuvimos que salvar el planeta de una gran amenaza climática que los inconscientes humanos anteriores a 2030 habían provocado.

Se valora poco la vital importancia que tiene este mito fundacional para la estabilidad en el futuro de lo que intentan imponer; ya lo están haciendo en escuelas y universidades, los jóvenes salen convencidos de formar parte de una Nueva Era mejor, una humanidad renovada y alejada de esos padres y abuelos a los cuales aman, pero que fueron destructores ignorantes del planeta, los animales y el clima. Esta trama épica, junto a su estructura narrativa, que conocemos bien los guionistas, busca manipular diferentes partes del cerebro humano para que las víctimas siempre se crean los buenos del relato y lo acepten por eso.

La historia no sucede, se escribe; es siempre una cuestión de punto de vista. Ellos están forjando una nueva leyenda inventada basándose en los antiguos mitos que sí tenían una base histórica real. La leyenda de cómo salvaron el planeta se está escribiendo con tinta de libertad a partir de personajes y situaciones que atrapan la imaginación de la gente. La Nueva Religión trata de crear nuevos iconos contemporáneos placebo a base de resucitar los viejos mitos atlantes, griegos y romanos, para que nos encajen en estructuras mentales y culturales preexistentes. Solo cambian de nombre a los héroes, plagian las epopeyas, fusilan las sagas, reescriben las culturas clásicas que las nuevas generaciones desconocen, pero que figuran en su inconsciente colectivo, por eso las aceptan como novedosas y geniales.

Para ello era tan importante que se dejaran de estudiar en las universidades, para que no las reconozcan. Es como si eliminaran a The Beatles de la música, y sacaran todos sus discos como contemporáneos con un nuevo nombre, guapos cantantes y mensaje apocalíptico manipulado detrás. De hecho, el nombre original de los Beatles era Johnny and the Moondogs, incluso más merecedor de estar en este libro, pues, traducido, significa Johnny y los Perros que Aúllan a la Luna.

Hasta ahora, cada cultura del mundo tenía sus iconos mitológicos, sus leyendas fundacionales, sus creencias acerca de su origen; miren la neocultura Cowboy Country norteamericana creada por Hollywood que ha olvidado por completo su origen español en los dragones de cuera; o los británicos que se creen vikingos; o los hispanoamericanos que cultivan su minoritario origen indígena tratando de denostar el español, del cual son noventa por ciento herederos; o los alemanes y escandinavos que, a base de que todo el mundo les diga que son más inteligentes que el resto, se lo han creído; o los franceses, que están convencidos de que hasta la mayonesa, el chorizo, el jamón serrano y los quesos los han inventado ellos; o los italianos, que no saben que fueron aragoneses, que su mejor emperador, Trajano, era de Sevilla, o que Colón no nació en Génova... Todos estamos dispuestos a creer un relato en el cual somos los buenos; esta es la especialidad de los mejores creadores de contenidos de la historia de la humanidad: los guionistas del NOM.

Pues bien, que hubiera tantas mitologías no era útil, ellos necesitan que impere solo una, la suya. Nuevos sabios, locos, santos, demonios y genios resucitados pero comunes, de esto se encargan el cine, las series, la animación y las redes sociales. El mito siempre es útil porque expresa conflictos particulares que todo el mundo siente como propios. Por eso había que resucitar al Lupus Deus ancestral que nos enamoró, y traerlo a su versión de bolsillo, el perrete contemporáneo que nos mira como si pensara. Era un éxito seguro, pues nos amamos desde hace milenios.

Reyes, emperadores y césares del antiguo Imperio romano ya tenían mucho respeto a la opinión de la plebe, necesitaban que estuviera de su lado, por eso creaban juegos de gladiadores, carreras de cuadrigas y obras públicas, servicios gratuitos como bibliotecas, termas, teatros... Los munera gladiatorium eran juegos de gladiadores financiados por los patricios ricos de Roma como regalo a los pobres para mantenerlos contentos —de munera viene remuneración—. ¿Por qué iban a gastar enormes cantidades de dinero en hacer esto si no fuera porque lo necesitaban para que el pueblo aceptara el statu quo? Nada ha cambiado.

Todo con el fin de tener anestesiado al pueblo, conscientes de que, sin su aceptación, ni el más cruel tirano conseguiría durar mucho en el poder. Sorprende leer que incluso se llegaban a endeudar al llegar a lo más alto para dar una soldada extra a la Guardia Pretoriana, las legiones y los ciudadanos romanos. También debían ofrecer nuevas victorias militares para consolidar el relato. Incluso los esclavos podían ir al anfiteatro gratis, pues lo costeaba el emperador. Domiciano incluso limitó la producción de vino de Hispania porque era mejor y se vendía más en Roma, para favorecer a los viticultores de la península itálica.

Para que al menos la mitad de la población mundial acepte nuevas leyes, normas y reglas que van en contra de sus vidas privadas, deben sustentarlas en un marco global convincente que justifique con una narrativa esos sacrificios. Un calentamiento que corresponde a un ciclo natural ayudado por geoingeniería que pueden desactivar cuando quieran es perfecto para dar la apariencia de que tenían razón. Todas y cada una de las medidas recomendadas a nivel mundial por estos organismos supranacionales para, supuestamente, combatir un cambio climático ficticio tienen una segunda intención.

Pero lo que más me molesta es que malversen el amor por la naturaleza de millones de personas, que donan dinero y hacen sacrificios para salvar a animales de mirada blanca sin saber que en realidad los están perjudicando. No quieren salvar linces, quieren acabar con el ganado; no quieren cuidar a los peces, quieren acabar con la pesca; no tratan de promover los bosques, solo arruinar los cultivos; no quieren energías limpias, solo acabar con las eficientes; no quieren proteger las culturas indígenas, sino globalizarlas; no quieren acabar con las enfermedades, sino hacernos a todos yonquis; no tratan de acabar con la pobreza, instauran un nuevo imperialismo en países pobres para que no progresen; no trabajan para la humanidad, sino para reducir la población a través de planes de eugenesia… Todas las buenas palabras tienen truco detrás, pero no se sostendrían si la Nueva Religión no las unificara bajo una narrativa común según la cual los humanos somos una plaga para la Madre Tierra, por lo cual debemos suicidarnos para salvarla; pregunte a un niño, lo creen firmemente ya.

Necesitan al ciudadano plancton, que no puede nadar contra las corrientes, solo flota a merced de ellas. «Biología» significa «Ciencia de la Vida», se trata de poner a ingenieros al mando de biólogos, nunca al revés.

Como vimos cuando mataron a los perros de los batwas para «proteger» a los gorilas de montaña, por todo el mundo y en concreto en África, las grandes ONG de conservación de la naturaleza tienen más presupuesto que los ministerios de los países en los que actúan, y están practicando un nuevo colonialismo verde. En lugar de ayudar a la gente a salir de la pobreza, por ejemplo, haciendo que las viviendas tengan energía eléctrica barata proveniente de instalaciones hidroeléctricas o de centrales nucleares (la energía más barata y eficiente que existe), las prohíben, dejando a cientos de millones de personas buscando leña diariamente para sus hogares. Están creando santuarios para animales que en realidad esconden las riquezas minerales debajo, que de este modo quedan fuera del alcance de la gente hasta que, después de 2030, ellos las necesiten. Nada mejor para guardarse una mina que poner encima un parque nacional. Les imponen un feminismo occidental que no va con sus culturas y que solo busca la esterilización y el descenso de la natalidad. Los guardas de naturaleza financiados por las ONG occidentales son en muchos lugares de África los auténticos amos, porque cuentan con la superioridad moral y el dinero de Europa y Estados Unidos. No quieren ayudar a las comunidades porque les sobra gente y les faltan animales con los que justificar la eugenesia. Esterilizar, vacunar y mantener pobres a los africanos. Al estilo clásico anglosajón de siempre, quieren el territorio pero sin sus habitantes.

Miles de millones de las organizaciones filantrópicas y de conservación occidentales están al servicio del globalismo disfrazados de causas nobles. Curiosamente a los que están realmente dando su vida por los pobres no se los apoya. Que, adivine, otra vez son los misioneros y religiosas católicos. No forman parte del entramado, se los ignora. Que los occidentales y orientales ricos piensen que un gorila vale más que un pigmeo ya lo han conseguido —pregúntele a su hijo, sobrino o nieto—.

Se trata de convertir a la mayor parte de la Tierra en un descomunal parque nacional que finalmente acabará siendo su jardín del Edén exclusivo, en el cual se podrá venir de visita en safaris carísimos que muy pocos se puedan permitir, y donde solo vivan los vigilantes, los cuidadores y un puñado de etnias que sirvan de parque temático. La gente les sobra. Lo veo cuando voy a África: odian a las personas, todas las medidas son para expulsarlas de sus tierras igual que hicieron en la famosa conquista del Oeste americano, que después han blanqueado a base de películas de cowboys. Hay una cultura que se hibrida —la española, ahora hispana— y otras extractoras, depredadores que quieren la tierra vacía para repoblarla con los suyos, como hicieron en Australia, Nueva Zelanda, Canadá y Alaska. Ya lo han hecho antes, pero ahora quieren el planeta entero.

Odian la caza de conservación en África porque se autofinancia, favorece a las comunidades locales, es sostenible y ayuda a mantener grandes extensiones libres de minería, furtivismo y pobreza. La demonizan todo lo que pueden con la gente que nunca ha estado allí ni ha visto el bien que genera.

Tratar de profundizar en el alma de un cazador es algo que han intentado muchos escritores, desde dentro y desde fuera, con diferente fortuna. Sin duda, es uno de los retos intelectuales más complicados del siglo XXI, pues se trata de un relato necesario para defender algo que muchos sienten profundamente, pero que no son capaces de expresar en su grandeza. Ernest Hemingway toca el tema en algunos de sus relatos más celebrados, como Las nieves del Kilimanjaro o La vida feliz de Francis Macomber. John Henry Patterson, el famoso cazador de leones, que pensaba como ingeniero, era sobrio en sus descripciones, y no llega a quien no comparte su pasión. Karen Blixen, en su amor por el cazador profesional Denys Finch Hatton, apenas alcanza a describirlo con hermosura. La incomprensión social hacia la pasión del cazador contrasta notablemente con la naturalidad con la que la gente acepta otras actividades como el alpinismo, el ciclismo o cualquier deporte extremo. ¿Por qué nadie se atreve a cuestionar que miles de personas salgan cada fin de semana a las carreteras con sus bicicletas, poniéndose en franco peligro, a practicar una actividad física en vías públicas hechas para el transporte? ¿Por qué la percepción general ve a los escaladores como héroes, cuando lo que hacen no proporciona a la sociedad ningún beneficio y se trata simplemente de satisfacer una llamada interna personal idéntica a la de los cazadores? Los cazadores pagan licencias e impuestos; pasan exámenes; abonan viajes, estadías, transportes y hostelería local; contribuyen al mantenimiento de regiones enteras en África y en otras partes del mundo, de la economía rural de zonas que, sin su aporte, morirían. Los ciclistas y alpinistas no precisan de casi nada de eso, cualquiera se compra una bicicleta y sale a las carreteras o se pone a subir una montaña, causando cada año decenas de muertos y heridos solo en España, y gastos de rescate descomunales, a menudo debidos a su propia imprudencia. ¿De verdad necesita la sociedad que alguien más suba al Everest o al Montblanc, que son ya vertederos de basura con caminos balizados? ¿Por qué quien que dice que ha subido cinco «ochomiles» es visto como admirable si lo único que ha hecho es lo que le apasiona, a costa, casi siempre, de causarles enormes sufrimientos a sus familias y amigos? Ante estas percepciones, el cazador, que sueña con la intemperie desde la ciudad, que ansía que llegue el próximo lance, que ama cada jara o acacia, que se estremece con el tacto del rocío, parece que debiera sentirse culpable, esconderse ante las miradas de los amigos de sus hijos, como si algo pérfido rodeara lo que él ve como amor al campo. Medirse con las criaturas más inteligentes que la evolución ha creado, expertos en esconderse, huir o atacar; probar los propios límites hasta llegar al instante en el que la puntería marca la diferencia; y mirar a los ojos a un animal hermoso que intuye que va a morir es comprender la esencia de la vida, y nos despoja del repugnante ser en que, demasiado a menudo, nos han convertido las ciudades y la vida predecible. El mejor cazador de un clan, tribu o banda era el más admirado, sobre él se narraban las historias en los fuegos del invierno durante generaciones. Miles de años de selección natural han traído hasta nuestras células los genes de aquellos humanos, y siguen ahí, formando parte de la esencia del Homo que nos unió al lobo.

Hace un par de años, los documentalistas surafricanos Dereck y Beverly Joubert, que llevan más de veinticinco años viviendo en Botsuana, en plena naturaleza entre

Savuti y el delta del Okavango, y que dedican su vida a filmar leones para la National Geographic Society, dijeron durante una conferencia en Nueva York repleta de amantes urbanos de los animales una frase que mucha gente no quiere que se difunda:

No se engañen: si su gato tuviera el tamaño de un león, lo devoraría; si no lo hace es porque no puede.

Nadie ama a los animales más que los Joubert, pues viven con ellos y los conocen de verdad.

La moda mascotera se extiende; la soledad social de muchas personas en las ciudades, desprendidas de familia y religión, las aboca a una suerte de nuevo totemismo que deifica a gatos, perros y hasta peces. En una conferencia que estaba dando en Colombia, tras visionar las imágenes de una familia de lobos luchando por la comida en uno de mis documentales, les explicaba a los perplejos asistentes una verdad biológica contundente.

—No se engañen, amigos —les dije—: sus perros no los aman, simplemente respetan la jerarquía propia de los cánidos, que coincide bastante con la nuestra, los grandes primates. —Paré la imagen en la que un lobo atacaba a su propio padre ayudado por sus hermanos y les pregunté—: ¿De verdad creen que su lobo doméstico los quiere a ustedes más que a su propia familia? —Reconozco que disfruto un poco disturbando el neototemismo con la zoología—. Su perro los respeta porque lo alimentan —añadí— y porque permanece en un estado permanente de adolescencia que le hace admitir su dominancia. Su camino natural sería retarlo a usted, someterlo, y emparejarse con su señora (o a la inversa, si es hembra).

Medio auditorio envuelto en dudas; y el otro medio, mirándome con reproche. Los Joubert van más allá diciendo que hay más de seiscientos millones de gatos domésticos en el mundo; y que, si sus dueños se implicaran económicamente en la defensa de los grandes felinos salvajes (tigres, leones, leopardos, jaguares y pumas), de los que quedan menos de un millón, los salvarían fácilmente de la extinción. Sin embargo, parece que es mejor quejarse y comprarles absurdos juguetes a sus minitigres bonsáis que defender lo que importa realmente. El mascotismo ilustrado se me antoja imparable y, lo que es peor, criticarlo es motivo de escarnio público; para las nuevas degeneraciones, un gatito está situado varios escalones más arriba en la escala emocional que un bebé humano, y muchos más, desde luego, que un cazador. Así las cosas, preparémonos para un mascomundo dominado por adolescentes de varias especies compartiendo piso, y aprovechemos el monte, el mar y la niebla mientras podamos. Ya los antiguos egipcios momificaban gatos venerando a chacales con cuerpo humano; de ahí al Lupus Deus no hay tanta distancia. Tengo por seguro que, si alguien fuera capaz de leer los pensamientos de esos mininos, vería cómo se ríen de nosotros, sus esclavos, y de la sarta de lerdeces que deben escuchar cada día a cambio del pienso de soja transgénica con sabor a sardina. Amar a perros y gatos atribuyéndoles cualidades humanas o proyectando en ellos nuestras carencias afectivas es un arma de doble filo. Quererlos como son, conociendo su identidad biológica y entendiendo su naturaleza real, es aprecio de verdad.

Thomas Gold, prestigioso biofísico y astrofísico austríaco de la Universidad Cornell (Reino Unido), publicó en 1992 un estudio titulado The Deep Hot Biosphere que más tarde se convertiría en libro. Él había descrito anteriormente la magnetosfera de la Tierra, los campos magnéticos que desvían la mayor parte del viento solar formando un escudo protector contra las partículas de alta energía que nos envía el Sol. Por tanto, no se trata de un científico cualquiera. En aquel paper publicado por la revista Proceedings of the National Academy of Sciences dijo algo que desde entonces se trata de ocultar porque esconde una de las mayores falacias del relato oficial. Es uno de esos pocos casos en los que una eminencia se salió del guion y no pudieron censurarlo, pues no se dejó.

Cuenta Gold que en 1892 hubo una convención científica en Génova para determinar qué clase de sustancias orgánicas hay en el planeta. La definición de orgánico es «cualquier materia que contenga hidrógeno, oxígeno y carbono», que normalmente asociamos a seres vivos o sus restos. Es lo que tienen un árbol caído, la hierba, acumulaciones de animales muertos hace tiempo, en definitiva, cosas vivientes.

Allí estaban todos los mejores geólogos e ingenieros del mundo —con viaje y hotel pagados, elegantes recepciones y comidas— encantados, formulando sus conclusiones, cuando, al principio del congreso, se levantó el patrocinador, un señor apellidado Rockefeller, para saludar a los asistentes. Mucho antes ya había hablado con la mayoría de ellos en privado para sugerirles una idea que traía preparada de antemano, y que quería instaurar a nivel mundial —por algo él había pagado todo ese evento—: era ni más ni menos que un nuevo nombre para el petróleo y todos sus derivados, una expresión de esas que nos condiciona nada más oírla, un auténtico bombazo de la modulación neurolingüística que todavía hoy funciona, y que en 2024 está más de moda que nunca. «Petróleo» significa, literalmente «aceite de roca», y era como se entendía hasta entonces; pero las rocas son muy abundantes en la naturaleza, las hay por todas partes, esta denominación no era interesante para lo que estaba pergeñando. Pero, dado que el crudo en estado natural tiene hidrógeno, oxígeno y carbono, es coherente pensar que derive de la putrefacción de materia orgánica previamente viva, es decir, de enormes bosques de helechos y dinosaurios muertos en el Carbonífero, en una catástrofe ecológica lamentable de la que nos estamos aprovechando, repostando nuestros motores con los cuerpos de pobres animales muertos hace tiempo. Una idea terrible que se queda en nuestra mente de inmediato, en la que consideramos el tubo de escape como si fuera el de un crematorio de naturaleza desgraciada.

Toda convención pública termina con unas conclusiones que se comunican en ruedas de prensa y declaraciones de los participantes mediante entrevistas a los periódicos, radios y televisiones. Ahí fue donde nació y se difundió para siempre que el petróleo y sus derivados serían desde entonces llamados combustibles FÓSILES. Se redefinió el petróleo como producto de la materia previamente viva. El concepto de «fósil» nos susurra al inconsciente dos cosas: que proviene de materia viva y que es muy escaso. En este último concepto estaba el truco, ya que Rockefeller quería que todo el mundo pensara desde entonces que el petróleo se acabaría en algún momento, que era algo que no abundaba en la naturaleza, y que, por tanto, debía tener un alto precio que dependiera de su escasez. Este simple cambio de palabra permitiría controlar los precios de los hidrocarburos para siempre, porque algo muy abundante pierde valor, y eso estaba ocurriendo, aparecía petróleo por todas partes en el mundo.

Se convirtió en dogma que poco menos que estábamos echando trilobites y velocirraptores en los coches, hasta que Thomas Gold dijo: «¡Un momento!, jamás se ha encontrado un solo fósil por debajo de los cinco mil metros de profundidad, y estamos perforando petróleo a más de diez mil».

Cuando se descubrió el petróleo, se estaban empezando a fabricar los llamados motores de explosión (otro nombrecito que asusta, y que deberían llevar ahora los motores eléctricos, que explotan de verdad, pero claro, no se venderían), y en realidad se necesitaba el petróleo como lubricante para los ejes de las ruedas de los trenes, todavía no había una gran demanda para motores. Pero, según crecía el número de vehículos de explosión, el aceite de roca se iba haciendo más valioso. Y, cuando algo gana valor, siempre aparece un Rockefeller por allí para crear un relato conveniente. Por aquel entonces, la familia de magnates ganaba dinero transportando y vendiendo el petróleo, todavía no extrayéndolo. De hecho, había pozos por todas partes; en el Oeste americano, picabas con una pala y salía un chorro de líquido negro. Demasiados propietarios empezaron a ganar dinero y eso no podía permitirlo la familia más poderosa, que lo quería para sí. Se dieron cuenta de que ponerle precio al petróleo era como ponerle precio a un cubo de agua —justo lo que están haciendo ahora exactamente con el agua embotellada; porque, en realidad, las marcas de agua venden envases de plástico (del petróleo, por cierto), no agua—.

Pues bien, dado que no había coste inicial para sacar petróleo porque entonces era todo de superficie y se veía venir el auge de los coches, se les ocurrió una idea para mantener el precio elevado: hacer parecer que era escaso, que era «fósil». Llevo dos libros intentando convencerlo a usted de que las palabras dominan el mundo, pero no sé si lo he conseguido.

Los datos reales dicen que, probablemente, el petróleo no se acabe jamás, porque es el segundo líquido más abundante de la Tierra después del agua. Por eso están intentando hacer exactamente lo mismo con ambos, es la misma estrategia, eso de que el agua caiga del cielo y el petróleo surja de la tierra abundantemente y gratis no se puede permitir. Por eso están convirtiendo la lluvia en tóxica, los acuíferos en privados y los ríos y lagos en estatales. Metiendo la abundante agua en botellitas diminutas te da la sensación de que es escasa, es también agua «fósil». Que en los hospitales haya máquinas expendedoras de botellitas diminutas a euro y medio cuando al lado está el grifo del baño gratis, y que la gente las compre, es un ejemplo de hasta qué punto somos absurdos a veces. Precisamente son los médicos y sanitarios los únicos que rellenan sus botellas del grifo, mientras que los visitantes de pacientes las compran a millones.

Ni el agua ni el petróleo son escasos, todo lo contrario. Lo que son es abundantísimos y extremadamente baratos, por eso la Nueva Religión necesita demonizar a uno y privatizar a la otra. Dice Gold en una entrevista antes de morir que lo que más le preocupa es que esto aparezca en los libros de geología, que los geólogos digan que el combustible es fósil. Ya es dogma, igual que los virus y las vacunas para los biólogos y la Leyenda Negra o la Edad Media para los historiadores.

Sigue contando Thomas Gold que, cuando era representante de la industria ferroviaria estadounidense, cursó un master de energía de cuatro años organizado por el Gobierno de los Estados Unidos durante la llamada Crisis

Energética de 1973. Uno de esos seminarios a los que hay que ir porque es allí donde se dan las pautas para que la carrera de un científico siga por el buen camino o se dirija en busca de la verdad hacia su ruina (recuerde: seguir al ángel o al demonio). Había allí senadores, congresistas y representantes de todas las industrias implicadas —también la aérea, que iba viento en popa—; estaban, por supuesto, la CIA, el Departamento de Defensa, el Departamento de Estado y, cómo no, el más importante alto pontífice del Nuevo Orden Mundial: Henry Kissinger. El objetivo del seminario de cuatro años era controlar la línea de propaganda, la narrativa que todas las agencias y actores implicados debían seguir en materia de energía en general y del aceite de piedra en particular. Kissinger lo dijo claramente: el objetivo primordial era «crear un precio mundial para el petróleo».

Narra Gold que su amigo Arthur Kantrowitz, director de los Laboratorios Científicos Kantrowitz, y él estaban sentados en una mesa en ese seminario rodeados de jóvenes graduados y doctorados en geología, y él le dijo: «Doctor, ¿qué le parecen estos ponentes tontos hablando de combustible fósil?». El otro empezó a reír. Era tarde, ya estaba el dogma en todos los libros de las universidades. En aquel congreso de Génova presentaron al mundo la Química Orgánica, e incrustaron el petróleo ahí.

Gold formuló la Teoría del Origen Abiótico del Petróleo y el Gas Natural, que sostiene que los hidrocarburos no provienen de antiguas poblaciones de animales y vegetales vivos, sino que tienen un origen geológico inorgánico. Esto lo cambia todo, pues ya no es algo fósil que se acaba, sino una fuente inagotable y eterna de energía. El 26 de julio de 2009 apareció en la versión digital de la revista Nature Geoscience un artículo titulado «Methane-derived hydrocarbons produced under upper-mantle conditions» (Hidrocarburos derivados del metano producidos en condiciones del manto superior), en el que científicos del Instituto de Geofísica de la Institución Carnegie de Estados Unidos demuestran que se pueden obtener hidrocarburos pesados a partir de metano en las condiciones de presión y temperatura del manto superior de la tierra… sin dinosaurios podridos. Apuesto a que nadie le ha explicado a usted hasta ahora que el origen biológico de los hidrocarburos es solo una teoría —¡una teoría!— apoyada por aquel consenso científico, ese cónclave religioso del que ya hemos hablado, que se enfrenta a la otra frase hecha de no hay evidencias. Pero las hay. Recuerden que «no hay evidencias» de que yo no haya sido pareja sentimental de Charlize Theron durante seis meses, pero eso no significa que sea verdad. La falta de evidencia no es una evidencia, es más bien una invidencia deliberada.

Lo bueno de la ciencia de verdad es que desborda al control de la Nueva Religión, que la narrativa no es capaz de controlarla del todo hasta pasado algún tiempo, no son tan eficientes, y los nuevos descubrimientos que parecen no relacionados con los dogmas florecen si nos aplicamos a buscarlos.

Los nuevos hallazgos del estudio dirigido por Ralph Lorenz, miembro del equipo de radar Cassini del Laboratorio de Física Aplicada de la Universidad Johns Hopkins, en Laurel (Maryland), se han publicado en la edición del 29 de enero de 2024 de Geophysical Research Letters. Y, a menos que nos convenzan de que hubo dinosaurios a montones en la luna naranja de Saturno llamada Titán, pone en un aprieto a la teoría del petróleo fósil. Titán tiene cientos de veces más hidrocarburos líquidos que todas las reservas conocidas de petróleo y gas natural de la Tierra, según nuevos datos de la nave espacial Cassini de la NASA. Los hidrocarburos llueven desde el cielo y se acumulan en vastos depósitos que forman lagos y dunas.

«Titán simplemente está cubierto de material que contiene carbono, es una fábrica gigante de productos químicos orgánicos», dijo Lorenz. «Este vasto inventario de carbono es una ventana importante a la geología y la historia climática de Titán». ¿Carbono e hidrocarburos en un planeta lejano donde jamás hubo vida? Esto para mí es una gran evidencia de que Gold tenía razón.

A una temperatura de -179 grados Celsius, Titán está muy lejos de la Tierra. En lugar de agua, en la superficie de este satélite hay hidrocarburos líquidos en forma de metano y etano, y probablemente incluso tolinas formen sus dunas. El término tolinas fue inventado por el famoso Carl Sagan en 1979 para describir las complejas moléculas orgánicas que se encuentran en el corazón de la química prebiótica —¡prebiótica!—.

Cassini ha mapeado con radar alrededor del veinte por ciento de la superficie de Titán, observando varios cientos de lagos enormes; se estima que cada uno de esos mares contiene más hidrocarburos líquidos que todas las reservas de petróleo y gas de la Tierra (las que ellos dicen, claro, pero ya sabemos que hay muchas más). Las oscuras dunas que corren a lo largo del ecuador contienen un volumen de materia orgánica varios cientos de veces mayor que las reservas de carbón de la Tierra.

A Gold —que, entre sus muchos méritos científicos y técnicos, había conseguido un radar efectivo para las naves del desembarco en Normandía en el Día D y había averiguado que los submarinos alemanes usaban esnórquel para tomar aire sin emerger— los aliados le debían mucho. Sabía muy bien lo que era ser ignorado y cancelado por los sabios del consenso, porque, junto con el zoólogo R. J. Pumphey, descubrió en el Laboratorio de Zoología de Cambridge que la cóclea del oído humano funcionaba realimentada por energía eléctrica. Esta teoría fue ignorada por los fisiólogos hasta que en 1970 se demostró que era correcta. Pero es que desde que en 1950 formuló su teoría del petróleo abiótico, trataban de ningunearlo sin éxito. Precursor de los agujeros negros que desarrollo después Stephen Hawkins; descubridor de los púlsares y de las tormentas solares; asesor científico del presidente estadounidense..., todo lo que descubrió fue negado por los distintos consensos, hasta que otro lo demostró después. Acertó tantas veces en verdades científicas incómodas que el incómodo acabó siendo él, así que la NASA se deshizo de él.

En 1977 se descubrieron cerca de las islas Galápagos, en el océano Pacífico, unos ecosistemas animales que no dependían del sol, sino de fuentes hidrotermales en las profundidades. Era algo extraordinario que lo llevó a retomar su teoría sobre el petróleo.

Para Gold, los hidrocarburos fueron un constituyente común de los materiales a partir de los cuales se formó la Tierra hace unos 4500 millones de años. Existen en todo el universo y, por tanto, no tienen nada que ver con restos orgánicos de animales y plantas. Esto ya había sido sostenido en la década de los 50 por científicos soviéticos. Afirmó que estos combustibles atrapados en el núcleo de la Tierra, por el calor extremo, son exudados hacia arriba a través de las capas porosas de las rocas y, según ascienden, impulsan el desarrollo de grandes capas bacterianas que fueron la base de la vida en el planeta y van recogiendo restos biológicos. Propuso que la Tierra puede poseer un suministro prácticamente infinito de petróleo, tanto como para «al menos 500 millones de años».

Su libro de 1987 Power from the Earth dedicó cinco páginas a describir las importantes contribuciones rusas que lo precedieron en esta teoría, incluidas las de Mendeleev, Sokoloff, Vernadsky, Kudryavtsev, Beskrovny, Porfirev, Kravtsov, Kropotkin, Valyaev, Voronoy y Chekaliuk. Todos ellos destrozaron, por ridículo, el argumento endeble de que el petróleo es de origen orgánico solo porque contiene moléculas biológicas. La frase más definitoria de Gold es: «Los hidrocarburos no son biología reelaborada por la geología, sino geología reelaborada por la biología».

Los astrofísicos Geoffrey y Margaret Burbidge dijeron de Gold que «fue uno de los físicos más destacados de su tiempo» y que su «versatilidad era incomparable». En la revista Nature, Hermann Bondi escribió: «Tommy Gold será recordado durante mucho tiempo como un científico singular que entró en cualquier campo en el que pensó que se estaba pasando por alto una opción». Stanley F. Dermott escribió: «Tommy era un hombre guapo, encantador y generoso y un colega leal que formó muchas amistades duraderas. Un orador ingenioso, algunos lo consideraban un disidente científico que se deleitaba con la controversia, era un iconoclasta cuya fuerza residía en un análisis penetrante de los supuestos en los que se basan algunas de nuestras teorías más importantes». Anthony Tucker, de The Guardian, dijo: «A lo largo de su vida, se sumergía en un nuevo territorio para abrir problemas que los demás no veían, en biofísica, astrofísica, ingeniería espacial o geofísica. La controversia lo seguía a todas partes. Poseía una profunda intuición científica y era abierto. Con rigor, por lo general terminaba desafiando las preciadas suposiciones de los demás y, para desconcierto del establecimiento científico, a menudo las encontraba deficientes».

El petróleo y el gas natural no son escasos, no se van a terminar nunca, un problema menos. Otra cosa es que se inviertan los miles de millones que se pierden en campañas inútiles en mejorar los productos finales de los hidrocarburos y los motores que los consumen para minimizar el impacto de la contaminación, pero es innecesario, antieconómico y contraproducente terminar con el consumo del aceite de piedra.

A menudo se pasa por alto que el petróleo también se utiliza para muchos otros usos, y que ha mejorado considerablemente el mundo y la vida salvaje hasta extremos que no sospechamos. Que el petróleo es malo es un dogma woke inducido. Veamos.

Hasta 1970, todas las teclas de los pianos del mundo y todas las bolas de billar se fabricaban exclusivamente con marfil de elefante porque no existía otro material similar; también los mangos de cubiertos, ataúdes, mangos para espadas, otros instrumentos musicales y una infinidad de objetos que necesitaban ser reemplazados una y otra vez. Se calcula que más 160 000 elefantes al año se cazaban para construir estos objetos. No quedarían elefantes, si no hubiera sido por el petróleo.

Otro material, ahora olvidado, que era insustituible hasta casi el año 2000 era la queratina de carey de los caparazones de las tortugas marinas, con la que se fabricaban sobre todo peines, gafas, cajas, joyas y liras, entre otros muchos utensilios cotidianos. Desde 1844, un cálculo estima en nueve millones las tortugas carey cazadas para estas confecciones.

Pues bien, gracias a los plásticos, que se sacan del petróleo, los elefantes y las tortugas marinas se salvaron para siempre. Eso sin contar con la iluminación de todas las ciudades y hogares del mundo que se realizaba con lámparas de aceite de ballena, o los paraguas y polisones con sus barbas. Antes del petróleo, todo se sacaba directamente de la naturaleza. Es otra falacia woke que todo lo natural es mejor que lo artificial, cuando en realidad es completamente al revés: lo artificial es más ecológico, más barato y salva la naturaleza. El plástico es progreso. Las falacias ecologistas son tantas que pueden por sí solas llenar varios tomos. Por ser reciente, todos recordamos la campaña mundial para acabar con las bolsas de plástico sustituyéndolas por otras de papel —papel que también nos dijeron antes que estaba hecho de árboles y que no había que usar—. Al final, todo acabó simplemente en que nos las empezaron a cobrar; bueno, puede uno pensar que sí sirvió para limpiar los océanos, fenomenal. Pues bien, resulta que las bolsas de papel se rompen al mojarse, con lo cual se empezaron a fabricar más acartonadas para evitarlo. Un estudio de Bjorn Lomborg de 2019 concluyó que, para que una bolsa de papel tuviera menos impacto en el medio ambiente que una de plástico, habría que reutilizarla al menos 43 veces, cosa que nadie hacía porque se desfondan mucho antes. La medida ideobiológica fue perjudicial. Todo se consiguió solo con poco más que el impacto visual de una foto de un albatros muerto con el estómago lleno de plásticos que fue preparada, y con el vídeo de una tortuga marina a la que le sacaban una pajita de plástico de la narina (nariz) y que daba mucha grima. Nadie miró los datos, ningún experto aconsejó nada. Los problemas ambientales se arreglan con sentido común y tecnología, no volviendo al tótem.

El otro dogma de la Nueva Religión referente a las energías es la nuclear, que solo tiene un inconveniente: que es demasiado buena, limpia y eficiente para que les guste. De nuevo se usaron las palabras, al mezclar en el inconsciente colectivo la palabra «nuclear» con la palabra «bomba». ¿Cuántas veces ha visto el inicio de Los Simpson con el lerdo de Homer tirando la barrita radiactiva a un río desde la central nuclear del malvado Sr. Burns? Pues la realidad de los datos es la siguiente —más de uno va a saltar de la silla—: la energía nuclear es la más segura de todas, con residuos muy pequeños y seguros, de emisiones prácticamente cero y con impacto ambiental diminuto, da un combustible de alta densidad energética y de forma casi eterna; con una sola lata de uranio, como las de cerveza, funciona una central eternamente. Previene la contaminación del aire, se calcula que ha salvado ya a más de tres millones de personas por esa causa. Los paneles solares contaminan dieciséis veces más (sobre todo por plomo) y las turbinas eólicas trescientas veces más, y ambas generan más residuos también.

Una central nuclear produce hasta 75 veces más energía de la que se requiere para construirla, puede proporcionar electricidad barata y limpia a dos millones de residentes y emplea a unas mil personas. El cierre de centrales nucleares en todo el mundo ha sido una decisión política e ideológica sin base científica alguna. El único motivo posible es que deliberadamente quieran crear un problema que ellas resolvían, lo mismo que hemos visto durante todo el libro. La nuclear fue la neurosis del siglo XX, una campaña impresionante de propaganda de miedo a las radiaciones protagonizadas por el accidente de Chernóbil en abril de 1986. Se aterró a la gente con la palabra «radiación» sin especificarles que una sola radiografía de las que se hacen habitualmente era mucho más potente que las pequeñas cantidades de radioactividad que llegaron a la costa oeste de Estados Unidos. Fue similar al pánico covid, creado por los medios de comunicación al unísono. Greenpeace se dedicó a aterrar a la población sin fundamento científico. Nadie habló de la radioactividad natural que recibimos cada día, ni de que el 82 % de la misma es de origen natural. Pasando por alto que la energía nuclear es, con mucho, la más ecológica y sostenible que jamás ha existido, y que solucionaría, por ejemplo, los problemas de toda África con solo una decena de centrales bien distribuidas, gracias a las cuales la gente dejaría de envenenarse usando carbón en sus chozas y los bosques se recuperarían libres de la tala constante para los hogares sin electricidad. Toda África saldría de la pobreza y el hambre de un plumazo y de forma limpia, pero no interesa, les quieren imponer «energías limpias» ineficientes y caras para que no se levanten jamás. Es el nuevo colonialismo verde. Solo quieren que haya parques nacionales gestionados por blancos. La neurosis atómica se generó por la llamada «amenaza nuclear», porque la gente las confundió y pensó que una central nuclear era como una bomba de Hiroshima gigantesca.

Lo paradójico fue que, hasta los años 70 del siglo xx, las centrales nucleares fueron apoyadas con entusiasmo por organizaciones ecologistas como la Audubon Society, el Sierra Club y otras muchas. Esta actitud comenzó a cambiar radicalmente después de una reunión en 1973. Otra vez uno de esos simposios donde se dan instrucciones. Desde entonces todos fueron antinucleares, convirtiendo, además, sus proclamas de rechazo en eslóganes progresistas.

La energía nuclear es un éxito sin precedentes en la historia del mundo. La generación de electricidad mediante reactores atómicos es inmensamente segura. En más de treinta años de uso en el mundo occidental, no se produjo ninguna muerte, no hubo liberaciones de radiación al ambiente y nadie fue expuesto a la radioactividad a niveles mayores de los límites, que son muy bajos.

La electricidad de origen nuclear se consigue sin emitir a la atmósfera dióxido de carbono, óxidos de azufre y nitrógeno, partículas tóxicas, compuestos cancerígenos, etcétera, que sí son abundantemente lanzados al aire quemando petróleo y carbón. La cantidad de residuos nucleares producida es muchísimo menor y no contiene arsénico, plomo, cadmio ni mercurio. Los costos son bajísimos. Los reactores nucleares tienen posibilidad cero de explotar, es imposible, a menos que se les ponga una bomba. ¿Imaginaba esto? Cualquier escape por un posible recalentamiento del núcleo, la única posibilidad de fuga, quedaría automáticamente encerrado en el llamado «edificio contenedor», jamás saldría. Es difícil imaginar mayor seguridad.

Los estudios de riesgos concluyen que, con la actual tecnología, un derretimiento de núcleo podría darse una vez cada veinte mil. En comparación, la generación de electricidad por medio de carbón provoca diez mil muertes cada año.

Los ecologistas han frenado en seco durante sesenta años el desarrollo de países pobres. El Banco Mundial desvía los fondos de fuentes de energía baratas y efectivas como la hidroeléctrica, los hidrocarburos y la nuclear a otras caras y poco confiables como la solar y la eólica. Lo que llaman «desarrollo sostenible aplicado a países del tercer mundo» es una trampa mortal para ellos. No es ético que las naciones ricas priven a las pobres de las tecnologías responsables de nuestra prosperidad. Los grupos ecologistas están contribuyendo al aumento de la pobreza y el hambre al impedir la energía a los países reserva natural, a los que quieren exclusivamente como donantes de recursos y jardín de recreo del mundo. La principal causa de la destrucción del medio ambiente y la biodiversidad es la pobreza de las personas que viven en los lugares donde se producen los problemas.

Escribe Michael Shellenberger, activista de la justicia energética:

El carbón es bueno cuando reemplaza a la madera, y malo cuando reemplaza al gas natural o la energía nuclear. El gas natural es bueno cuando reemplaza al carbón, y malo cuando reemplaza al uranio. Solo la energía nuclear puede impulsar nuestra civilización humana de alto consumo energético al mismo tiempo que reduce la huella ambiental. El cultivo de alta densidad energética (incluida la pesca) crea la posibilidad de reducir el mayor impacto ambiental de la humanidad.

13

LOS COLMILLOS
DEL ÁNGEL

Todo poder es una conspiración permanente.

Honoré de Balzac

Llegados a este punto, empezamos a sospechar que no es posible que tanto desatino sea fruto de la simple acumulación de errores de centenares de dirigentes, científicos, artistas y organizaciones durante siglos. La humanidad ha encontrado soluciones increíbles a todos los problemas que se ha ido encontrando al crecer. Han surgido más especies de plantas nuevas en Europa durante los últimos tres siglos de las que se han documentado como extintas (Chris D. Thomas). En el año 2019 se ha protegido en la Tierra un área mayor que toda África, el quince por ciento de la superficie terrestre. En 1962 había en el mundo solo 9214 espacios protegidos, pero en 2020 ya eran 244 869. Desde 1990 la tasa mundial de deforestación se ha reducido de 7,3 millones de hectáreas al año a solo 3,3 (FAO). El uso de madera por la humanidad ha alcanzado su máximo y comienza a bajar. Se producen en el mundo muchos más alimentos en menos terreno, un 300 % más en solo un 8 % más de espacio. Con la aparición de los vehículos a motor, los tractores, las cosechadoras y los camiones, se liberaron tierras para la fauna salvaje; se dejaron de usar millones de caballos, mulas y burros a los que había que alimentar; una cuarta parte de las tierras de cultivo de Estados Unidos dejó de hacer falta. Con tecnología agrícola ya existente como fertilizantes, riego y maquinaria, se pueden aumentar cinco veces los rendimientos de los cultivos de arroz, trigo y maíz en el mundo. La contaminación de las aguas es menor que nunca. Los suelos degradados y la erosión disminuyen a niveles preindustriales. La esperanza de vida de las personas en el mundo aumentó de 31 a 73 años desde la Revolución Industrial. La mortalidad infantil ha disminuido del 43 % al 4 %, y la pobreza extrema bajó radicalmente del 44 % al 10 %, todo por el uso de energía, máquinas y tecnología. Ni siquiera somos muchos, es una idea maltusiana woke, ya que la tasa de crecimiento de la humanidad dejó de aumentar en 1960. En 1850, en Europa toda la energía primaria era de quemar madera, hoy solo el 7 %. La cantidad total de tierra que se utiliza en todo el mundo para producir carne alcanzó su punto máximo en el año 2000, y sigue bajando.

Llevan doscientos años anunciando falsas alarmas sobre escasez de recursos, superpoblación, miedo nuclear, plagas..., y seguimos siendo felices a pesar de todo, por lo menos en porcentajes nunca alcanzados por el Homo sapiens.

Y podría seguir dando buenas noticias, pero ¿por qué esto no nos lo dicen nunca? Muy sencillo: porque la Nueva Religión busca reducir la población mundial como sea —se llama «eugenesia»—, y a este fin no le interesan las buenas noticias. Lo que vaya bien, que es casi todo, lo tienen que cambiar por cosas que no funcionen a largo plazo, y desde luego difundir el pesimismo, el odio, la ira y la ignorancia como parte de una intoxicación masiva del alma del mundo.

Cuanto nos haga felices nos lo quieren quitar con la excusa de que es necesario para salvar al planeta herido. La actual preocupación histérica por el medio ambiente es un derroche interesado de recursos, un obstáculo para el espíritu humano y una puerta abierta al totalitarismo global. Y todo ello funciona como narrativa gracias al espíritu al que he llamado Lupus Deus, el Dios Lobo.

Desde su nacimiento en el siglo XIX, fue creciendo en Estados Unidos y Europa una nueva teoría científica que tuvo un éxito sorprendente años después a pesar de su poca base biológica. Secundada por el consenso científico de entonces casi en masa, con gran entusiasmo, se apoderó de la sociedad entrado el siglo XX. Todo Occidente la creyó —políticos, científicos, pensadores, famosos...—, a tal punto que inmensas cantidades de los fondos de investigación de fundaciones importantes se dirigían a financiar proyectos relacionados con esta idea. Era lo más progresista entonces, lo que había que pensar si se presumía de estar al día, de ser moderno. Podemos imaginarlo porque lo que pasa ahora es similar, el efecto generalizado de que si no te unes no estás con los tiempos.

Los notables del momento se entregaron a esta tendencia imparable: Winston Churchill, Roosevelt, el científico inventor del teléfono Alexander Graham Bell, George Bernard Shaw, los Rockefeller, Harvard, Stanford, la Johns Hopkins... Era la sensación en las academias de ciencias, en los colegios de médicos y científicos de los dos continentes a la cabeza del mundo. Casi medio siglo duró esta marea ideológica, durante el cual los disidentes fueron atacados, desprestigiados y cancelados —¿nos suena?—. La comunidad científica se unió a la causa con gran entusiasmo. Hubo publicaciones, libros, conferencias, simposios, entrevistas en los medios de comunicación, declaraciones entusiastas... Una marea que parecía inaugurar nuevos tiempos de mejora de la humanidad. Pero estas ideas provocaron finalmente la muerte de millones de personas.

Uno de los motivos por los cuales a muchas buenas personas que me escuchan explicar lo que he contado en este libro les cuesta asumirlo es que no pueden creerse que haya individuos tan malos en el mundo. Su cerebro se bloquea y me dicen: «No es posible, alguien haría algo, no puede ser». El ejemplo que estoy describiendo fue hace muy poco tiempo, y ocurrió exactamente igual, de forma análoga, a lo que estamos viviendo desde el año 2020. El mal existe en el mundo, hay que tener esto muy presente. Aunque nos cueste admitirlo, aunque nuestro entorno y nosotros mismos nos veamos como personas buenas que solo tratan de ser felices, el mal existe, y también las personas que se dejan seducir por él. Pero los tibios son muchísimos más, los de «lo hago por mi familia» son legión. Después hemos de sumar a los que no son malos ni tontos, pero no se atreven a decir nada por miedo al grupo, ya que somos un primate gregario. El mismísimo san Pedro, padre de la Iglesia, apóstol predilecto del Maestro, lo negó tres veces cuando sintió la presión directa. Por desgracia, la historia del mundo nos enseña que, a veces, y durante un tiempo por suerte determinado, se dan enajenaciones colectivas que hacen que ese mal parezca triunfar. Estamos en una de ellas, pero, como todas las anteriores, pasará.

Aquella idea que ha sido borrada de las biografías de absolutamente todos sus protagonistas se llama «eugenesia». El término lo utilizó por primera vez el antropólogo y geógrafo británico —cómo no— sir Francis Galton, primo de Charles Darwin, que, curiosamente, como primer meteorólogo, fue el inventor de los mapas del tiempo, descubridor de los anticiclones e instigador de la climatología moderna, gracias al establecimiento de los primeros registros climáticos de Europa. También fue quien empezó a utilizar en criminología las huellas dactilares para identificar a las personas individualmente, una joya de hombre; la conspiración está servida. Galton se obsesionó con la selección natural cuando su primo publicó El origen de las especies en 1859, pareciera que quisiera superarlo descubriendo más cosas que él, suena a movido por la envidia. En 1909 se publicó por primera vez la revista científica Eugenics Review, de la Eugenics Education Society con sede en Londres. Galton era el presidente honorario.

Hoy en día se ha comprobado que no solo era falsa ciencia, sin evidencias reales, sin investigaciones serias de sostén, sino que, lo que es peor, era una creencia muy destructiva, profundamente inmoral.

Se trataba de la selección artificial para mejorar la raza humana. Postulaba que la humanidad estaba degenerando, involucionando por culpa de que la selección natural había dejado vivir y reproducirse a enfermos, lisiados, inmigrantes, incapacitados o pueblos menos inteligentes. Literalmente se dijo públicamente que «peligrosas masas humanas» y una «creciente marea de imbéciles» estaban contaminando a la humanidad. Theodore Roosevelt, presidente de los Estados Unidos, proclamó que «la sociedad no debe permitir que los degenerados se reproduzcan». El célebre dramaturgo irlandés George Bernard Shaw declaró que solo la eugenesia podía salvar a la humanidad. Después, se celebró el Primer Congreso Internacional de Eugenesia en 1912, al que asistió Winston Churchill —tampoco entonces, como ahora, había el menor reparo por parte de los poderosos en reunirse y mostrar sus intenciones al mundo—. Hoy nos siguen dejando perplejos las declaraciones que día sí y día también hacen personajes como Klaus Schwab, Ursula von der Leyen, Tedros Adhanom, William Henry Gates III, Alexander Soros o Yuval Harari, y que tampoco parecen llegar a mucha gente. Las expresiones Nuevo Orden Mundial, Agenda 2030, Reto Demográfico, etc. son todas de su autoría, siguen diciendo que somos muchos y que hay que reducir la población humana.

Enseguida, la punta de lanza de la triunfante ciencia de la eugenesia se trasladó desde Estados Unidos y Reino Unido hasta Alemania, con gran orgullo para esta última y celos para las otras dos.

La Fundación Rockefeller, nuestra vieja conocida, después de trasladarse el centro de los esfuerzos eugenésicos a Alemania, siguió financiando a investigadores alemanes a muy alto nivel. Lo llevó en secreto, pero aún financiaba esa investigación en 1939, solo unos meses antes de desatarse la Segunda Guerra Mundial con los sucesos de todos conocidos; después del conflicto, todos en masa se pusieron de perfil con la eugenesia.

Al final de la guerra ya no quedaba ni un eugenista. O, mejor dicho, ya nadie se declaraba como tal, se hizo un silencio que dura hasta ahora, cuando han resurgido en el año 2020.

Toda esta idea venía de mucho antes, de cuando se publicó en 1798 el tratado An Essay on the Principle of Population, del economista político inglés Thomas Robert Malthus, un clérigo anglicano que convenció a la humanidad de que sobraba gente, que el mundo colapsaría de superpoblación cuando faltaran los recursos.

> *El poder de la población es tan superior al poder de la tierra para producir subsistencia para el hombre que la muerte prematura debe visitar a la raza humana de una forma u otra.*

Se modificaron hasta mandatos, como la Ley de Pobres inglesa implementada por la reina Isabel I en 1601 para proporcionar alimentos a los desfavorecidos, que fue restringida severamente por la Ley de Enmienda de la Ley de Pobres de 1834, basada en el razonamiento maltusiano de que ayudar a los pobres solo los alienta a tener más hijos y a aumentar la miseria. La pasión eugenésica se extendió por Estados Unidos a principios del siglo XX, culminando en el caso de la Corte Suprema de 1927 «Buck versus Bell», en el que los jueces legalizaron la esterilización de ciudadanos «indeseables». El tribunal incluyó a prominentes progresistas, uno de los cuales dijo: «Tres generaciones de imbéciles son suficientes». Se procedió después a la esterilización de unos setenta mil estadounidenses (Scientific American, 1 de mayo 2016).

Afectó tanto a la economía, a las leyes…, hizo tanto daño, que esas ideas locas resurgieron en forma de eugenesia después, como hemos visto, y jamás se han ido del inconsciente colectivo. De hecho, han resurgido con el ambientalismo.

Hoy todo el mundo que no se haya molestado en investigar un poco está convencido de que somos demasiadas personas en la Tierra, y esta idea siniestra es la base ideológica subyacente de toda la Nueva Religión. El mejor ejemplo que se me ocurre es el nuevo concepto de caudal ecológico que se aplica a los ríos en España, según el cual ya se está dejando a poblaciones enteras con restricciones de agua con la excusa de que los ríos deben estar como en la Edad Media.

Detrás de todas estas medidas sin sentido ecológico que afectarán directamente a la vida cotidiana de la gente, implementadas ya o anunciadas para el tan cacareado año 2030, está la ideología sustentada en la Nueva Religión, que da soporte en forma de creencia a decisiones tan sorprendentes como las que la eugenesia provocó hace un siglo.

Que usted piense que no pasa nada es parte del plan.

El ideario ambientalista justifica la reducción de la población mundial para salvar al planeta simpatizando con la eutanasia, el aborto, la esterilización indirecta, la disuasión social a formar familias y el dificultar a los países emergentes que se desarrollen. Churchill ya dejó morir a millones de hindúes entonces; y, sin embargo, hoy la gente lo sigue citando con simpatía por sus frases ocurrentes y en muchas películas aparece como un personaje amable.

Al acabar la Segunda Guerra Mundial, el maltusianismo se volvió de izquierdas disfrazado de conciencia ambiental —como siempre, le cambian el nombre a los Beatles y nos vuelven a vender los mismos discos como si fueran nuevos—.

El ecologista Barry Commoner declaró en 1971 que «hay que proteger a las naciones pobres del desarrollo económico».

El 9 de febrero de 1935, Nikola Tesla, el admirado personaje woke con una marca de coches ultramodernos con su nombre, dijo lo siguiente en la revista Liberty:

El año 2100 verá la eugenesia universalmente estable-
cida. En épocas pasadas, la ley que rige la supervi-
vencia del más fuerte más o menos eliminaba las razas
menos deseables. Luego la nueva sensación humana
de compasión comenzó a interferir con el funciona-
miento implacable de la naturaleza. Como resultado
de ello, seguimos manteniendo vivos y criando a los
no aptos.

El único método compatible con las nociones de civili-
zación y raza para evitar la reproducción de los no
aptos es la esterilización y la orientación intencionada
del instinto de apareamiento. Varios países europeos
y algunos estados de la Unión Americana esterilizan
a los criminales y a los dementes. Esto no es suficiente.
La tendencia de opinión entre los eugenistas es que
tenemos que hacer que el matrimonio sea más difícil.
Ciertamente, a nadie que no sea un padre deseable se
le debe permitir la producción de progenie.

Este plan sigue en marcha en el año 2024.

Aquel lobo de Lamar Valley en Yellowstone, el gorila de montaña del Bosque Impenetrable de Bwindi, el chimpancé de Kibale, el lobo marino de Cape Cross y el coyote ángel de Mojave no quieren ser dioses, solo que los dejemos en paz y, a lo sumo, que los vayamos a visitar de vez en cuando sin molestarlos demasiado. No desean que la humanidad se suicide en su nombre, ni que los peores seres humanos que existen los utilicen para sus fines. La naturaleza salvaje es la obra de Dios, que está ahí para que cuidemos de ella. Los animales no tienen derechos, somos nosotros los que tenemos la obligación de amarlos, cuidarlos y evitarles sufrimientos para glorificar a Dios, disfrutando del Edén sin morder la manzana que nos ofrece la atractiva serpiente.

El ángel caído no tiene poder para crear nada, solo puede vencer si nosotros lo ayudamos con nuestra pereza e indolencia, o cediendo a la seducción de lo material. Casi todas las trampas del sistema tienen detrás la palabra «comodidad». Todo su poder radica en tentarnos, maneja debilidades humanas con maestría. Si no colaboramos voluntariamente, no podrá gobernar el mundo jamás. Por eso estoy convencido de que no lo conseguirán, que la humanidad está hecha con trozos de la divinidad, y que las legiones de ángeles están a nuestro lado.

Un aullido.
FIN

«Ninguna persona o institución
mencionadas, citadas o en agradecimientos
en esta obra están necesariamente de acuerdo
con las tesis del autor».

AGRADECIMIENTOS

A mi mujer, Tatu, casada con un lobo solitario, lo cual no es fácil. A mis hijos Santiago, Sebastián y Marina, a ver si este les gusta y lo leen. A todos y cada uno de los aulladores que me siguen en las redes, que me abrazaron y besaron, dándome fuerza durante cuatro años; a los que me abandonaron por miedo, porque dejaron sitio a otros que me llenan y que creen en mí. A los envidiosos que me hicieron fuerte, pues un caballero se mide por la categoría de sus enemigos. A mis alumnos de dieciocho años de universidad. A Manuel y Pilar Pimentel, por seguir apostando por un escritor maldito. A Montse García Márquez por arrastrarme de nuevo a África. A Alberto de Zunzunegui, por enrolarme en su barco; y a los que vinieron con nosotros para demostrar que nada puede pararnos: Marta Roig Aguilar, Cristina Román, Tino Barra Collado, José Ramón Alonso Montoya, Gabriela Mate, Sofía Alonso, María Luisa Bondía, Ana García Martínez, Camilo Ramallo Torres, Isabel Bonet Puerto, Luis Ramallo, Carmen Ramallo, Ana López de la Reina y Juan Rodríguez Monge, Inmaculada Adeba, Isabella Uittenbroek, Julia Puche y Luis Bertelli, Norberto Cejas y Concepción Hernández, Alfonso Ricart, José Ramón López Sebastián y Teresa Peceño Yuste, Susana Varona, Juan Carlos Álvarez Campillo e Inés Valls. A Roberto Lamuño. A Rodrigo Fernández Castro y Anabel Sequeira, Pilar Laiglesia, Alfonso Ricart, Dajana Kern y Jorge Muñoz. A mis negamigas asesoras de la vida, la Dra. Rocío Jiménez Arellano, la Dra. Celia Reigía Vales, la Dra.

María José Martínez Albarracín, Laura Sola, la Dra. Natalia Prego Cancelo, Ana Francisca García Trelles y Sara Lages. A Eduardo Rodríguez Zaballos. A Pedro F. Barbadillo, por su constante aliento. Al Dr. Luis de Rivera, por sus enseñanzas y libros. Al Dr. Alejandro Sousa, al Dr. Ernesto Estrada, al Dr. Fernando Anía, a Ray Solans, a Alberto Donaire, a Carlos Palau, a Carlos Álvarez Renuncio, a Roberto Prada Alfonso, a Carlos Astiz, a José Bernardo San Juan y a Daniel Vela Valldecabres. A Akela Sánchez Dragó, por su mirada. A Carlos Martínez Vara del Rey. A César Soto Valiña y a Marta Calafat, por su ejemplo de lucha. A María Muriedas, Flavia Munárriz y Marcos Gonzálvez. A Luis Burgueño, a Fernando Guirao, a Carmen Lomana, a José María Finat, a Pipoca y Jon Inciarte, a Carlos Montojo y Elvira, a Antonio Aguirre, a Manuel Pinomontano, a Manolo Marcos Fal, a Luis del Rivero Asensio, a Paloma Gómez Villegas, a José Ángel Baeza Rojano, a Camilo Cabarrús, a José Ortega, a Juan Antonio Simarro, a Helher Escribano, a Alberto Abascal, a José Luis Castañares, a Nano Fayos Sagüés y a la memoria de Montxo Tamames. A José Gefaell, por su aportación. A Nauzet Morgade y a Fernando García Herrera, por su pintura magnífica. Todas estas personas me acogieron, sonrieron y aportaron energía como ángeles que son, pero quiero agradecerles sobre todo a Dios, a la Virgen María, a Jesucristo y a mi Ángel Custodio, al que tanto trabajo doy. También a los lobos, por mirarme; a los elefantes, por susurrarme; a las jirafas, por mostrarme el camino; y a aquel coyote de Mojave, sin el cual no estaría aquí. Un aullido.

BIBLIOGRAFÍA BÁSICA

AETHELMAN, G. C. Pinturas rupestres. Lectura, significado e historia. Almuzara, Córdoba, 2019.

ALONSO, Juan J. La Edad Media en el cine. TB Editores, Madrid, 2007.

AMPUMUZA, Christine et al. The Most Marginalized People in Uganda? Alternative Realities of Batwa at Bwindi Impenetrable National Park. ELSEVIER, 2019.

ARENS, William. The Man-Eating Myth. Oxford, Nueva York, 1979.

ARSUAGA, Juan Luis. Los aborígenes. RBA, Barcelona, 2002.

—El enigma de la esfinge. Plaza & Janés Editores, Barcelona, 2001.

BALL, Phillip, H2O, Una biografía del agua, Turner, Madrid, 1999.

BAGUMA, R. «Batwa to petition parliament over land: The New Vision». 2009.

BECKER, Ernest. La negación de la muerte. Kairós, Barcelona, 2003.

BERGE, Lars. La hora del lobo. Almuzara, Córdoba, 2022.

BERGER, Lee. Casi humano. National Geographic, Washington, 2017.

BRUCKNER, Pasca. The Fanaticism of Apocalypse: Save the Earth, Punish Human Beings. Polity Press, Boston, 2013.

BLACK, Edwin. War against the Weak: Eugenics and America´s Campaign to Create a Master Race. Foyr Walls, Nueva York, 2003.

BLANCO, Juan Carlos. El Lobo (Canis Lupus) en España. Colecc. Técnica, Icona.

BLANCO, D. G. Mitos del hombre-perro. Prensa de la Universidad de Chicago, Chicago, 1992.

CAMPBELL, Bernard. Human Ecology. Heinemann Educational Books Ltd., Londres, 1996.

CANALS-SALOMÓ, Antoni y CARBONELL, Eudald. La caza en la evolución humana. Almuzara, Córdoba, 2022.

CAPANAGA, Victorino. Agustín de Hipona. Biblioteca Autores Cristianos, Editorial Católica, Madrid, 1974.

CASTROVIEJO y CUNQUEIRO. Viaje por los montes y chimeneas de Galicia. Austral.

CAUVIN, Jacques. El nacimiento de los dioses y el origen de la agricultura. Cambridge University Press, 2007, Reino Unido.

CHASE, Alston. In a Dark Wood: The Flight over Forest and the Myths of Nature. Transaction Publishers, New Brunswick, Nueva Jersey. 2001.

—Playing God in Yellowstone: The Destruction of America´s First National Park. Atlantic, Nueva York. 1986.

COHEN, D. Hombres lobo. Penguin, Nueva York, 1996, p. 104.

CONNELLAN, H.; BARON-COHEN, S.; WHEELWRIGHT, S.; BATKI, A. y AHLUWALIA, J. «Sex differences in human neonatal social perception», Infant Behavior and Development. Elsevier, 2000.

COPPINGER, R. y COPPINGER, L. Dogs: A Startling New Understanding of Canine Origin, Behavior, and Evolution. Scribner, Nueva York. 2001

CRICHTON, Michael. Estado de miedo. Plaza & Janés Editores, Barcelona, 2005.

CROK, Marcel. Desproporcionada prisa climática. Grupo ECR, Parlamento Europeo, Bruselas, Bélgica, 9 de julio de 2021.

DE ASÍS, Francisco. Las florecillas. Biblioteca Virtual Miguel de Cervantes. www.cervantes.com

DE RIVERA, Luis. Autogenics 3.0. Madrid, 2022.

—Crisis emocionales. Instituto de Psicoterapia de Madrid, 2012.

DE WAAL, Frans. El simio y el aprendiz de sushi. Ediciones Paidós Ibérica, Barcelona, 2002.

DÍAZ-MONTEXANO, Georgeos. «Perro, el origen etimológico íbero-altaico o paleolítico del nombre de perro». Scientific Atlantology International Society (SAIS)/The Epigraphic Society, 2023.

—«Iltiraka: La Ciudad del Lobo». 2023.

DIAMOND, Jared. Armas, gérmenes y acero. DeBolsillo, 2007, Barcelona.

—El tercer chimpancé. DeBolsillo, 2015, Barcelona.

DOUGLAS, W. Smith. The Wolves of Yellowstone. Raincoast Books, MN, EE. UU., 1996.

DUCH, Lluís y CHIULLON Albert. Un ser de mediaciones. Antropología de la comunicación. Herder Editorial, Barcelona, 2011.

ECO, Umberto. El nombre de la rosa. DeBolsillo, Madrid, 2009.

ELIADE, Mircea. Ritos y símbolos de iniciación: los misterios del nacimiento y renacimiento. Harper y Row, 1965.

FAGAN, Brian. The Little Ice Age: How Climate Made History 1300-1850. Basic Books, Nueva York, 2000.

FARINA, William. Man Writes Dog. Canine Themes in Literature, Law and Folklore. Mc Farland, Jefferson, North Carolina, 1955.

FISHBANE, Seymour L. Yellowstone Country. National Geographic, Washington, 1997.

FOSSIER, Robert. Gente de la Edad Media. Taurus, Madrid, 2008.

FRANGANILLO, Jorge. «La ansiedad informativa». Diario Uno, Barcelona, 5 de abril de 2010.

GARCÍA GUAL, Carlos. Diccionario de mitos. Siglo XXI de Editores de España, Madrid, 2003.

GARCÍA VALDÉS, Manuela. Plutarco, obras morales y de costumbres. Ediciones Akal, Barcelona, 1987.

GARIAEV, Peter; HURTAK, J. J. y HURTAK, D. E. «Linguistic-Wave Genetics». The Academy for Future Science, 2019.

GARLIPP, P; GODECKE-KOCH, T.; DIETRICH DE; HALTENHOF. «Licantropía: aspectos psicopatológicos y psicodinámicos». Acta Psychiatrica Scandinavica, 109 (1): 19-22, DOI: 10.1046 / j.1600-0447.2003.00243. x. PMID 14674954, 2004.

GERMONPRÉ, M.; LÁZNIČKOVÁ-GALETOVÁ, M. y SABLIN, M. «Palaeolithic dog skulls at the Gravettian Předmostí site, the Czech Republic». Journal of Archaeological Science, 39:84-202, 2012.

GIAEVER, Ivar. «De forunderlige klimamytene (The peculiar climate myths)». Aftenposten, 26 de junio de 2011.

GIRAUTA, Juan Carlos. Sentimentales, ofendidos, mediocres y agresivos. Editorial Almuzara, Córdoba, 2022.

GOODALL, J. The Chimpanzees of Gombe: Patterns of Behavior. Belknap Press, Cambridge, MA, 1986.

GORDON WHITE, David. Myths of the Dog-Man. University of Chicago Press, Chicago, 1991.

GRANDE DEL BRÍO, Ramón. Territorio y sociedad del lobo ibérico. Amarú Ediciones, Salamanca, 1991.

—El lobo ibérico: Biología y mitología. Hermann Blume, Madrid, 1984.

GREENE, Rosalyn. The Magic of Shapeshifting (La magia del cambio de forma). York Beach, Weiser, 2000, ISBN 1-57863-171-8.

HAMEL, A. B. F. Animales humanos, hombres lobo y otras transformaciones. University Books, New Hyde Park, Nueva York, 1969, p. 21, ISBN 0-8216-0092-3.

HEERS, Jacques. La invención de la Edad Media. Trotta, 2000, ISBN 978-84-8432-032-6.

HOPPÁL, Mihály. Shamans and Symbols. Prehistory of Semiotics in Rock Art. International Society for Shamanistic Research, Budapest, 2013.

HUBER, Peter. Hard Green: Saving the Environment from the Environmentalist, a Conservative Manifesto. Basic Books, Nueva York, 1999.

H. LIPTON, Bruce. La biología de la creencia. Gaia Ediciones, Madrid, 2023

JAY GOULD, Stephen. La sonrisa del flamenco. Hermann Blume, Madrid, 1985.

—Dientes de gallina y dedos de caballo. Hermann Blume, Madrid, 1984.

KABAYASHI, H. y KOHSHIMA, S. «Unique morphology of the human eye and its adaptive meaning: Comparative studies on external morphology of the primate eye». Journal of Human Evolution, 40:419-435, 2001.

KAMEN, Henry. La Inquisición española. Alianza Editorial, Madrid, 1965.

KECK, P. E.; POPE, H. G.; HUDSON, J. I.; MCELROY, S. L. y KULICK A. R. «Licantropía: viva y coleando en el siglo XX». Psychol Med., 18 (1): 113-20, DOI: 10.1017/S003329170000194X.

PMID 3363031, 1988.

KEITH, Lierre. El mito vegetariano. Capitán Swing, Madrid, 2009.

KIPLING, Rudyard. El libro de la selva. Biblioteca El Mundo, Barcelona, 2000.

LEAN, Judith y RIND, David. «Climate Forcing by Changing Solar Radiation». Journal of Climate, 11, diciembre de 1988.

LOMBORG, Bjorn. «Sorry, Banning Plastic Bags Won´t Save Our Planet». The Globe and Mail, 20 de junio de 2019.

LOMBORG, Bjorn. The Skeptical Environmentalist. Cambridge University Press, Reino Unido, 2002.

LÓPEZ-MIRONES, Fernando. Yo, negacionista. Editorial Almuzara, Córdoba, 2022.

—El mono egoísta: La tribu de la corbata (documental). New Atlantis, 2002.

MAKINISTIÁN, A. A. El proceso de hominización. Los primeros pasos de la evolución humana. Editorial Almagesto, Buenos Aires, 1992.

MATHEWS, Robert A. «Facts versus Faction: The use and abuse of subjectivity in scientific research». En Rethinking Risk and the Precautionary Principle, de Julian Morris. Butterworth/Heinemann, Oxford, Reino Unido, 2000.

MILLÁN, José Martínez. La Inquisición española. Alianza Editorial 2009.

MORANO, Marc. «U.S. Senate Minority Report Update: More Than 700 International Scientists Dissent Over Man-Made Global Warming Claims». epw.senate.gov. U.S. Senate Environment and Public Works Committee (Minority), 17 de marzo de 2009.

MONTGOMERY URDAY, William. Ingeniería del comportamiento.

Universidad Nacional Mayor San Marcos, Lima, 2002.

NIETZSCHE, Friedrich. Más allá del bien y del mal. Alianza Editorial, Madrid, 2012.

OLALDE, Iñigo; MALLICK, Swapan; PATTERSON, Nick; ROHLAND, Nadin; VILLALBA-MOUCO, Vanessa; SILVA, Marina; DULIAS, Katharina; EDWARDS, Ceiridwen J.; et al. «The genomic history of the Iberian Peninsula over the past 8000 years». Science, 363 (6432): 1230-1234, ISSN 0036-8075, PMC 6436108, PMID 30872528, DOI:10.1126/science.aav4040, Nueva York, 2019.

OVODOV, N. D. et al. «A 33,000-year-old incipient dog from the Altai Mountains of Siberia: Evidence of the earliest domestication disrupted by the Last Glacial Maximum». PLoS ONE 6(7): e22821. 2011.

PARDO Bazán, Emilia. San Francisco de Asís (siglo XIII). Biblioteca Virtual Miguel de Cervantes. www.cervantes.com. 1920.

PARSONS, Michael L. Global Warming: The Truth behind the Myth. Plenum, Nueva York, 1995.

PATTERSON, Bruce D. The Lions of Tsavo: Exploring the Legacy of Africa's Notorious Man-Eaters. McGraw-Hill, 2004, ISBN 0-07-136333-5.

PERT, Candace. Molecules of Emotion: The Science Behind Mind-Body Medicine. Scribner, Nueva York, 1997.

PICQ, Pascal. Nueva historia del hombre. Ediciones Destino, Barcelona, 2005.

PIJOAN, T. «La mujer lobo blanca y otros mitos de transformación de los nativos americanos». Little Rock: Casa de agosto, 1992, p. 79, ISBN 0-87483-200-4.

PIÑERO, Antonio. Todos los Evangelios. Epulibre, Titivillus, Madrid, 2016.

PLINIO EL VIEJO. Historia natural. Libros I al VI. Biblioteca Clásica Gredos, Madrid, 1995.

ROGERS, Paul; PURYEAR, Rudy y ROOT, James, «Infobesity: The enemy of good decisions». 2013.

ROJAS DÍAZ, César Alberto. Análisis de la eficiencia en motores a rección que utilizan biocombustibles. Facultad de Ingeniería, Bogotá, 2016.

RUUSILA, V. y PESONEN, M. «Interspecific cooperation in human (Homo sapiens) hunting: The benefit of a barking dog (Canis familiaris)». Annales Zoologici Fennici, 41:545-549, 2004.

SALBICHI, Adrián. El cerebro del mundo. La cara oculta de la globalización. Editorial Solar, Bogotá, 2003.

SANDOM, Christopher et al. «Global late Quaternary Megafauna extinctions linked to humans, nor climate change». Proceedings of the Royal Society B, Biological Sciences, 281, 1787, 2014.

SAVAGE, Candace. Wolves. Douglas & MacIntyre, Vancouver, 1988.

SHELLENBERGER, Michael. No hay apocalipsis. Ediciones Deusto, Barcelona, 2020.

SHIPMAN, P. The Invaders: How Humans and Their Dogs Drove Neanderthals To Extinction. The Belknap Press, Harvard University Press, Londres, 2007.

SIMON, Herbert Alexander. «Motivational and emotional controls of cognition». Psychological Review, vol. 74, pp. 29-39, reimpreso en Models of Thought, vol. 1, 1967.

SINGER, S. Fred. Hot Talk, Cold Science: Global Warming's Unfinished Debate. Independent Institute, Oakland, California, 1998.

SLOVIC, Paul. The Perception of Risk. Earthscan, Londres, Reino Unido, 2000.

STEIGER, B. El libro del hombre lobo: la enciclopedia de los seres que cambian de forma, Farmington Hills, MI: Tinta visible, 1999, ISBN 1-57859-078-7.

STRASSEL, Kimberley A. «The Climate Change. The number of skeptics is swelling everywhere». The Wall Street Journal, 26 de junio de 2009.

SZEGEDY-MASZAK, Marianne. «Mysteries of the Mind: Your unconscious is making your everyday decisions». U.S. News & World Report, 2005.

TÉGLÁS, E. et al. «Dogs' gaze following is tuned to human communicative signals». Current Biology, 22:1-4. 2012.

TOMASELLO, M.; HARE, B. y LEHMANN, J. C. «Reliance on head versus eyes in the gaze following of great apes and human infants: The cooperative eye hypothesis». Journal of Human Evolution 52:314-320, 2007.

TURNBULL, Colin M. The Forest People. Simon and Schuster, Nueva York, 1961.

VAN REYBROUCK, David. Congo: una historia épica. Editorial Taurus, Barcelona, 2019.

VERNANT, Jean-Pierre. Mito y sociedad en la Grecia antigua. Siglo XXI de España Editores, Madrid, 1982.

WILDAVSKY, Aaron. But Is It True? A Citizen's Guide to Environmental Health and Safety Issues. Harvard University Press, Cambridge, 1995.

FUENTES DIGITALES

ACKERMANN. R. R.; MACKAY, R. y ARNOLD, M. L. (2016). «The Hybrid Origin of "Modern" Humans». Evolutionary Biology, 43: 1-11. DOI:10.1007/s11692-015-9348-1.

ARNOLD, Arnold, C. «Strongest evidence yet that pygmies' short stature is genetic». Recuperado de https://news.nationalgeographic.com/news/2014/08/140818- pygmy-phenotype-africa-short-dna-genetics-science/ National Geographic. 2014.

BAUMAN, Zygmunt. «AMOR LÍQUIDO, acerca de la fragilidad de los vínculos humanos». https://templodeeros.files.wordpress.com/2017/01/amor-liquido-zygmunt-bauman.pdf

BRADLEY, B. J.; ROBBINS, M. M.; WILLIAMSON, E. A.; STEKLIS, H. D.; STEKLIS, N. G.; ECKHARDT, N.; BOESCH, C. y VIGILANT, L. «Mountain gorilla tug-of-war: silverbacks have limited control over reproduction in multimale groups». Proceedings of the National Academy of Sciences of the USA, 102(26):9418-23, 2005. DOI: 10.1073/pnas.0502019102.

CERVERA, César, «El mito de la Inquisición española: menos del 4 % acababan en la hoguera». ABC, 4712/2015. https://www.abc.es/historia/abci-falsa-leyenda-negra-inquisicion-espanola-solo-18-por-ciento-quemado-hoguera-201512040335_noticia.html

DAWSON, Ben; DREWER, Julia y ROBERTS, Toby. «Measurements of methane and nitrous oxide in human breath and the development of UK scale emissions». PLOS ONE, 13 de diciembre de 2023. https://journals.plos.org/plosone/article?id=10.1371/journal.pone.0295157#sec015

DE RIVERA Y REVUELTA, J. L. «El trastorno por mediocridad inoperante activa (síndrome MIA)». https://luisderivera.com/wp-content/uploads/2012/02/1997-EL-TRASTORNO-POR-MEDIOCRIDAD-INOPERANTE-ACTIVA-SINDROME-MIA.pdf

DÍAZ VILLANUEVA, Fernando. «La Inquisición española frente a los excesos del calvinismo». Disidentia, 12 de marzo de 2018. https://disidentia.com/la-inquisicion-espanola-frente-a-la-teocracia-de-calvino/

DURKIN, Martin. La gran estafa del calentamiento global – The Great Global Warming Swindle [documental], CANAL 4 Gran Bretaña, 2007. https://youtu.be/NWmMOoyCNYs

FRAILE, Josefina. Entrevista en El Toro TV, mayo de 2023. guardacielos.org

GIBBONS, A. «Neandertals mated early with modern humans». Science, 357(6346):14. DOI: 10.1126/science.357.6346.14 2017.

LAURENT, A. F. Frantz. «Genomic and archaeological evidence suggest a dual origin of domestic dogs». Science., vol. 352, issue 6290, 3 de junio de 2016. https://www.science.org/doi/10.1126/science.aaf3161?intcmp=trendmd-sci

MATTHES, Sigrun; LIM, Ling; et al. «Mitigation of Non-CO2 Aviation's Climate Impact by Changing Cruise Altitudes». Selected Papers from 3rd ECATS Conference on Making Aviation Environmentally Sustainable. Aerospace. MDPI. Aerospace 2021, 8, 36. https://doi.org/10.3390/ aerospace8020036

QDEF - David Keith acerca de la geoingeniería de aerosoles. https://youtu.be/369h7HkCRgY

RAJADEL, Luis. «Luis Pomar: "El CO2 no causa el calentamiento global"». Heraldo, 13 de septiembre de 2018. https://www.heraldo.es/noticias/sociedad/2018/09/13/luis-pomar-co2-no-causa-calentamiento-global-1266376-310.html?sfns=mo

SHELLENBERGER, Michael. «Cómo el miedo a la energía nuclear daña el medioambiente». TEDSummit.

https://www.ted.com/talks/michael_shellenberger_how_fear_of_nuclear_power_is_hurting_the_environment?utm_source=tedcomshare&utm_medium=email&utm_campaign=tedspread

https://www.elconfidencial.com/tecnologia/ciencia/2019-02-25/michael-shellenberg-ecologista-nuclear_1846926/

SHERMER, Michael. «Why Malthus Is Still Wrong. Why Malthus makes for bad science policy». 2016 Scientific American. 2016. https://www.scientificamerican.com/article/why-malthus-is-still-wrong/

THALMAN, O.; SHAPIRO, B.; y CUI, P. «Complete Mitochondrial Genomes of Ancient Canids Suggest a European Origin of Domestic Dogs». Science, vol. 342, issue 6160, 15 de noviembre de 2013. https://www.science.org/doi/10.1126/science.1243650.

URIARTE, Antón. https://blogsl2n.wordpress.com/2016/04/27/anton-uriarte-porque-no-creo-en-el-cambio-climatico?sfns=mo

VERNOT, B. y Akey J. M. «Complex History of Admixture between Modern Humans and Neandertals». Am. J. Hum. Genetics, 96 (3): 448-53, 2015. DOI:10.1016/j.ajhg.2015.01.006.

«El genoma europeo más antiguo revela sexo continuo con neandertales». https://www.dw.com/es/el-genoma-europeo-más-antiguo-revela-sexo-continuo-con-neandertales/a-57126053

«Scientists Return Fire at Climate Skeptics in "Destroyed Data" Dispute». https://archive.nytimes.com/www.nytimes.com/gwire/2009/10/14/14greenwire-scientists-return-fire-at-climate-skeptics-in-31175.html

«Petróleo en Titán». https://science.nasa.gov/solar-system/planets/saturn/saturn-moons/titans-surface-organics-surpass-oil-reserves-on-earth/

Revista ATMOSFERIC ENVIRONMENT: https://www.sciencedirect.com/journal/atmospheric-environment/vol/32/issue/18

https://www.informacion.es/medio-ambiente/2022/12/11/aerolineas-admiten-efecto-danino-estelas-79825555.html

https://phys.org/news/2022-12-airlines-contrails-environmental-problem.html

https://phys.org/news/2022-10-delta-mit-impact-airplane-contrails.html

https://techxplore.com/news/2022-09-aviation-industry-carbon-climate.html

https://www.mdpi.com/2226-4310/8/2/36

Nuclearplanet.com.

https://www.nature.com/articles/518029a

https://en.antaranews.com/news/280986/air-forces-two-c212-for-weather-modification-at-asean-summit

https://www.elmundo.es/andalucia/2016/04/07/570697b7e2704ecb778b45fc.html

https://www.eldiario.es/internacional/geoingieneria-solucionar-climatico-provocar-guerras_1_1478693.html

«México es el primer país que admite los daños de la geoingeniería y suspende futuros experimentos». https://www.mentealternativa.com/mexico-es-el-primer-pais-que-admite-los-danos-de-la-geoingenieria-y-suspende-futuros-experimentos/

«Geoingeniería, el controvertido plan para jugar a ser Dios con el clima». https://www.abc.es/economia/geoingenieria-controvertido-plan-jugar-dios-clima-20221106135242-nt.html

«Cómo provocar o evitar la lluvia con avionetas». https://www.lavanguardia.com/natural/20160427/401401928187/avionetas-controlan-lluvia.html

«Spanish government admits to spraying chemtrails on citizens, at behest of the UN». https://chemtrailsnews.com/2022-06-09-spanish-government-admits-spraying-chemtrails-on-citizens.html

«Bruselas preguntará a España por la subvención a aviones para destruir nubes con yoduro de plata» | Comunidad Valenciana | El País. https://elpais.com/diario/2001/03/11/cvalenciana/984341891_850215.html

«¿Quién está disolviendo las nubes en Andalucía?» Andalucía |El Mundo. https://www.elmundo.es/andalucia/2016/04/07/570697b7e2704ecb778b45fc.html

«U. S. Senate Minority Report Update: More Than 700 International Scientists Dissent Over Man-Made Global Warming Claims» (PDF). epw.senate.gov. U.S. Senate Environment and Public Works Committee (Minority), 16 de marzo de 2009.

«Nobel Prize-Winning Physist Resigns Over Global Warming». Fox News, 14 de septiembre de 2011. https://www.youtube.com/watch?v=fskp9TMDNjo

VÍDEO «NO HAY EMERGENCIA CLIMÁTICA». https://youtu.be/YRzT6GtsMQA

FARSA CALENTAMIENTO GLOBAL. https://www.hispanidad.com/confidencial/cop25-500-cientificos-no-emergencia-climatica-destapan-farsa-onu-greta-thunberg_12014949_102.html

CLIMA. https://youtu.be/OwqIy8Ikv-c

MITO DEL APOCALIPSIS DE INSECTOS: https://www.science20.com/jon_entine/the_myth_of_an_insect_apocalypse_caused_by_pesticides_and_industrial_farming_is_officially_dead-248848

GLOBAL CLIMATE INTELLIGENCE GROUP. «There is not Climate Emergency». www.CLINTEL.org.

«Congressionally-Mandated research plan and an initial research governance framework related to solar radiation modification». The White House, Washington, junio de 2023.

USGCRP. «The U.S. Global Change Research Program 2022–2031 Strategic Plan». U.S. Global Change Research Program, Washington, D. C., EE. UU., 2022. https://www.doi.org/10.7930/usgcrp-2022-2031-strategic-plan

From the Congressional language mandating this report. https://docs.house.gov/billsthisweek/20220307/BILLS- 117RCP35-JES-DIVISION-B.pdf

«Paper that claimed the Sun caused global warming gets retracted». https://arstechnica.com/science/2020/03/paper-that-claimed-the-sun-caused-global-warming-gets-retracted/

«Human brain cells implanted in rats prompt excitement — and concern». https://www.nature.com/articles/d41586-022-03238-x

https://www.elindependiente.com/futuro/2022/10/15/la-ciencia-atraviesa-nuevas-fronteras-del-gran-enigma-del-cerebro/

«Crean embriones mezcla de cerdo y humano para cultivar órganos para trasplante». 26 de enero de 2017. https://www.elindependiente.com/futuro/2017/01/26/crean-embriones-mezcla-cerdo-humano-cultivar-organos-trasplantes/

Una de las mayores preocupaciones de los expertos en bioética de EE. UU. es que los cerdos se hagan demasiado humanos. «NIH Research Involving Introduction of Human Pluripotent Cells into Non-Human Vertebrate Animal Pre-Gastrulation Embryos». 2015. https://grants.nih.gov/grants/guide/notice-files/NOT-OD-15-158.html

Efecto isla térmica en estaciones meteorológicas. www.surfacestations.org

30 000 científicos contra el CC. http://www.petitionproject.org

https://www.researchgate.net/publication/281497557_Regional_Conservation_in_the_Virunga-Bwindi_Region_The_Impact_of_Transfrontier_Collaboration_Through_the_Experiences_of_the_International_Gorilla_Conservation_Programme

https://www.researchgate.net/publication/225792429_Ranger_Based_Monitoring_in_the_Virunga-Bwindi_Region_of_East-Central_Africa_A_Simple_Data_Collection_Tool_for_Park_Management

Hermanubis. Musei Vaticani. https://www.museivaticani.va/content/museivaticani/en/collezioni/musei/museo-gregoriano-egizio/sala-iv--l_egitto-e-roma/statua-del-dio-anubi.html

Fernando Sánchez Dragó, Casa de Santa Teresa de Ávila, 26 de marzo de 2023,
quince días antes de fallecer. Autor: F.L. Mirones.

Fernando Sánchez Dragó y Fernando López-Mirones el 26 de marzo de 2023
tras la conferencia de este último, titulada SIMBIOLOGÍA, Regreso al Tótem.
Autor: Ray Solans.

Lobo (Canis lupus) en el Parque Nacional de Yellowstone. La mirada.
NPS/ JimPeaco. No protection is claimed in original U.S. Government works.

Rómulo y Remo después de Giulio Romano. Fundadores míticos de Roma y niños
ferales. Wenceslao Hollar, 1677.

El biólogo Doug Smith, que me enseñó los lobos de Yellowstone, llevando a uno de los primeros reintroducidos. Autor: Jim Peaco; February 1997; Cat. #15372. Yellowstone National Park from Yellowstone NP, USA CC BY 2.0.

Estatua de Hermanubis. Cinomorfo expuesto en la sala IV del Museo Gregoriano Egipcio en el Museo Vaticano. © User: Colin / Wikimedia Commons / CC BY-SA 3.0.

*El autor en la colonia de lobos marinos del Cabo de las Cruces (Cape Cross)
en la costa atlántica de Namibia en 2023. Fotografía: F.L. Mirones.*

*Colonia de lobos marinos del Cabo de las Cruces (Cape Cross)
en la costa atlántica de Namibia en 2023. Autor: F.L. Mirones.*

Chacal de lomo negro (Canis mesomelas) cazando a cría de lobo marino en la Costa de los Esqueletos, Namibia. Autora: Montse García Márquez.

El autor explorando el Valle de Cocora en el Eje Cafetero de Colombia en 2016. Fotografía: F.L. Mirones.

El autor esperando a que bajen los chimpancés de lo alto de las ceibas en el Parque Nacional de Kibale, en Uganda. Autor: Luis Burgueño.

Chimpancé macho alfa en Parque Nacional de Kibale, Uganda. Autor: Giles Laurent.

Los cuatro evangelistas representados por un león, un buey, un águila y un ángel. Claustro de la Universidad de Comillas, Cantabria. Autor: F.L. Mirones.

Un ángel encarnado en un coyote en el desierto de Mojave, Nevada. 15 de abril de 1993. Autor: F. L. Mirones.

El artista Fernando García Herrera junto a su obra original; en su estudio de Córdoba. Representa a San Francisco de Asís con tres lobos. Bolígrafo y óleo sobre lienzo de lino (320 cm x 195 cm). Fotografía: F.G. Herrera.

Criatura cinocéfala con cabeza de perro y cuerpo humano encontrada en Pompeya, Museo Arqueológico Nacional de Nápoles. Siglo I. Fotografía: F.L. Mirones.

Fernando López-Mirones filmando a los pigmeos batwa en el Parque Nacional del Bosque Impenetrable de Bwindi en 2018. Fotografía: Luis Burgueño.

Fernando López-Mirones aguantando la embestida de un gorila de montaña de espalda plateada en el Parque Nacional del Bosque Impenetrable de Bwindi en 2018. Fotografía: Luis Burgueño.

El autor en el Archivo General de Indias de Sevilla investigando. Fotografía: Tatu Peláez.

El autor con los famosos leones devoradores de hombres de Tsavo, llamados Ghost y Darkness, disecados actualmente en el Museo de Historia Natural de Chicago. Foto: Tatu Peláez.

Con un brujo chamán, «protector» de las Montañas de la Luna, Uganda, en 2018, momentos antes de que nos maldijera. Ese día, durante el ascenso, casi morimos bajo una enorme tormenta eléctrica a pocos metros de la frontera con el Congo. Fotografía: Luis Burgueño.

Isla de los Pingüinos, Patagonia de Argentina. 2010. Fotografía: Juan María Raggio.

Crátera etrusca con representación de un pigmeo luchando con grullas.
Siglo VI antes de Cristo. Museo Nacional Etrusco de Villa Giulia, Roma.
Fotografía: F.L. Mirones.

Mujer loba, siglo VI antes de Cristo. Museo Nacional Etrusco de Villa Giulia, Roma. Fotografía: F.L. Mirones.

Mea culpa. En el ketch de investigación de cetáceos y tortugas marinas Toftevaag, de la asociación Alnitak, en Menorca en 2018 con la Reina Madre, Doña Sofía de Grecia. Fotografía: F. L. Mirones.

Mosaico del Siglo III en el Museo Arqueológico de Sousse (Túnez). Representa a un Hermanubis cinocéfalo y a dos criaturas con cabeza felina en el contexto del mes de noviembre en un calendario romano. Ad Meskens / Wikimedia Commons.